LES
FACÉCIES
DE
POGE, FLORENTIN
traitant de plusieurs nouvelles choses morales.

TRADUCTION FRANÇAISE
DE
Guillaume TARDIF, du Puy-en-Velay
Lecteur du Roi Charles VIII

RÉIMPRIMÉE POUR LA PREMIÈRE FOIS
SUR LES ÉDITIONS GOTHIQUES,
AVEC UNE PRÉFACE ET DES TABLES DE CONCORDANCE
PAR
M. Anatole de MONTAIGLON

PARIS
LÉON WILLEM, RUE DES POITEVINS, 2
—
1878

LES FACÉCIES

DE

POGE, FLORENTIN

ÉDITION UNIQUE

5oo exemplaires sur papier de Hollande numérotés . 1-5oo
3o — — — Chine véritable — . I-xxx

N°

LES
FACÉCIES
DE
POGE, FLORENTIN

traitant de plusieurs nouvelles choses morales.

TRADUCTION FRANÇAISE
DE
Guillaume TARDIF, du Puy-en-Velay
Lecteur du Roi Charles VIII

RÉIMPRIMÉE POUR LA PREMIÈRE FOIS
SUR LES ÉDITIONS GOTHIQUES,
AVEC UNE PRÉFACE ET DES TABLES DE CONCORDANCE
PAR
M. Anatole de MONTAIGLON

PARIS
LÉON WILLEM, RUE DE VERNEUIL, 8
—
1878

PRÉFACE

Les « Facéties » du Florentin Poggio Bracciolini, né en 1380 à Terra-Nuova, le Secrétaire de huit Papes, de Boniface IX à Nicolas V, le Chancelier de la République de Florence et l'humaniste passionné, aux poursuites et aux trouvailles de qui nous devons des Discours de Cicéron, Quintilien et douze des Comédies de Plaute, sont un bien curieux et un bien singulier livre. Elles sont moins précieuses par ce qu'elles empruntent au fonds commun des contes de ce genre que par la qualité Italienne et contemporaine, qui en est le véritable caractère et la personnalité. Comme leur auteur est mort le 30 novembre 1459, c'est à peine s'il a pu connaître l'imprimerie, qui allait donner à ses chers anciens une renaissance merveilleuse et une vie désormais assurée.

Les *Facéties* devaient être le premier ouvrage qu'on imprimerait de Pogge ; elles eurent, dès leur apparition, le plus grand succès. Ce serait presque un livre que la bibliographie sérieuse des éditions des *Facetiæ*, dont le nombre est étonnant au XV siècle ; les plus célèbres et les plus curieux imprimeurs les ont reproduites. Les éditions sans date, qu'on regarde comme les premières, sont aux environs de 1470. L'une sort de l'atelier du couvent de Saint-Eusèbe, à Rome ; l'autre, des ateliers d'Ulric Han, et l'autre est peut-être de Vindelin de Spire. Puis, et comme sans interruption, on trouve les éditions : d'Andreas Gallus à Ferrare (1471); d'Antoine Koburger à Nuremberg avant et en 1475 ; en 1477, de Jean de Boppard, de Christophe Valdarfer à Milan, de Petrus Cæsaris à Paris ; en 1481, de Léonard Pachel et d'Ulric Scinzinzeller encore à Milan ; de Venise en 1487 et 1488, et, pour clore cette première période, de Michel Lenoir à Paris.

Peu de livres ont à leur bilan une telle suite d'honneurs. Il fut encore très réimprimé au XVIe siècle et jusqu'à Cracovie en 1592, mais le XVIIIe siècle le négligea, et il faut aller jusqu'à ses dernières années pour trouver les deux petits volumes de François-Joseph-Michel Noël.

II. Malgré cela, il n'en est pas moins vrai qu'une édition nouvelle du texte latin des *Facetiæ* serait indispensable. Les fautes les plus grossières s'y sont successivement introduites, et la dernière réimpression de Noël, d'ailleurs peu commune, a été faite dans un tout autre esprit que celui dans lequel devrait être conçue une vraie édition.

Le second volume de Noël, par l'abondance de ses indications de sources et d'imitations, reste pourtant bien précieux, et, comme de raison, l'on y puise souvent, et à pleines mains, mais sans le dire assez Dans une édition critique il faudrait, en ne reproduisant que très-exceptionnellement les textes eux-mêmes, ranger les renvois dans l'ordre strictement chronologique, en accompagnant toujours chacun de leur date, pour bien distinguer ce qui est antérieur à Pogge et ce qui lui est postérieur. Malgré cette confusion, qui devra disparaître, malgré les révisions, malgré les additions à faire au travail de Noël, il n'en est pas moins vrai que la masse des renseignements réunis par lui devra servir tout entière au nouvel éditeur. Celui-là aura même trois choses à faire entièrement : la bibliographie des éditions, — l'annotation véritable, celle qui porte sur l'éclaircissement des personnes, des lieux et des faits — enfin, l'on devrait dire d'abord, l'établissement ou plutôt la production même du texte.

En effet toutes les éditions latines, soit à l'état séparé, depuis les incunables jusqu'à Noël, soit dans le Recueil des *Opera* de Pogge, publié à Strasbourg en 1510, soit dans celui, plus complet, de Bâle en 1538, ne donnent jamais plus de 273 Facéties. Dans ce premier temps de l'imprimerie, où la contrefaçon était, on peut le dire, la règle, où il est bien souvent arrivé qu'un ouvrage sans valeur aucune a eu des éditions nombreuses parcequ'elles s'engendraient les unes les autres, le premier éditeur des Facéties de Pogge, quel qu'il soit, avait eu entre les mains un manuscrit incomplet, ou avait fait un certain nombre de coupures. Le second l'a copié, sans le savoir, en croyant tout donner, et tous les autres ont suivi, sans qu'aucun se soit jamais préoccupé de recourir à un manuscrit. Au lieu de 273 Facéties, les manuscrits en ont habituellement 330 ; une note d'un amateur, J.-Louis Baroni, sur un volume de la Bibliothèque de l'Arsenal, indique qu'il en a possédé un fort beau qui contenait 381 contes et, à la fin, un Sénatus-consulte du sujet le plus fantaisiste.

D'où vient cette différence de nombre ? Les contes absents ne sont ni moins ni plus irrévérencieux sur les moines, ni moins ni plus grossiers que ceux des éditions. En voyant les manuscrits être ainsi différents entre eux, ne pourrait-on pas supposer que Pogge a fait à plusieurs reprises une révision de son livre, auquel il ajoutait à mesure ? Le premier éditeur se serait servi d'une rédaction incomplète, et les lacunes qui restent à combler n'auraient pas été, à proprement parler, des suppressions.

III. Quoi qu'il en soit, ce n'est pas le travail que nous offrons aujourd'hui aux curieux ; ce n'est pas le Pogge lui-même qui nous a préoccupé. Il y a sur sa vie et sur ses ouvrages de nombreuses études. La dissertation de Justus Christian Thorschmidt, *De Poggii Bracciolini vita et meritis in rem litterariam,* Wittemberg, 1713, in-4, doit être assez peu commune, mais on peut consulter plus facilement : la *Vita Poggii* de Giovan-Battista Recanati, Venise, 1711 ; les *Mémoires de littérature* de Sallengre ; le *Poggiana* de Lenfant, Paris, 1720, qu'il faut compléter et surtout rectifier par les *Osservazioni critiche (del Recanati) sopra il libro del Signor Jacobo Lenfant,* Venise, 1721, in-8, et par celles de La Monnoye, *Remarques sur le Poggiana,* Paris, 1722, in-12, comme aussi le tome IX des Mémoires de Niceron (1727-54). Dans notre siècle, M. William Shepherd a publié en 1802, à Liverpool, une bonne *Life of Poggio*, qui a été réimprimée à Londres en 1837 et traduite en françois par Mr E. de l'Aubespin, Paris, 1819 et 1823, et en italien par Tommaso Tonnelli, Florence, 1825, 2 vol. in-8. On peut aussi voir le tome III de l'*Histoire de la littérature italienne* de Ginguené (1811-19), et le tome I de M. Charles Nisard, *Les gladiateurs de la République des Lettres*.

Comme il est naturel, ce qui préoccupe surtout ces divers auteurs, ce sont les œuvres historiques de Pogge, ses lettres, ses relations littéraires, ses recherches, ses admirables découvertes de textes d'auteurs latins et ses querelles interminables, vraiment très « fortes en gueule », avec François Philelpha et Laurent Valla. Les *Facetiæ* sont ce qui les occupe le moins ; c'est cependant par elles que le nom de Pogge a été le plus répandu, et c'est à elles qu'il doit encor d'être connu autrement que par les érudits.

IV. Aucun par exemple ne s'est vraiment occupé de la traduction italienne. On en cite pourtant bien des éditions, qui sont toutes de Venise : celle d'Ottino de Pavie en 1513; de Cesare Arrivabene en 1519; de Melchiore Sessa en 1527; celle de Francisco Bindoni et Mapheo Pasini en 1531 « à San Mose nelle case nuove Justiniane all'insegna dell' Angelo Raphaël »; celle des mêmes libraires en 1547; celle de Francesco Bindoni en 1553, dans laquelle Brunet indique des figures en bois, et ce ne doit pas être la dernière. Mais quel en est l'auteur? En quelle année et dans quelle ville ont été imprimées les trois premières éditions, sans date et sans nom de libraire, de cette traduction « in volgare ornatissimo, » dont une a trente-quatre et les deux autres quarante-huit feuillets. Toutes les trois sont antérieures au XVIe siècle, et l'on dit l'une imprimée entre 1480 et 1493.

C'est aux Italiens à élucider ces questions, comme aussi à donner d'après la plus ancienne impression une réimpression de ce *testo di lingua*, plus curieux que bien des ouvrages consacrés par la Crusca. Je dirai seulement que l'édition d'Ottino de Pavie, qui est datée du 13 novembre 1500 et qui se trouve à la Bibliothèque Nationale, (in-4 de six cahiers sous les signatures A-F), ne comprend que CLXXVII contes, et que les éditions de 1531 et de 1547 ne comprennent que cent soixante-neuf contes, c'est-à-dire l'une 96 et les autres 104 contes de moins que les éditions latines.

V. Il est du reste curieux que les Facéties n'aient jamais été traduites d'une façon complète. Les diverses éditions italiennes doivent répéter la même traduction, mais les traductions françaises, qui sont plus ou moins différentes, n'ont jamais été que des choix. Il pourrait y avoir quelque difficulté et par moments plus d'une gêne à traduire en français de nos jours un pareil texte, dont le latin, d'ailleurs aussi peu cicéronien que possible, est au moins d'une simplicité et d'une clarté extrêmes. Les plaisanteries de ce Secrétaire pontifical seraient parfois difficiles à répéter. Elles étaient alors toutes naturelles, et plus tard la Calandria du Cardinal Bernardo Divizio da Bibbiena, représentée officiellement devant le pape Léon X et plus tard devant Henri II et la jeune Reine à leur entrée à Lyon en 1548, montre que les oreilles d'autrefois n'étaient pas faciles à effaroucher. Mais, de même que les Italiens, nous avons le bonheur d'avoir une traduction ancienne.

Celle-ci est de Guillaume Tardif, et elle a été écrite pour Charles VIII et pour Anne de Bretagne, à coup sûr l'une des plus honnêtes femmes du monde ; nous aurions donc mauvaise grâce à être plus sévères qu'elle. Comme d'ailleurs c'est une œuvre remarquable comme style, elle est de toutes façons intéressante pour notre histoire littéraire, et c'est, avec sa valeur de forme, sa curiosité et sa rareté qui nous en font donner une nouvelle édition.

VI. Dans ces derniers temps deux érudits du Puy en Velay, patrie de notre traducteur, ont ravivé sa mémoire. En 1861 M. Francisque Mandet lui a consacré un bon article du VIIe volume de son *Histoire du Velay* et l'année dernière M. Charles Rocher vient de réimprimer au Puy, chez M. Marchessou, sa traduction des Apologues de Valla. Ces derniers ont bien voulu se rapprocher du format et des dispositions typographiques de notre édition des Facéties, dont l'impression était déjà commencée; nos deux volumes se complètent ainsi l'un par l'autre. C'est à M. Rocher de terminer l'œuvre et de réimprimer les autres livres de Tardif; comme son introduction, au point de vue biographique et bibliographique, est très-étendue, j'y renvoie.

En dehors de l'*Anti-Balbica*, publié en 1495 en réponse à l'italien Jérôme Balbi qui l'avait violemment attaqué — Tardif a, comme le Pogge, laissé trace de ses querelles — je rappellerai seulement le côté pédagogique de ses œuvres, et c'est pour sa *Grammatica* que son nom est prononcé dans le *Journal* de son compatriote Etienne de Médicis (I, 260). Tardif a même enseigné la grammaire au Collège de Navarre à Paris, et nous savons qu'en 1473 il fut le maître de rhétorique du fameux Reuchlin. C'est évidemment de son enseignement que sont sortis le *Commentarium rhetoricæ artis ac oratoriæ facultatis Compendium, cum praxi exordiorum,* imprimé à Paris par Petrus Cæsaris et Jean Stoll vers 1475, et le volume : *Eloquentiæ benedicendique Compendium.*

C'est à la même époque que Tardif imprima, chez les mêmes Petrus Cæsaris et Jean Stoll, la première édition publiée en France de Solin.

L'édition princeps de cet auteur, donnée à Rome vers 1473 par Jean Schurener, de Boppard près de Coblentz, n'a que cinquante chapitres ; l'édition de Tardif en a 70 comme celles d'Andreas Portila à Parme en 1474, et les deux, qu'on attribue à 1473, de Bernard Mombritius à Milan et de notre Nicolas Jenson à Venise. C'est celle-ci qui doit être la première des trois, et c'est probablement celle qui aura servi de modèle à Tardif

En effet, d'un côté, Jenson avait été Maître de la Monnaie de Tours ; de l'autre, le petit roman latin : *De amore Camilli et Æmiliæ, Aretinorum,* est dédié dès 1467 à Guillaume Tardif par son auteur le Florentin Francesco Florio, et celui-ci était établi à Tours, dont il a même écrit une Description. C'est probablement par Florio que Tardif aura connu le Solin de Nicolas Jenson

VII. Ce qui nous importe le plus ici, c'est que le meilleur de son œuvre a été fait pour Charles VIII. L'Abrégé de l'éloquence et de la science de bien parler, qui est divisé en trois parties, *Grammatica, Elegantiæ* et *Rhetorica*, a cette première dédicace :

« Carolo, Delphino, Lodoici, Francorum Regis, primogenito, Christianissimo Regi futuro, Guillelmus Tardivus, Aniciensis (c'est-à-dire du Puy en Velay, *Anicium*), humillisimam commendationem obsecrat. »

Plus tard, et sans doute presque aussitôt après la mort de Louis XI, notre auteur a la charge de Lecteur du Dauphin devenu

Roi, et c'est pour son patron royal que sont faits désormais tous ses travaux.

En tête de son Traité de Fauconnerie, imprimé dès 1492, Tardif s'exprime ainsi dans sa dédicace :

« Au Roy très-chrestien Charles huictiesme, Guillaume Tardif, du Puy en Vellay, son Liseur, très-humble recommandacion supplie et requiert. Dès lors que Dieu vous doua du nom de très-chrestien Roy de France, Sire, mon naturel, souverain et unique Seigneur, je, vostre très-humble et très-obéissant serviteur, vous dédiay mon médiocre engin et science, car, *après plusieurs œuvres qu'à vostre nom ay composées par vostre commandement et pour récréer vostre Royale Majesté entre ses grans affaires,* vous ay en un petit livre rédigé tout ce que j'ay peu trouver servir à l'art de Fauconnerie. »

VIII. La dédicace des Apologues de Laurent Valla, est encore plus explicite. M. Van Praet ne s'en est pourtant pas servi dans sa description du bel exemplaire, avec miniatures de présentation, qu'il a décrit dans son *Catalogue des livres imprimés sur vélin de la Bibliothèque du Roi*, Belles-Lettres, IV, p. 239, n° 357, et M. Brunet n'en a pas tenu compte dans son article de Pogge, où il cite les éditions de la traduction de Tardif sans le nommer. Le passage avait pourtant été signalé pour la première fois dès 1825 par M. Robert dans l'introduction de son édition des Fables de La Fontaine, accompagnées de Fables inédites des XIIe, XIIIe et XIVe siècles, Paris, in-8, I, 78. On le connaît bien maintenant. A la suite de M. Robert, M. Mandet l'a donné intégralement ; il est naturellement dans la réimpression de M. Rocher ; nous ne l'en transcrivons pas moins à notre tour. Dans l'ignorance où l'on était de la dédicace contenue dans l'édition de Trepperel, que nous donnons en appendice, c'est à lui seul que l'on devait de savoir que Tardif était l'auteur de la traduction des Facéties du Pogge et qu'il l'avait faite pour Charles VIII. Cette dédicace doit donc figurer ici autrement que par un renvoi, d'autant qu'elle donne l'ordre dans lequel Tardif a exécuté les divers travaux qu'il a faits pour Charles VI :

« Au Roy Très-Chrestien Charles, VIIIe du nom, Guillaume Tardif, du Puy en Vellay, son Liseur, très-humble recommandation supplie et requiert.

« Dès lors que Dieu vous doua de Très-Chrestien Roy de France, Sire, mon naturel, souverain et unique Seigneur, je, vostre très humble et très-obéissant serviteur, mon petit enging et science vous dédiay, et,

« Considérant ce que Végèce, en son Prologue de l'Art militaire, escript que nul autre ne doit meilleures choses savoir que le Prince de la chose publique, auquel iceluy exemple prenant, à vostre nom composay un livre nomé *Le Compendieux de grammaire, élégance et rhétorique,* commencent à l'alphabet et tout par ordre assouvissant ;

« Par vostre commandement aussi tout ce que j'ay peu trouver nécessaire et vray de l'Art de Faulconnerie et Vénerie vous ay en ung petit livret rédigé,

« Et, pour vostre Royale Magesté entre ses grans affaires récréer, vous ay translaté, le plus pudiquement que j'ay peu, *Les Facéties de Poge*,

« Et, ayant regard non pas seulement à votre honneste corporel plaisir, mais aussi au bien de vostre âme, vous ay composé et en ordre mis ung petit volume d'*Heures*, auquel avez tous les jours de l'an par ordre comment povez Dieu, les Saincts et Sainctes dévotement servir, auquel singulièrement avés certaines mout brièves et dévotes oroisons pour au coucher et au lever dire, à Nostre Dame, ses deux sœurs (1), la Magdalène, Saincte Catherine, Sainct Jean-Baptiste, Sainct Hiérosme, pour les trespassés et à

---

(1) Sans doute Marie Cléophas et Marie Salomé, que Ghirlandajo fait assister à la scène de la Visitation dans son beau tableau, peint en 1481 et maintenant au Louvre. La première, femme de Cléophas et mère de S. Jacques le mineur, est donnée tantôt comme sœur, tantôt comme belle-sœur de Notre-Dame, mais Salomé n'est donnée que comme la femme de Zébédée.

vostre Ange ; en icelles *Heures* sont les Sept Pseaulmes que vous ay translatés tout auprès du latin et presque aussi brief que le latin, et les obscurtés et difficultés ay par ung mot ou peu de mots exposés et déclarés ;

« Vous ay aussy translaté l'*Art de bien mourir* (1), auquel, s'il vous plaist penser et entendre comme mortel que vous estes, Dieu vous aydera de plus en plus, tant à vostre salut que aussi de la chose publique par luy à vous commise ;

« Maintenant vous ay en françois mis *Les Apologues* de Laurens Valle, par luy latins faits de Esope grec, auquel livret sous couleur de fable plusieurs enseignements sages et vertueux sont brièvement comprins ; apologue est langaige par chose familière contenant morale érudition ;

« Tousjours aydent Dieu et vous, Sire, mettray peine vous faire quelqu'honeste service et prieray Dieu pour le salut et prospérité de vostre Très-Chrestienne Majesté. »

(1) Voir Brunet, I, col. 510.

IX. On ne connaît pas ces petites Heures Françaises de Charles VIII. Elles n'ont probablement pas été imprimées et sont peut-être dans une grande bibliothèque publique ou dans une collection d'amateur. Leur composition est indiquée par Tardif d'une façon si précise et si complète que, n'eussent-elles pas son nom qui par la nature du volume peut et doit même n'y avoir jamais figuré, il serait, pourvu qu'il y eût une trace de la provenance royale, facile de les reconnaître sans la moindre hésitation.

Un instant j'avais cru être sur leur trace en voyant dans le Catalogue de M. Delisle (In-8, I, 1877, p. 15, Mss. Latins, n° 774), que le Cabinet des Manuscrits de la Bibliothèque Nationale avait un Psautier français possédé par Charles VIII. Son origine est prouvée par le style et conséquemment par la date de la miniature initiale où figure le Roi agenouillé; mais c'est un grand in-folio de 198 feuillets qui contient la traduction complète des Psaumes et rien que les Psaumes. En voici le commencement; les lignes françaises sont en rouge et les lignes latines, dont l'écriture est plus grosse, sont en noir :

B*ien euré est l'omme qui n'est point allé*
eatus vir qui non abiit
en conseil des non justes et en la voye
in consilio impiorum et in viâ
des pescheurs ne s'est point arresté et
peccatorum non stetit et in cathedra
qui ne s'est assiz en la chaière de
pestilencie non sedit.
pestilence.

La traduction, est comme on voit, strictement interlinéaire et, comme Tardif le dit de celle qu'il a faite des sept psaumes de la pénitence, aussi près du latin que faire se pouvait; mais, comme elle n'est accompagnée d'aucune mention qui puisse en révéler l'auteur, il n'est pas possible, même à l'état de supposition, de la donner comme de Tardif; d'ailleurs, bien qu'elle puisse lui convenir, elle pourrait bien n'être qu'un remaniement de la traduction anonyme du XIV° siècle dont la Bibliothèque a un manuscrit (*Ibidem*, p 13, n° 9572).

X. Nous n'avons pas à parler ici de la traduction des *Apologues*; MM. Robert, Mandet et Charles Rocher y ont insisté. Tout le monde maintenant la peut lire facilement et voir entr'autres la petite merveille que la paraphrase de Tardif a faite du sec récit de Valla dont à son tour La Fontaine a fait sa Fable du Berger et de la mer, mais nous devons décrire les éditions de la traduction française des Facéties, si longtemps restée anonyme, et des quelques traductions postérieures qui l'ont suivie.

Il y en a une de Trepperel que je n'ai pu rencontrer et pour laquelle je transcris la description de Brunet à l'article Poggio, IV, col. 768 :

« S'Ensuyvent les facécies de Poge : translatees de latin en françois qui traictêt de plusieurs nouvelles choses morales. Paris, pour Jehan Trepperel. — Sans date; petit in-folio gothique de 58 feuillets à deux colonnes; signatures A.-M.; avec figures sur bois. Le titre de cette édition porte le chiffre XII. »

Ce chiffre se retrouve également sur le titre de la suivante ; comme le remarque M. Brunet, c'est l'indication du nombre des cahiers. Habituellement le *registrum* est au verso du titre, à la suite de la préface ou à la fin du volume ; ici il est sur le titre même.

Après la mort de son mari, la veuve Trepperel en a aussi donné une édition. Jusqu'au dernier moment je n'aurais de même pu donner que la description de Brunet si je ne venais d'en voir un exemplaire dans la belle collection de gothiques français possédés par le Baron James de Rotschild. En voici la description :

Sensuyuent les | facecies de Poge | translatees de la | tin en frācoys q̄ traictēt | de plusieurs nouuelles choses moralles. | *Imprimees nouuellemēt a Paris xii.......*

℃ *Cy finissent les facecies de Poge Florentin Nouuellement impri | mees a Paris par la veufue feu Iehā Trep | perel Demourant en la rue neufue nostre | Dame a lenseigne de lescu de France.*

S. d. (*vers* 1510), in-4 goth. de 58 ff. non chiff. de 40 lignes à la page, impr. à 2 col., sign. A par 8, B-H par 4, I par 8, K-L par 4, M par 6, avec 29 figures en bois insérées dans le texte et la marque de Trepperel au verso du dernier feuillet.

XI. Avant ces deux éditions Brunet en indique une sans date. Il dit que c'est un in-4 gothique de 46 feuillets, sans chiffres ni réclames, et lui donne seulement pour titre : « Les Facéties de Pogge Florentin. » S'il l'eût vue, il serait entré dans plus de détails ; de plus 46 feuillets ne sont pas un compte de cahiers d'in-4, qui, par quatre feuillets, en donneraient quarante-quatre ou quarante-huit. Il semble que Brunet ait pris cette indication dans le Catalogue de la seconde partie de la bibliothèque La Vallière, celle qui fut achetée par le comte d'Artois et qui se retrouve tout entière à la Bibliothèque de l'Arsenal. En effet le numéro 10,833 indique de même 46 feuillets. Nyon, le rédacteur de cette seconde partie, n'a certainement pas collationné l'exemplaire et s'est évidemment contenté de compter les feuillets. Le texte commence bien par le Prohême de Pogge, mais le premier cahier est incomplet du premier feuillet, qui était le titre, et, comme il arrive si souvent, du feuillet correspondant, qui était le quatrième du cahier et le troisième du texte. Complet, l'exemplaire de l'Arsenal aurait 48 feuillets ; après la perte de deux, il se trouve en avoir 46 comme l'indiquent l'article de Nyon et, à sa suite, la mention de M. Brunet. De plus, si cette édition de l'Arsenal a, comme on va le voir, des signatures de feuillets, elle n'a en effet ni chiffres de pagination, ni réclames, ce qui augmente la présomption d'identité. Dans tous les cas, si la mention de Brunet se vérifiait d'une autre manière, — et il n'est pas impossible qu'il n'y ait eu une édition avant Jehan Trepperel,—il aurait alors omis celle de l'Arsenal, indiquée par Nyon, ce qui serait étonnant.

En tenant compte de l'absence incontestable de deux feuillets que je viens de signaler, l'édition est un petit in-4 gothique de douze cahiers de quatre feuillets sous les signatures A-M ; tous les feuillets, sauf le dernier, ont leur signature (bi, bii, biii, biiii, ci, cii, etc). Elle est à longues lignes pour le texte au nombre de trente-neuf par pages pleines, et la justification a 0,160 de hauteur, y compris la signature, sur 0,113 de largeur. La table, qui va de M. iii recto à (M. iiii) recto, est à deux colonnes. Chaque chapitre commence par une lettre ornée, mais ces bois, assez grossiers, appartiennent au moins à trois alphabets, un grand (0,030), un moyen (0,021) et un petit (0,013); ils sont d'ailleurs très-usés.

Enfin le papier n'est pas beau, et le tirage n'est guère plus soigné que la correction du texte.

A cause de l'absence du titre et comme, malgré la condition blanche du dernier feuillet, il n'y a pas de souscription finale, il est difficile de lui donner une date et d'affirmer le nom de libraire. M. de Rotschild et M. Picot, qui ont vu le recueil des Farces du British-Museum depuis moins longtemps que moi, seraient disposés à la croire Lyon-

d

naise et à l'attribuer à Barnabé Chaussard. En tous cas les défectuosités du texte sont telles qu'il est impossible d'y voir l'édition princeps. Les impressions de Trepperel sont loin d'être correctes ; elles ne sont pas faites avec le soin et la pureté de celles d'Antoine Vérard et de quelques autres, mais ici les balourdises typographiques sont vraiment par trop nombreuses.

Peut-être même serait-elle postérieure à l'édition gothique donnée par Bonfons à Paris en 1549. Toutes deux ont plus d'un point d'analogie, ainsi l'emploi de lettres ornées provenant de difffcérents alphabets, qui sont dans Bonfons encore plus nombreux et plus mal tirés s'il est possible. L'incorrection est presque égale des deux côtés, et l'identité de certaines fautes d'impression est une ressemblance bien frappante; elles sont de la même famille, et l'une a dû copier l'autre.

Il faut même faire une remarque plus importante. Bonfons n'a pas le Prologue, personnel à Tardif, qui se trouve avant sa paraphrase du Prohême de Pogge, dans la veuve Trepperel, d'après laquelle nous le donnons en appendice. Il peut se trouver ou ne pas se trouver sur le premier feuillet absent de l'exemplaire de l'Arsenal, qui peut n'avoir eu que le titre, ou avoir eu au recto le titre et au verso le Prologue de Tardif. Je supposerais qu'il manquait parceque le Prohême commence très-régulièrement par une grande lettre au haut du second feuillet, mais on n'en peut être absolument sûr. De toutes façons l'édition de l'Arsenal est moins complète que la veuve Trepperel et que Bonfons. Entre les Facéties numérotées ici XCVII et XCVIII, elle ne donne pas la traduction des trois contes sur l'Egyptien, sur les perdrix de l'Evêque Espagnol et sur l'Archevêque de Cologne, qui se trouvent dans Bonfons comme dans la veuve Trepperel. Or les suppressions et les coupures, qui n'ont souvent pas d'autre raison que d'arriver à avoir quelques pages de moins, sont presque toujours un signe de postériorité. Grâce à l'ignorance où l'on était de sa date, l'édition de l'Arsenal passait pour la plus ancienne et j'ai commencé par le croire. Elle est certainement très-postérieure à la veuve Trepperel; elle ne serait donc pas la première, mais au plus la troisième, si même elle n'est pas la quatrième dans le cas, ou, comme je le crois, elle viendrait immédiatement après celle de Bonfons, à laquelle j'arrive.

Celle-ci, qui se trouve à la Bibliothèque nationale, est également gothique; la mention « XIII c. » — treize cahiers — qui se lit sur son titre prouve qu'elle est la suite ou plutôt la copie de celle de Trepperel. En voici le titre :

« Les Fa cecies de po — ge translatées de latin en francoys qui — traictent de plusieurs Nouvelles cho — ses moralles. Imprimées nouvelle — ment à Paris Mil cinq cens quaran — te neuf. XIII. c. — ℂ On les vend a Paris en la — rue neufve nostre dame — a l'èseigne sainct nicolas ».

C'est in-4 gothique sous les signatures A-O, par cahiers de quatre feuillets, dont les trois premiers sont signés ; elle est à deux colonnes et à quarante lignes par pages pleines. J'ai dit que ses lettres ornées, qui appartiennent à plus de trois alphabets, sont très-grossières et très-usées.

Le dernier verso offre cette souscription : « Cy finissent les faceci—es de Pogge Florentin : Nouvellement imprimées à Paris pour Jehan—Bonnefons Libraire demeurant en la Rue neufve Nostre dame A len—seigne sainct Nicollas Lan mil cinq cens quarante neuf » et, au dessous la grande marque de Bonfons, dont on peut voir une réduction dans Silvestre, *Marques typographiques*, n° 909.

XIII. Dans la seconde moitié du XVI° siècle, les Facéties cessent naturellement d'être gothiques et descendent au petit format. Elles sont de moins en moins correctes, et de plus en plus incomplètes, mais elles se devaient bien vendre, car on les y a imprimées bien fréquemment.

M. Brunet en cite une de Lyon, 1858, in-16. Si elle avait aussi les trois facéties en moins, ce serait une preuve bien forte que l'édition de l'Arsenal serait bien du lyonnais Barnabé Chaussard, les habitudes de copie et de contrefaçon naïve étant, bien plus qu'on ne le pense, une des lois constantes de ces vieilles impressions.

Il y en a à l'Arsenal une d'un second Bonfons : « Les comptes facétieux et joyeuses récréations de Poge Florentin augmentez de plusieurs choses. Par Nicolas Bonfons, demeurant rue neuve nostre Dame à l'enseigne sainct Nicolas », 1574, in-16 de 115 feuillets chiffrés, suivi de cinq feuillets de table, et M. Brunet en cite une autre du même Nicolas Bonfons avec le même titre, mais sans date puisqu'il ajoute « vers 1575 », et lui donne 108 ff chiffrés et 4 de tables.

L'expression « augmentez de plusieurs choses » est de nature à tromper. C'est une variante de la phrase du vieux titre « qui traitent de plusieurs nouvelles choses morales, » car, au lieu de dire *augmenté*, il aurait fallu dire *diminué*.

Trepperel et 1549 ont 115 contes ; l'édition

gothique de l'Arsenal n'en a plus que 112 ; cette fois l'on tombe au-dessous de 80. Comme, en fait d'éditions courantes, ce ne sont pas les qualités mais les défauts qui se reproduisent, les trois contes doivent manquer aussi dans les trois éditions in-16, indiquées par M. Brunet, de Lyon, Pellet, 1600, de Rouen, Jean Du Gor, 1602, et de Paris, Cousturier, 1605. Par leur date ce sont, comme les éditions de Costé à Rouen, une trace de décadence en même temps et de popularité encore réelle, et il est étonnant que de là la traduction de Tardif n'ait pas passé dans la *Bibliothèque bleue*.

XIV. Malgré leurs dates ce sont plutôt les dernières éditions du seizième siècle que des éditions du dix-septième siècle, qui néglige le Pogge; pour le retrouver, il faut aller jusqu'au XVIIIe, qui s'est repris plus d'une fois aux curiosités littéraires du passé.

La traduction, publiée en 1712 à Amsterdam chez Jean Frédéric Bernard, petit in-12 de 240 pages, frontispice gravé par Lamswelt (Cohen et Mehl, 1876, p. 362), a pour titre : « Les Contes de Pogge, Florentin, avec des réflexions. Hæ nugæ seria ducunt ». Les Réflexions nouvelles, attribuées par les uns à David Durand, qui les a désavouées, à Frédéric Bernard et même à Lenglet Dufresnoy par les autres (voir Barbier, I, 225 et n° 15569), sont dans tous les cas puériles quand elles ne sont pas ridicules, mais il faut remarquer qu'il n'y a pas un conte qui ne soit dans Tardif et il y en a même une quarantaine de moins. Les *Réflexions* dans le goût nouveau ont remplacé ses moralités naïves, mais, avec l'orthographe modernisée et des corrections peu heureuses, c'est la vieille traduction qui est le texte de la nouvelle. On peut même dire d'après quelle famille d'éditions ce démarquage de linge a été fait. En effet la réimpression de Bonfons, 1575, n'a que soixante-treize Facéties; celle de Bernard n'en a pas davantage. Il leur manque à toutes deux le même nombre de quarante. Ce sont, en se référant aux chiffres que nous avons donnés à Guillaume Tardif, le Prohème, les Facéties

5, 11, 12, 22, 23, 24, 25, 26, 32, 33, 37, 45, 46, 47, 48, 53, 57, 58, 60, 66, 69, 71, 78, 79, 80, 81, 83, 86, 89, 92, 95, 96, 99, 100, 101, 103, 104, 105, et le chapitre 112 ou Excusation finale (1).

Très-peu de temps après paraissait l'ouvrage de Jacques Lenfant : « Poggiana, ou la Vie, le caractère, les sentences et les bons mots de Pogge, Florentin, avec son Histoire de la République de Florence et un supplément de diverses pièces importantes », Amsterdam, Pierre Humbert, 1720, 2 vol. in-12. Le recueil des bons mots de Pogge et des hommes illustres de son temps (II, p. 159-272) a 136 ou plutôt 138 articles, deux étant doubles. Les renvois en manchettes se rapportent aux pages de l'édition des Opera de 1538 ; ils sont au reste mis assez négligemment, car beaucoup ont été omis. L'ordre n'est pas le même, et Lenfant a ajouté vingt-cinq articles à peu près, qu'il a extraits d'autres ouvrages de Pogge.

(1) Dans les *Mélanges tirés d'une grande bibliothèque* par M. de Paulmy, xx, 31 et suiv., il y a une analyse raisonnée des éditions de Bonfons de 1558 et de 1574.

De nos jours plusieurs traducteurs se sont occupés des Facéties, et leurs volumes sont devenus tout à fait rares.

L'un est de M. P. Ristelhuber : « Les contes de Pogge Florentin avec introduction et notes, » Paris, Alphonse Lemerre, 1867, petit in-8 carré de XXXII et 160 pages, tiré à 200 exemplaires sur vergé et à dix sur chine, avec cette épigraphe : « Cor lætum pro medicina. Prov. XVII, 22 ». Outre le prohème et l'épilogue, il donne la traduction de 112 Facéties. Sauf les lacunes, elles sont dans le même ordre que dans l'original, et la bonne moitié se retrouve dans Tardif, mais celles que M. Ristelhuber a données en dehors de lui, sont au nombre de 59.

L'année suivante, M. Gustave Brunet, de Bordeaux, a fait paraître, à cent quatre exemplaires seulement : « Quelques contes de Pogge, traduits pour la première fois en français par Philomneste junior » Genève, chez J. Gay et fils, éditeurs, 1868, in-12 de XI et 68 pages. Il s'est certainement servi du texte de Noël, car les titres sont traduits des nouveaux titres de celui-ci. L'ordre est entièrement changé, et M. Brunet a 107 articles, mais tous sont loin d'être du Pogge ; sans entrer dans le détail, qui demanderait une table de concordance, les articles 29 à 90, c'est à dire la plus grande partie, soit 61 articles, ne sont pas dans les Facéties et viennent de recueils italiens du même genre.

Il a depuis été annoncé une traduction des 271 Facéties de l'édition de Noël, dont le texte devait être de M. O. Steicher et qui devait être accompagné d'eaux-fortes par M. Henry Grenier de Saint-Martin. La guerre intervenant a interrompu le travail, qu'elle a fait abandonner, et notre édition a eu pour cause le desir de donner satisfaction aux souscripteurs qui avaient répondu à l'appel de l'éditeur.

Notre plan, on l'a vu, est tout différent. La traduction de Tardif, qui est, par ses développements, presque une œuvre originale et qui a une véritable valeur de style, méritait à tous égards une réimpression. C'est, comme on a pu voir, l'édition de l'Arsenal qui a été notre base, mais elle est pleine de fautes d'impression grossières ; il eut été trop long de les relever toutes ; je donne cependant à la suite de cette préface l'indication d'un certain nombre pour montrer à quel degré il était impossible de s'en tenir à l'absolu fac-similé. Ce ne sont ni des formes, ni des variantes, mais de vraies coquilles ; *bestial* pour *bestail*, *metrice* pour *meretrice* et des centaines de fautes analogues n'ont d'abord droit à aucun respect, et ce ne sont pas même des corrections ayant besoin d'être signalées.

J'y ajoute, ce qui est plus important, le texte du prologue personnel à Tardif et celui des trois contes qui manquent à l'édition de l'Arsenal et se trouvent dans celle de la veuve Trepperel. Si je l'avais connue la première, ce serait elle dont je me serais servi parce qu'elle est sensiblement moins incorrecte, et je n'aurais pas eu à y rétablir autant de mots estropiés. Mais sur ce point mes lecteurs m'excuseront de ne pas avoir suivi cette édition, évidemment plus ancienne, parce que personne n'en avait encore constaté les différences, et que je me trouve au moins le premier à faire connaître la dédicace de Tardif et à apprendre qu'il avait en réalité traduit non pas cent douze contes mais cent quinze.

Enfin j'ai terminé cette réimpression par des tables nouvelles. L'une donne la suite complète des Facéties imprimées en latin, avec la concordance de celles traduites par Tardif et le renvoi au texte et aux notes de Noël; l'autre est la table alphabétique des premiers mots latin des *Facetiæ*. Leur utilité s'explique d'elle-même.

Février 1878.

A. DE MONTAIGLON.

APPENDICE

LA DÉDICACE DES FACÉTIES

ET

LES TROIS CONTES

DE L'ÉDITION DE LA VEUVE TREPPEREL

vous, très Crestien Roy de France, Charles, huytiesme de ce nom, est présenté ce petit livre françois, contenant la substance des Ditz joyeulx et plaisantes Facécies que autreffoys agréga et mist en livre le bien literé et facécieux homme Poge, Florentin, auquel livre icelluy orateur usa, selon la matière subgecte, de termes latins, fut (fort?) elegamment exquis et réthoriques. Mais, pour cause que telz termes à toutes gens ne sont pas communs, je, simple d'entendement, considérant que la matière est joyeuse et récréative à qui bien la comprent, affin que vous principallement, qui, selon commune renommée, prenez plaisir et délectation aux escriptures, y puissés passer aulcuneffois temps, si vostre bon plaisir est de lire ou escouter le contenu en ce présent livre, et autres gens de bien pareillement, me suis

ingeré, selon mon debille esperit et petite capacité, à translater les parolles latines dudict Poge et traicter en parolles françoises, au mieulx que j'ai peu, l'intencion de luy, ainsi que ses parolles latines en touchent. Mais, pour tant que les motz latins n'offencent pas tant les oreilles des auditeurs, quelque ville chose qu'ilz dénottent, que font les motz françois quant ils touchent de choses vérécondieuses et especiallement des œuvres de nature, je ne ay point voulu ne convenir les motz latins seullement en motz françois et rendant françois pour latin sans plus, ains ay voulu exprimer les sentences touchant ce cas en parolles couvertes, non déclarantes si vulgairement le sens litteral du latin. Par quoy, les lecteurs ou auditeurs de cestuy présent livre ne doivent imposer faulceté en la translation par tant que elle ne soit totallement faicte au sens litteral, mais j'en excuse l'intencion du translateur, qui non par arrogance l'a ainsi faict, mais espérant complaire à chascun en esvitant mesmement l'excusation dudit Poge, Florentin, principal acteur du dessusdict livre, qui se excuse de tant que par son intencion a usé de tant de motz reputez (1) vilz et infames à l'occasion de la substance denotée par eulx, ainsi qu'il apert au commencement de son livre, lequel commence ainsi : *Multos quidem*, etc.

Pour plus evidentement congnoistre, etc.

---

(1) Le texte, évidemment fautif, donne : « de tant que par son intencion réputer. »

De l'Egiptien qui dist qu'il n'y avoit point de charité en la messe, et commence au latin : Hortatus est Christianus.

De la partie d'Egipte, où ilz ne sont point Crestiens, vint ung Egiptien entre ceulx de la Chrestienté, là où avoit ung Crestien qui moult l'aymoit. Souventeffois l'admonestoit de se convertir à la foy et luy remonstroit par plusieurs raisons comme la foy catholicque estoit bien plus juste que autre; touteffois l'Egiptien ne se vouloit convertir. Si advint une fois que ces deux, c'est assavoir le Crestien et le Juif, allèrent en marchandise en Ytallie et, ainsi qu'ilz passoyent par ung village, duquel la feste estoit, pour l'honneur de la messe solempnelle le Crestien s'arresta et pria au Juif que il voulsist aller à la messe pour veoir les serimonies; à quoy se consentit le Juif et illec fut tant que l'en dist la messe. Après laquelle dicte, son compaignon luy demanda qu'il luy sembloit de la messe aux Crestiens et de leurs serimonies. Respondit le Juif : « Toutes choses y sont bien faictes et de bon ordre, mais il n'i a point de charité, car de tous ceulx qui ont esté à la messe, quelque faim qu'ils eussent, il n'y a oncques eu que ung qui ait beu ne mangé, qui n'est pas bien garder charité, car, quant ung homme a à boire ou à manger et il voyt les aultres qui ont faim, selon charité il leur en doit donner et eslargir aulcune portion. »

En cette responce est touché ung grant argument et obprobre que les Juifs ont contre les Crestiens, c'est assavoir que charité, qui est le principal commande-

f

ment de la loy est failie entr'eulx, et pour tant ilz ne veullent croire à (*sic*) la loy des Crestiens bonne.

De l'Evesque espaignol qui mangea des perdris à ung jour de vendredy, *et commence au latin* : Episcopus Hyspanus, etc.

Il y eut une fois ung Evesque d'Espaigne, assez gros crestien, selon la nature du pays. Advint une foys que cestuy Evesque aloit par le pays à ung jour de vendredy, et, ainsi qu'ilz vindrent arriver à une hostellerie, ne trouvèrent que manger. Si envoya l'Evesque son Maistre d'hostel à la ville pour veoir s'il trouveroit du poisson, mais il n'en trouva point; trop bien trouva deux perdrix s'il eust esté jour de menger chair. Ainsi s'en revint le Maistre d'hostel et dist à son seigneur l'Evesque que il n'avoit rien trouvé que deux perdrix, lesquelles estoyent au marché. « Or », dist l'Evesque, « qu'on les voise quérir et qu'ilz soyent soubdainement cuyttes. » Et ainsi le fist le Maistre d'hostel, qui ne osa contredire à son seigneur, nonobstant qu'il fut bien esbahy de ce qu'il vouloit faire. Ainsi, quant elles furent cuyttes, on les apporta sus la table pour manger, mais touteffois, au devant que le seigneur en mangeast, le serviteur luy deist : « Seigneur, il est aujourd'huy vendredy; voulez vous mangier de la chair ? — Et vien çà, » dist l'Evesque. « Lequel est plus grant cas et plus merveilleux de faire de une forme de pain le corps de Jhesu-christ ou de faire de perdris poisson ? Ne sçays tu pas bien que j'ay ceste puissance et suis Prestre? » Et adonc l'Evesque fait le signe de la croix sus les perdris et leur commanda qu'elles se convertissent en poissons, puis en mangea et n'en fist point de difficulté.

En ceste Facécie n'y a que l'excuse de l'Evesque qui dist qu'il povoyt par parolles faire de chair poysson, aussi bien comme il faisoit de pain le corps de Jesucrist.

Du Fol qui deist que l'Archevesque avoit quatre piedz, et commence au latin : Airchiepiscopus (*sic*) Colloniensis, etc.

Ung Arcevesque de Conlongne fut, qui estoyt moult fort mondain et plus humain que spirituel. Cestuy Seigneur avoyt ung de ses Folz recréatifz que voullentiers ont les grans Seigneurs ; et, pource que celluy fol estoyt plaisant en langaige, le Prelat l'aymoyt tellement que, de nuyt, il le faisoit coucher au (*sic*) piedz de son lict, et là luy faisoit le Folz ung tas de belles joyeusetez et de passe-temps, comme luy chatouillier les piedz ou aultre chose. Si advint une fois que cestuy Archevesque eut une Monialle à coucher avecques luy et ne fist aulcune difficulté pour tant qu'il cuydoyt que son Fol estoit endormy, lequel, à la coustume de tousjours, par les piedz du lict boutta la main et print l'ung des piedz du Prelat, et demanda à qui est ce pié. L'Archevesque (*sic*) respondit que c'estoit à luy. Après, le Fol toucha à l'autre et demanda semblablement. L'Arcevesque respondit que c'estoit à luy. Finablement toucha le

Fol aux deux piedz de la Nonnain et demanda à qui ilz estoyent, et l'Arcevesque respondit à luy. Lors le Fol se liève de son lit et s'en va à la fenestre crier à très haulte voix : « Venez, venez veoir le monstre nouveau de nostre Arcevesque, qui a maintenant quattre piedz ! » Ainsi fut l'Archevesque moult esbahy quant il ouyt son estat divulgué.

En ceste Facécie est monstré par experience qu'il est bien fol et très infame qui se delecte à ung Fol, car un Fol ne sçait quant il doit parler et souvent aceuse ce qu'il doit celer.

CORRECTIONS FAITES

AU TEXTE GOTHIQUE

Proheme. Le texte; *la terre* — et; *ou* — en quoy; *et quoy* — inventeur; *intenneur* — nostres; *nostre* — les futurs; *les futures* — dignes; *indignes* — hilarité; *dilarité* — touchant; *touchont* — eloquence; *eloquente* — ne peussent; *peussent* — latine, *latinee* — fist; *finist*.

I. Jeune homme lequel; *lequel jeune homme* — eslevez et nourris; *esleuz et nourris* — absence; *abscence*.

II. Advint; *advient* — passer; *pisser*. — La lacune d'un feuillet commence, dans l'exemplaire de l'Arsenal, après les mots « qu'il en sçauroit prendre en » et finit, dans la Facétie IIII, par les mots : « Adonc les Chrestiens qui le virent venir. »

III. Bonacius; *Donacius?* — Disant que à ung regnard; *dist*, etc. — dispensez; *dispersez*.

V. Des natures; *des nature* — coucher; *couche*.

VI. Genre; *genrre* — elle le fist; *elle fist* — repas; *repos* — tu ne me vueilles; *tu ne vueilles*. — Adonc; *Adont*.

VII. Ou aultrement; *ou aulcunement.*

VIII. Ilz là tournoyent; *il*, etc. — Zacarus; *Zacraus* — et esbatz; *et* est une addition.

IX. Qui; *qui fut* — commission; *rémission* — dont; *donc* — prééminences; *prééminenses* — monstres, *monstre* — deu; *déçeu* — ceulx; *que ceulx* — par son conseil; *par* manque à l'édition.

X. Beaucoup; *de beaucop* — les prisons; *ses prisons* — et meschant; *et* manque — ou; *on.*

XI. Est que nous; *que* est une addition — maulvaise; *maulvaises.*

XIII. Elégant; *allégant.*

XIV. Dudict; *du.*

XV. Cuysinier; *cuysinirr* — par laquelle; *pour laquelle* — fust; *vist* — obtenir; *abstenir* — tes serviteurs; *les serviteurs* — s'ilz; *ilz.*

XVI. Tu me les apportes; *tu ne*, etc.

XVII. Pourpoint; *pourpoiut* — son; *sou.*

XVIII. Facinus Canis; *Facinus Cayus* (les deux fois) — emporter; *emporte* — railleries; *ralleries.*

XIX. Esmeurent; *esmeu* — et ceulx; *à ceulx.*

XX. Senne (*synode*).

XXII. Plusieurs; *plusiturs* — méditatives; *demitatives* — sont translatez; *sont* addition — Ager Senegaliensis; *Ager Senegalienis* — la sussa; *le sussa* — laict; *faict.*

XXIIII. Paduano; *Pudano.*

XXV. Periz; *périlz* — les cuydoient; *le cuydoient* — stature; *stuture* — l'une; *lunes.*

XXVI. Admende; *amende* (deux fois) — guières; *gurres* — le pouvre chien; *la* etc. — publicquement; *plublicquement*.

XXVII. Pecuniosus; *petunosus* — à qui; *qui*.

XXVIII. Nostre doulx Saulveur; *vostre*, etc. — ces prestres; *ses*, etc. — fléchissent; *fléchissant*.

XXIX. Rusticque; *rustuicque* — apportoit; *apportoyent*.

XXXI. Nerius de Pacis; *Necius de Pacis* — croyoient; *croioyent* — l'avoir; *l'avoit* — donné à entendre; *donnez*, etc. — pastoral; *postoral*.

XXXII. Predicator Tibure; *predicat tribue*.

XXXIII. Telli; *tellle*.

XXXIIII. Enclins; *encllins* — c'est; *s'est*.

XXXVI. Frapperay; *frapprray* — cecy; *à cecy*.

XXXVII. Approprier; *opproprier* — aux délices; *au délices*. (Ortographe fréquente dans Rabelais mais toujours devant une consonne et jamais devant une voyelle, qui faisait dans la prononciation faire la liaison de l'*x*) — permission; *premission* — aulcunes dignitez; *aulcune*, etc. — les a; *a* — cest prédécesseur; *cest predecesseurs*.

XXXVIII. Vir rusticus; *vie rusticus* — rusticque et lourt; *rusticque sourt* — quéroye; *qurroye*.

XXXIX. Si tart; *et tart* — congnoissant; *congnoissoit* — proditeur; *prodicteur* — on les mena; *ou on les mena* — couché; *bouché* — ce fust; *se fust* — en disent; *en disant* — amender; *admender* — proditeur; *predicteur* (deux fois).

XLI. Une; *uue* — nommé; *nommée* — ingratz; *ingrat*.

XLII. Nomméz; *nommé*.

XLIII. Ce qu'il; *ce il* — se obstina; *se abstina* — se abstenoit; *ce abstenoit* — pouilleux; *poulleux* — malam uxorem citiùs risu quam baculo castigabis; *Malam exorecicieus risus quam baculo castigalis*.

XLIIII. Figuratif; *figuratifz* — amender; *admender*.

XLV. Qui le requéroit; *qu'il le requeroit* — nobilitatur; *nobiliatur*.

XLVI. Les jactances; *les jactantes* — et dit; *dit* — courut; *court* — pour tant; *pour taut*.

XLVII. Matrone; *matrosne* (deux fois) — metrice; *mérétrice* — coquin; *quoquin* — ainsi comme dit est; *ainsi comme est*.

XLVIII. De ceste facécie; *en ceste facécie* — ainsi fist; *ainsi*.

XLIX. Est monstré; *n'est monstré* — que c'est; *que ce que c'est* — facécieuse; *facieuse*.

L. Lorsqu'i avoit une fois feste; *lors qui une fois ceste* — très granz; *très grant* — là monstra; *le monstra*.

LI. Se fust; *te fust*.

LII. Pertinaces; *pertinances* — se taisent; *et se taisent*.

LIII. La facécie ensuivante; *En la...*; — en lequel; *lequel* — viennent; *vitnnent*.

LIIII. Instanment; *instatement*.

LV. Confection ; *confession* — convalitude ; *congalitude* — eurent ; *eut* — choses ; *chosses* — y couroient ; *courroient*.

LVI. Et se tînt ; *se tînt*.

LVII. Vincence (Vicence en Italie) ; *Vincene* — Sènes (Sienne) ; *Sens* — quelle part ; *quelle par* — pour partir ; *pour partie* — follye ; *folliye* — attendit ; *attendoit* — ce qui ; *qui* — attendent ; *attendant*.

LIX. Erudit ; *érudic*.

LX. Fut l'Evesque ; *qui fust l'Evesque*.

LXI. Le poulse ; *le poulce* — (trois fois ; le pouls, du latin pulsus) — l'arteire ; *l'arteirie* — selon ; *selon que* — après une ; *auprès une* — potion ; *portion* — bailler ; *baille* — l'impéricie ; *l'impérice*.

LXII. Pour ce ; *Pour ce que* — les judicatures ; *les indicatives* — on y met ; *on ny met* — litigieuses ; *litigeuses*.

LXIII. Que un matin ; *que la un matin*.

LXIIII. Poge met ; *met* — les trois premières lignes jusqu'à « ung des assistans » sont du reste boiteuses, et il y manque la valeur d'une ligne ou deux pour que la phrase se tienne — la jugoyent ; *jugoyent*.

LXV. De la mérétrice ; *de la mettrice* — aux mérétrices ; *aux metrices* — des méretrices ; *des métrices* — dont ; *donc*.

LXVI. Vint ; *vit*.

LXVII. Et fist ; *fist*.

LXVIII. Pour se ; *porce*.

LXIX. Venoit ; *vendit* — je n'en sçeusse ; *je n'en sçeusses.*

LXX. A bon privé conseil ; peut-être faudrait-il mieux lire : à son privé conseil — qu'elle ; *qu'ellle* — au moins ; *aulmoins* — pourroyent ; *pourruyent* — mode ; *moude* — qui me ont ; *qui me sont* — se sont ; *ce sont.*

LXXII. Fantasme ; ce qui peut être un faute pour « fantaisie » — polliçoit (de polliceri) ; *polissoit.*

LXXIIII. Et augmenta : *augmenta et* — fièvre ; *fivre* (deux fois).

LXXV. Cunrad ; *Curad* — voulut ; *et voulut.*

LXXVI. Dilation ; *dislation* — esmeuz ; *esmeu* — contenantes ; *contenances.*

LXXVII. Leurs marys ; *leur marys.*

LXXVIII Zucarus ; *Zacarus* (deux fois) — doulceur ; *douleur* — n'estoit ; *n'estoie* — ce ; *se* — enchantées ; *enchantée.*

LXXIX. Duc de Patave (duc de Padoue, *Dux Patavinus*) ; *Duc de Pacave* — célée ; *célé* — apréhender ; *a apréhender* — l'Hermite ; *l'Hermitte* — céloit ; *seloit* — se veit ; *ce veit* — la plume ; *que la plume.*

LXXX. Ce père ; *se père.*

LXXXI. Sottie ; *sotie* — quant ; *avant* — tesmoings ceux qui ; *tesmoings qui.*

LXXXII. Tout sans retourner ; *tant sans retourner* — payasse ; *poyasse* — qu'ilz furent ; *qu'il furent* — print à force ; *print à fort* — acquitter ; *acquittez.*

LXXXIII. Prévenir le jour; *parvenir le jour* — je lui confessay;.... *le*... — aviez; *adviez* — desfesons; *despecons* — à son espoux; *à son espouse*.

LXXXIIII. Bailleroit; *bailleroic*.

LXXXV. Nommé le Leu (*Lupus* dans le texte latin); *nommé le Lieu* — la basse pièce; *la passe pièce* — estroit; *estrait* — monstrée; *monstré*.

LXXXVI. Recréative; *créative* — ce jeune garçon; *se*... — respondit; *reespondit*.

LXXXVII. Qui n'estoit; *n'estoit*.

LXXXVIII. Les guarir; *les guary* — puissiez; *puissez* — l'ongnement; *longuement*.

XCI. Certains; *sertains* — à voguer; *avaugueur* — guige de bataille; *paige de bataille*.

XCII. Ilz ont; *il ont* (ce qui pourrait se défendre; c'est une prononciation encore populaire, témoin cette phrase que j'ai entendue tout récemment: « Ouvrez leuz-y la porte pour qu'il entront.

XCIII. La « petite cité de Gènes que on appèle Père » est le faubourg de Péra à Constantinople — eschaffaux; *eschauffaux*.

XCV. Creut; *et creut* — asca imbarasca...; *mibarasca*; dans le texte latin il y a *imbasca*. Il n'importe guères, puisque c'est du baragouin.

XCVI. Au lieu de « en raison » il faut lire « en oraison. »

XCIX. Attentes; *attantes* — signes; *sine* — adjouster; *adjoustez* — confaction; *confacation*.

C. In eamdem; *in candem* (évidemment pour *in andem* qui s'écrivait d'après la prononciation).

CII. Il luy cuyderoit ; retrancher *luy*.
CIII. Avecques ce ; *Avecques se.*
CIIII. Patrocine (de *patrocinium*) ; *patrocene.*
CV. Une assez belle femme ; *ung*....
CVII. Convoitée ; *couvoitée* — vieillart ; *veillart.*
CXII. Bestail ; *bestial* (les trois fois).
L'excusacion. Ci nommez ; *si nommez.*
La table. 18 : D'un Cardinal en guerre ;... eu...— 28 : le court ; *le long* — 44 : contremont ; *amont* — 47 et 65 : mérétrice ; *métrice* — 66 : qui confessa ; *à qui se confessa* — 67 (Sauté) — 68 : De une jeune femme ; *d'une jeune fille* ; « comment » manque à la table — 73 : Philippe ; *Philiphe* — 81 : « pour habiter » manque — 83 : de ; *à* — 96 : jeune ; *fol* — 98 (Sauté) — 101 : « ung peu » manque à la table — 102 : d'une jeune femme ; *De la jeune fille* — 104 : de ; *des* — 107 : de paour ; *affin* — 111 « A son mary » manque à la table.

LES FACÉCIES

DE POGGE.

Pour plus évidentement congnoistre la cause principalle de cestuy livre, ainsi comme l'Acteur en son Prohême le touche, nous devons noter que Poge, Florentin, fut ung très lettré homme, grand orateur et plain de belle éloquence, lequel estoit natif du pays de Florence, et, pour les belles prééminences et dons de grâce qu'il avoit en luy, fut appellé en Court de Romme, là où, avecques plusieurs aultres notables Clerz, entre lesquelz il estoit, fut fait ung esdict que chascun d'iceulx apporteroit tous les jours, fust après disner ou soupper, aulcune chose joyeulx pour récréer l'entendement, ainsi que le texte le touche qui dict : *Multos futuros esse arbitror, qui has nostras confabulationes, etc.* Poge dit à ses compaignons : « Je présuppose, arbitre, juge et croy plusieurs estre au temps advenir qui réputeront nos présentes confabulations estre choses légières et mains dignes d'estre présentées devant les hommes gravez, saiges et bien lettréz, ou pour tant que la substance d'icelles est légière ou pour tant que la manière de les narrer et descripre ne procédera pas de la langue si éloquente que ces grans gens vouldroyent ouyr », en quoy il appert que Poge, Florentin, ne fut pas seul inventeur des dictes Facécies pour tant qu'il parle au plurier nombre et les appelle « nostres » en faisant son propos, lequel il excuse disant ainsi : « *Quibus ego respondeam* ; mais, s'il est ainsi, » dist Poge, « que les futurs, comme dit est, vueillent incréper ce présent livre pour les causes dessus dictes, je leur respondz que j'ay leu en plusieurs lieux noz prédécesseurs, très saiges et plus grans hommes en science que nous ne sommes, avoir acquis grandes louenges et grans honneurs en prenant délectation en Facécies, Narrations de fables et Dictz joyeulx, gardée tousjours honnesteté, et ne réputoyent pas ycelles choses villes ne dignes de répréhension, mais de louange, par quoy il me suffist prendre, si alléguer les faitz d'iceulx pour mon excusation, et ce que plus désoneste pour moy je répute, c'est le temps que j'ay perdu en choses inutiles, lequel eust mieulx valu que je l'eusse employé à descripre aulcunement aulcune chose joyeuse selon l'immitation de noz saiges maistres prédécesseurs, comme ainsi soit que le labeur de ce faire ne soye point deshonneste, mais l'ont loué les saiges et réputé comme convenable et nécessaire aux gens de bien, pour tant premier que celluy qui ce faict évite oysiveté et si donne cause aux lecteurs et auditeurs de son livre de l'éviter et souventes foys retourne leurs pensées de aulcunes mauvaises cogitations ; avecques ce il est utile, mesmes aux gens contemplatifs et studieux, de récréer leurs entendemens par aulcune manière de jeux honnestes pour les ramener à hilarité et plaisance. » Et par ainsi dit Poge, Florentin, la manière de son livre et respond à ceulx qui la vouldroyent blasmer. Après se excuse de procéder à son livre touchant les parolles et l'éloquence, disant ainsi : « *Eloquenciam vero*, etc.; je trouve », dit Poge, « chose moult difficile, fors à celluy qui est bien curieux, sçavoir mettre grande réthoricque et user de haulte éloquence en parlant de petites choses, comme de exprimer Facécies en la forme ou le dit joyeulx d'aultruy, ainsi comme il a esté dit, comme il soit ainsi que plusieurs choses sont qui ne pourroient deuement ne plus aornéement estre racomptées qu'en la manière que ceulx d'ont ils procèdent les racomptent, combien que aulcuns vouldront estimer que je dye cecy pour escuser la coulpe de mon entendement, auxquelz je me consens, non voullant prendre arrogance en moy de dire que mieulx faire ne peussent, mais les exorte et supplie, se mieulx faire sçaivent, qu'ils le facent, affin que de la langue latine en nostre vieil aage nous puissons aulcune chose acquérir; car en ce monstreront-ils la beaulté de leur entendement et ne soyent pas si rigoureux indicateurs que ils veullent du tout blasmer et vitupérer nostre présente œuvre, spécialement de moy qui l'ay escript et en ay faict au mieulx que je ay peu, car, en ce que j'ay faict, n'a point esté pour offencer aulcun, mais seullement pour passer le temps et donner à mon espérit aulcune récréation. »

Ainsi finist Poge le Préambule de son Livre, puis commença la narrative ainsi comme il s'ensuyt :

I.

❡ La première Facécie est d'ung pouvre Pêcheur, qui loua et despita Dieu tout en une heure,

Et commence en latin :
Caietanis, etc.

AINSI que dit Poge Florentin, toutes foys, ès parties de Lombardie auprès de la mer, est une petite ville, nommée Cayette, en laquelle ne demeuroyent que toutes pouvres gens et dont la plupart n'avoyent que boire ne que manger, fors de ce qu'ils ne pouvoient gagner et assembler en pescherie. Or est ainsi que entre eulx Cayetains fut ung homme nouvelet, lequel jeune homme se maria à une moult belle jeune fille, qui se mist à tenir son petit ménage, et est assez vraysemblable, veu la grandeur lucrative dont il estoit, qu'il n'avoit pas de toutes monnoyes pour change tenir, dont il n'estoit pas fort joyeulx, et non pas de merveilles, car gens sans argent sont à demy mors. Or est vray que, pour la petite provision que ce pouvre jeune homme faisoit en la maison, sa femme souvent le tourmentoit et tempestoit, et si lui donnoit grandes reprouches, tellement que le pouvre compaignon, comme tout désespéré, proposa de s'en aller dessus la mer et délaisser sa femme, en espérance de gaigner et de ne retourner jamais en sa maison ne au pays tant que il eust aucune chose conquestée. Et adoncques mist à point toutes ses besongnes et fist toutes ses préparations aux navires. Avecques aulcuns certains complices et compaignons qu'il avoit partit d'avecques sa femme, laquelle il laissa en une pauvre maisonnette toute descouverte, ayant seullement ung petit lict dont la couverture ne valloit comme riens, et s'en alla dessus mer, là où y il fut près de cinq ans ou plus sans revenir.

Or advint que, tantost après que ce dict galant fut party, le filz sa mère, qui estoit tout de loysir, voyant la beaulté de cette pouvre jeune femme que son mary par pouvreté avoit habandonnée, vint à celle et l'exhorta par belles parolles, dons et promesses qu'il luy fist, tant qu'elle se consentit faire sa voulonté et mist en oubly la foy de mariage qu'elle avoit promise à son mary. Ainsi recouvrit la pouvre femme pour son mary ung amy, lequel la vestit plaisamment et luy donna très beau lict et belle couverture et luy fit refaire la maison toute neufve, la nourrit et gouverna très bien, et, qui plus est, à l'ayde de Dieu et de ses voisins, en succession de temps luy fist trois beaulx enfans, lesquelz furent deuement eslevez et nourris, tant qu'ils estoient jà tous grans quant le mary de la mère, qui estoit déjà oublié, retourna, lequel, au bout de cinq ans ou environ, arriva au port de la cité, non pas tant chargé de biens qu'il avoit espoir quant il partit.

Après que ce pouvre homme fut descendu sur terre, il s'en alla à sa maison, laquelle il vit toute réparée, sa femme bien vestue, son lict couvert d'une belle couverture et son mesnaige très-bien en point. Quant cest homme vit cest estat ainsi que dit est, il fut moult esbahy et demanda à sa femme d'ont ce procédoit, premier qui avoit esté cause de refaire la maison, de la revestir si bien, qui luy avoit donné son beau lict, sa belle couverture, et génerallement d'ont estoient procédez et venus tant de biens à la maison qu'il n'y avoit au devant qu'il partist. A toutes les demandes que ce mary fist à ceste femme, elle ne respondit aultre chose sinon que la grâce de Dieu les luy avoit envoyéz et luy avoit aydé. Adoncques commença le pouvre homme à louer Dieu et luy rendre grâce de tant de biens qu'il lui avoit envoyéz.

Tantost après arriva dedans la maison ung beau petit enfant, environ de l'aage de troys ans, qui se vint froter encontre la mère. Ainsi que la mère l'admonnestoit, lors le mary, ce voyant, tout esbahy commença à demander qui estoit celluy enfant; elle respondit qu'il estoit à eux, et le pouvre homme, tout estonné, demanda d'ont il luy estoit venu que, luy estant deshors et en son absence, elle avoit conçeu et enfanté ung enfant. A ceste demande respondit la jeune femme que se avoit esté la grâce de Dieu qui luy avoit envoyé. Adonc le pouvre homme, comme tout hors du sens et enragé, commença à maugréer et despiter Dieu, que tant solicitement s'estoit meslé de ses besongnes et affaires qu'il ne luy suffisoit pas de se mesler des affaires de sa maison sans que touchast à sa femme et luy envoyer des enfants.

Ainsi en peu d'heure le pouvre homme loua, maulgréa et despita Dieu de son fait.

En ceste Facécie est donné à entendre que il n'est rien si subtil et malicieulx que une maulvaise femme, riens plus prompt ne moins honteulx pour controver mensonges et escusations, et, à ceste cause, qu'il n'est homme si ignorant qui auculnes foys ne congnoisse ou apperçoive une partie de sa malice et mensonge.

II.

℃ La seconde Facécie est d'ung Médecin,
qui guérissoit les folz demoniacles
et enragez,

Et commence en latin :
Plures coloquebantur, etc.

OMME nous voyons en plusieurs lieux, ilz sont aulcunes gens qui prennent leur félicité en chiens et oyseaulx pour aller chasser et passer temps, desquelz plusieurs estoyent en la ville de Florence, qui continuellement après eulx menoient chiens pour chasser et mesmement portoient oiseaux, dont s'en esbahyssoient beaucoup les gens commungs et tellement que souventes fois en faisoient conclusions, demandans les ungs les aultres comme ceulx là prenoient si grant plaisir en chiens et en oyseaulx.

Là fut ung nommé Paul, natif de Florence, lequel respondit que aultres fois en la Cité de Millan avoit esté ung fol qui se moquoit fort de ceulx qui les chiens nourissoient et les oiseaulx portoyent. Lors prièrent aulcuns à cestuy Paul qu'i leur racomptast la facécie et joyeuse manière comme celluy fol avoit farcé les chasseurs.

Si commença Paul à racompter et dire que en la ville de Millan y avoit ung Médecin qui garissoit les folz et les démoniacles en ung certain temps que ilz luy estoient apportez. Mais la manière de les garir estoit telle. Cestuy Médecin avoit en sa maison une grande ayre basse, au millieu de laquelle il avoit fait faire ung grant puis, large et parfond, qui estoit plein d'eaue toute puante et infaicte et froide comme glace, et, quant on luy apportoit aulcun démoniacle, le Médecin regardoit la qualité de sa maladie, puis le faisoit lyer dedans ce puis à ung pal, qui là estoit, si que les ungs estoyent en l'eaue jusques aux genoux, les aultres jusques aux cuysses ou plus hault, ainsi que le Médecin advisoit, et les faisoit laisser en peine et grant supplice tant que, par véhémence de doulleur qu'ils sentoyent, leur mélancolie se changeoit et sembloyent estre guariz.

Or est ainsi que entre ces démoniacles fut admené ung qui, pour la grandeur de sa maladie, fut mis en l'eau jusques au ventre et fut tellement tourmenté, par l'espace de quinze jours, que sa maladie cessa, et puis parla comme sain, en demandant au Médecin qu'il luy pleust de sa bonne grâce le faire mettre hors, ce que le Médecin accorda par ainsi que celluy démoniacle ne sortiroit point de la salle où estoit le puis, sur peine d'y estre remis. A ce faire s'accorda le fol, et de fait le fist, craignant estre remis en l'eaue, si que par succession de temps le Médecin luy eslargit sa prison toujours de petit en petit et finablement eut congé d'aller jusques à l'huys de devant, pourveu qu'il ne passeroit point, et ainsi le fit, craignant tousjours l'eaue, comme dict est.

Or advint que, ainsi que ce pouvre fol et demoniacle estoit auprès de cest huys pour regarder les passans, ung jeune homme, monté sus ung cheval, portant ung aultour sus son poing et menant une compaignie de chiens, alla passer. Lors le fol qui l'apperceut, comme tout esbahy, commença à l'appeler et luy dire qu'il luy pleust de parler à luy. Adonc le jeune chasseur se approcha de luy, puis luy demanda qu'il vouloit, et le fol luy dist : « Beau « sire, je te prie qu'il te plaise me dire que c'est « sus quoy tu es monté, que c'est que tu maines « auprès de toy et de quoy ilz servent. » Adoncques répondit le jeune chasseur et luy dist que ce sur quoy il estoit monté estoit ung cheval, et que ce qu'il portoit sur sa main estoit ung aultour pour prendre des cailles et des perdris, et aussi que ce que il menoit derrière luy estoient chiens pour aller à la chasse et au gibier.

Lors demanda le fol au chasseur combien valoit bien tout le gibier qu'il sçauroit prendre en ung an. Le chasseur luy respondist que tout ne se monteroit pas à six escuz, quant ils seroient bien venduz.

Le dict fol demanda de rechief combien cousteroient bien à nourrir à nourrir le dict cheval, et l'oyseau, et les chiens. Le chasseur respondit qu'ils coustoient plus de cinquante escuz. « Or, dist le fol, mon amy va t'en ; car, si le médecin vient et sache ta follie, il te mettra dedans l'eaue avecques les autres folz et enragez, et si il t'y mettra jusques au menton et plus avant que tous les aultres, comme le plus estourdy, enragé et démoniacle du monde. Et pour ce va t'en qu'il ne te voye. »

III.

₵ De ung Escolier paresseulx,

Et commence au latin :
Bonacius adolescens, etc.

EN la cité de Constance s'assembloient plusieurs estudians de diverses parties pour le bon exercice qui y estoit, et, entre les aultres Escoliers qui là estoyent, fut ung nommé Bonatius, du payz de Gascongne, lequel avoit de coustume de dormir grande matinée et n'estre pas des plus dilligens au matin, si que ses compagnons, qui tous les matins se levoient pour aller veoir les disputations qu'on faisoit aux Escolles, s'esbahyssoient, s'enquérans et disans l'ung à l'autre comme leur compaignon Bonatius pouvoit tant durer dedans le lict et quel plaisir il y prenoit. Tant parlèrent entre eulx qu'ilz conclurent de luy demander par quoy il le faisoit.

Si allèrent environ le midy dedans sa chambre, en laquelle il estoit encores couché en son lict, et luy demandèrent quelles ymaginations il avoit et que lui proffitoit estre si longuement couché.

Adonc Bonatius leur respondist : « Mes compaignions, que vous venez de veoir et ouyr les disputations, et, quant vous estes à une disputation, spécialement quant il y a grant cause de litige, jamais vous n'en partez tant que vous ayez veu assigner à la meilleur part et définitive du procèz. Or est-il ainsi de moy. En ce lict, où me voyez, je suis écoutant tous les jours disputation du litige de deux parties adverses, c'est assavoir Sollicitude et Paresse, et qui tous les matins à mon lever se viennent présenter en habit de femme et commencent ung procèz, l'une à, sçavoir la Sollicitude, qui m'admoneste de me lever et aller aux estudes comme vous travailler mon corps et prendre de la peine beaucoup ; l'aultre, assavoir la Paresse, dit de sa part qu'il faict grant froyd et que je doy tenir mon corps en la challeur du lict et non pas m'aller esventer. En ceste controverse sont devant moy ces deulx femmes, baillantes raisons contraires l'une à l'autre, c'est assavoir la Sollicitude qui veult que je me lève, disant que à regnard endormi il ne luy chet riens en la gueule et que, si je veulx avoir des biens et acquérir en ma jeunesse ce de quoy je puisse vivre en ma vieillesse, il me convient lever matin, coucher bien tard, endurer faim et soif, froid et chault, et travailler mon corps sans cesser. **Paresse respont** tout au contraire, disant que je suis jeune et tendre et que, par me lever trop matin et aller mettre mon corps au froid, une collique passion me pourroit bien tost prendre, qui seroit cause de ma mort, et par tant que doy tenir toujours mon corps seurement en la chaleur du lict, qui est naturelle. Ainsi en ceste disputation faicte tous les jours devant moy j'assiste comme juge esgal, actendant quelque voye d'accord et que le litige soit finy.

IIII.

☞ D'ung Juif qui se fist chrestienner par l'exhortation d'aucuns Chrestiens,

Et commence au latin :
Judeum cum multi hortarentur, etc.

Il estoit un marchant Juif en la cité de Rome, lequel hantoit fort aulcuns Chrestiens, lesquels l'admonestoient souventes foys de se convertir à la saincte foy de Nostre Seigneur Jésus-Christ et renoncer à la Paganité, à laquelle chose ne voullut bonnement consentir ledict Juif pour tant que ce faisant les dictz Chrestiens l'admonestoient de donner tous ses biens aux pouvres pour l'amour de Dieu, luy remonstrant par la Saincte Escripture que pour ung denier qu'il donneroit à Dieu en cent doubles le rémunéreroit. Tant et tellement persuadèrent les Chrestiens le dict Juif qu'il se fist baptiser et distribua tous ses biens aux pouvres et aux mendians si qu'il ne luy demoura riens et fut le plus pouvre de tous, cuydant qu'incontinent le don faict et le baptesme reçeu, Dieu luy envoyast la rémunération que tous les Chrestiens disoient.

Toutefois, le cas fut tel que ce dict Juif, qui tous ses biens avoit despartiz et ne trouvoit qui l'invitoit à disner avecque soy, fut contrainct de faim en telle manière que force luy fut de s'en aller mettre en ung hospital, là où il fut prins de maladie tellement que par les lieux secretz d'en bas il gectoit une si grande effusion de sang que on ne le pouvoit nullement estancher. Or advint que en ceste maladie le povre enduroit grant faim en cestuy hospital, faisant cent mille regretz de ses biens qu'il avoit donnez, et blasmoit ceulx qui l'avoient adverty de ce faire et luy donnoient à entendre que nostre Seigneur Jésus-Christ le rémunéreroit à cent doubles. Désespérant de sa rénumération, ung jour, pour aller au retraict, se leva de son lict et s'en alla en ung préau assez prèz de l'hospital, là où, aprèz son éjection faicte, en cueillant de l'herbe pour certaines nécessitéz il trouva ung petit drapeau de lin, où estoient enveloppées plusieurs belles pierres précieuses, d'ont il fut faict plus riche que par avant, manda des Médecins et fut gary, fist faire maison triomphante et vesquit plus opulentement qu'il n'avoit faict.

Adonc les Chrestiens, qui le virent venir à si grande prospérité luy demandèrent se ce qu'ilz luy avoient dit n'estoit pas vray et si Dieu ne luy avoit pas donné le double des biens qu'il avoit dispensez aux pouvres. A ce respondit que voyrement Dieu les luy avoit envoyez, mais qu'il ne luy en sçauroit aulcun gré pour ce qu'il avoit trop différé à lui envoyer et luy avoit laissé endurer tant de mal que a peu qu'il n'en estoit mort.

En ceste Facécie est donné à entendre que ung bien fait ne sera jamais trop tart conféré à ung homme ingrat, car il est tousjours perdu.

V.

❡ D'ung fol homme, qui cuyda
que sa femme eust deux
secretz de nature,

Et commence au latin :
Homo e nostris, etc.

EN la cité de Romme fut ung sot, lourdault, rusticque et imbécille, qui se maria à une très belle jeune femme, laquelle, par advanture, avoit laissé aller le chat au fourmaige. Toutesfoys, quant vint la première nuict des nopces, ce lourdault icy, qui estoit rude et villain, mal advenant et pou agréable au service des dames, se ingéra faire son devoir envers sa femme, et si sottement s'y porta qu'elle en fut saoullée dès la première fois et luy tourna le dos, en mettant le train derrière au giron de son mary, lesquel n'estoit pas encore assouvy d'elle, mais estoit l'instrument toujours royde, tellement que par derrière il congneut sa femme ainsi qu'elle le permist. Lors le sot estourdy luy demanda comme se pouvoit faire et se elle avoit deux natures pour ce faire, et elle luy respondit que ouy. Or dist le bon homme : « Ma mye, il me souffira bien de l'une ; il fault adviser de l'aultre que nous en ferons ? » Or estoit ceste femme, cauteleuse et fine, amoureuse du Chapellain de la Paroisse, et fut bien joyeuse, et, quant elle congneut la grant rudesse et imbécilité de son mary, proposante en soy mesmes de le tromper, si luy dist, ainsi que ils estoyent une foys couchéz ensemble :

« Mon amy, vous me distes aultre foys que l'une de mes natures vous suffiroit pour votre usaige et que de l'aultre je advisasse qu'on en feroit. J'ai advisé, se c'est vostre plaisir, que de l'une nous fassions l'aumosne et que la donnions à l'Église au Chapellain, qui sera tout joyeulx de s'en servir.

— Vrayment, dist le mary, ma mye, j'en suis content. Il faut mander Messire Jehan, nostre Chappellain, que il viengne souper avecques nous et qu'on luy donne. »

Lors fut la femme toute fière, qui ne oublia pas mander Messire Jehan à venir souper avec eulx, lequel, adverty du cas, ne faillit pas et apporta vin et viande habondamment pour festoier son compère, qui lui faisoit aulmosne d'une des natures de sa femme, et firent grant chière à soupper, puis s'en allèrent coucher tous troys en ung lit si que la femme estoit entre deux, laquelle se tourna plus volontiers devers le Prestre que vers son mary.

Lors commença Messire Jehan à besogner à sa part, et le pouvre sot lui disoit : « Mon compère, Messire Jehan, mon amy, je vous prie, ne touchez point à ma part ; suffise vous de la vostre. » Lors respondit le Prestre que jà à Dieu ne plaise que d'aultre chose voulsist vivre que des biens de l'Église et que ce bien luy suffisoit.

Ainsi permist le meschant sot le Prestre libérallement et sans contredit se servir de sa femme par l'aumosne que il avoit faicte à l'Église, ce que ne feroyent pas beaucoup de gens.

En ceste Facécie est donné à entendre que jamais homme n'est bien assoté que par femme et qu'il n'est rien que on ne puisse persuader à ung sot.

VI.

❡ D'une veufve qui fut amoureuse
d'ung pouvre,

Et commence au latin :
Ipocritarum genus pessimun, etc.

Au temps que les disciples de Jésucrist alloyent par le pays et avoyent de coustume de se aller seoir à l'huys des maisons sans riens demander, mais là attendoient qu'on leur donnast à vivre, ung pouvre homme, nommé Paul, quérant sa vie en la manière que dit est, s'en alla vers la maison d'une femme veufve, à l'huys de laquelle il s'assist sans riens dire, et, pour tant que bel homme il estoyt, ceste veufve fort le regardoit, tellement que en son regard elle se eschauffa tant que surprinse fut de vouloir avoir sa compaignie. Mais, pour tant que la faulce vieille n'ousoyt pas descouvrir son courage en la façon des ypocrites, qui est le pire genre de gens qui est sur la terre, elle pensa la manière comment elle pourroit exécuter sa voulenté. Si print de la viande et la donna audit pouvre, en luy disant que le lendemain il retournast vers elle et que, pour l'honneur de Dieu, elle luy donneroit très-bien à disner. Ce faire promist le pouvre, et de fait ne faillit pas à retourner à l'heure que la Veufve luy avoit dict, laquelle le attendoit à l'huys et, si tost qu'il fut venu, elle le fist entrer pour le faire chauffer et luy donna très-bien à boire et à manger, et le tient bien ayse en une sienne chambre bien secrette, où elle l'avoyt bien enfermé, tousjours ayant l'œil libidineux sur luy, si que, après son repas prins, la veufve non honteuse luy saillit au col, le commença à baiser et jurer que jamais de là ne partiroit tant qu'il eust fait sa voulenté.

Quant le pouvre Paul vit la maulvaise voulenté de ceste Veufve, contre laquelle il estrivoit et de tant que il pouvoit resistoit, il luy dit :

« Dame, regarde que c'est que tu veulx faire et le grant inconvénient en quoy tu veulx mettre toy et moy. Si ainsi est que tu ne me vueilles laisser aller sans faire ta voulenté maulvaise, je m'en rapporte à toy et appelle Dieu à tesmoing que ce n'est point par moy, mais à toy seulle en doit estre le péché. »

Or avoit ce maistre ypocrite desjà la verge royde comme le cornet d'ung vacher et dist à la Veufve en lui monstrant :

« Tien, vélà ceste mauldicte chair, laquelle, par ton attouchement et admonition, s'est dressée. Si tu la veulx prendre et t'en servir, ainsi qu'il appartient, je m'en rapporte à toy ; mais en effect le péché n'en demourera point sus moy. »

Adonc print cette femme l'instrument et s'en donna à travers le corps, et faignit ledict maistre ypocrite n'en avoir aulcune voulenté en mettant le péché sus elle.

En cette Facécie est donné à entendre que plusieurs faignent estres simples comme aygneaulx, qui sont cauteleulx comme regnars, et mesmement faignans qu'ilz n'ont cure de ce qu'ilz vouldroyent jà tenir.

VII.

℃ D'ung jeune Chevalier qui se farsa
de ung Evesque,

Et commence au latin :
Ibam semel ad Pontificis palatium, etc.

Y dit Poge que une foys il alloit au palays d'un Évesque, lequel estoit à Romme, et, ainsi qu'il estoit devant la maison de cest Évesque, il vit ung des jeunes Chevaliers de la cité qui parloit à l'Évesque, par adventure pour aulcunes choses qu'il avoit à besogner, et fut longtemps ce jeune Chevallier parlant à cest Évesque la teste descouverte, sans que l'Évesque, qui point ne s'en advertissoit, luy dist qu'il se couvrist.

Ainsi, quant le jeune Chevalier eut tout conclu avecque l'Évesque ce qu'i voulut, il se partit de luy et vint parler aux bons compaignons, qui avoient ce veu, et leur dist : « Je ne sçay si nostre Évesque le fait par orgueil, ou par arrogance ou par non sçavance ou aultrement, de laisser ung homme si longuement descouvert devant lui sans le faire couvrir ; mais je vueil bien qu'il saiche que j'ay dit qu'il n'a pas laissé la moytié de son asne à l'hostel ; il le porte tout quant et luy. »

En ceste Facécie est donné à entendre que celluy est bien asne, de quelque estat qu'il soit, qui ne porte honneur à ceulx qui luy portent.

VIII.

Ung dit Joyeulx, que Poge racompte de ung sien compaignon, nommé Zacarus,

Et commence au latin :
Perambulantes, etc.

Poge dit que de coustume il alloit voulentiers tournoyer autour de la cité avec un sien compaignon, nommé Zacarus, homme joyeulx, plaisant, facécieux et récréatif, et, ainsi que une fois ilz la tournoyent, ilz arrivèrent en ung lieu où l'en faisoit unes nopces, et estoit le second jour de la feste, là où estoyent les parens et amys des mariez qui dansoyent et faisoyent grant chière et se jouoyent ensemble.

Lors pour veoir leurs esbatz se arrestèrent Poge et son compaignon, qui, après plusieurs regardz faitz, donnèrent chascun son oppinion en disant quelque plaisant dit, entre lesquels Poge commença à dire en soubriant : « *Matrimonium consumaverunt* », c'est-à-dire : « *Voicy ceulx qui ont consommé le mariage.* »

Adonc dit Zacarus : « Ce sont mon, mais je suis à l'opposite ; car ilz ont consommé le matrimoine, et j'ay gasté et consommé mon patrimoine. » Adoncques commença Poge à rire, cognoissant que Zacarus disoit vray ; car il avoit réallement dissipé et passé toute la succession de son père à mener jeux et esbatz, à faire grant chière.

En ceste Facécie est donné à entendre que tel se cuyde aulcunesfoys railler de aultruy qui se raille de soi mesmes.

IX.

☾ De ung Prevost qui fut reprins de
trop se louer,

Et commence au latin :
Quidam yturus, etc.

A Romme fut ung Prévost, qui habille homme estoit et avoit de belles prééminences, mais aussi luy estoit-il bien advis, et souvent le desprisoyent plusieurs saiges gens pour ce que luy mesme récitoit ses vertus et trop se glorifioit.

Cestuy Prévost fust en ce temps esleu de ceulx de Romme pour aller en aulcune commission à Florence, dont il fut moult joyeux, et croy que toute sa solicitude et cogitation qu'il eut entre Romme et Florence fut à recogiter et récapituler toutes ses vertus et belles prééminences; car, si tost qu'il fut venu à Florence, il s'en alla dedans la grant Église de la cité, où les saiges hommes et spéciallement les Anciens, et ceulx qui avoient la police de la ville, vindrent luy faire honneur et révérence pour l'honneur des Rommains pour lesquelz il venoit.

Lors ce Prévost, voyant l'honneur qu'on luy faisoit, acreut sa cornardie de ung degré, et, comme pour monstrer que l'honneur que ils luy faisoyent luy fut bien deu, commença à racompter de son premier aage et comme, par ses belles meurs, sagesse et profundité de science, ceulx de Romme l'avoyent esleu Sénateur de Romme, comme par son conseil tout estoit fait, comme tous consentoyent à tout ce qu'il vouloit dire et faire, et générallement, en prolixes parolles et sermons ennuyeux, récita tant de ses belles prééminences que ce fut très grant merveilles. Mesme racompta comme il estoit party de la cité de Romme, la compaignie qu'il avoit eue au partir et tout ce qu'il avoit, et générallement de point en point narra et dist tous ces faitz, mesmes quantes lieues il avoit faictes par jour, toutes les tavernes où il avoit beu et les logis où il avoit logé, si que en la prolixité de ses parolles, sans parler de la cause pourquoy il estoit là venu, plusieurs s'en ennuyèrent, cuydant que toute journée se deust passer à ouyr les fascheries et fabulations de ce glorieux Prévost, qui si longuement les tint en son sermon que la nuyt approchoit.

Lors l'ung des assistans, assez joyeulx homme,

se approcha dudit Prévost, et luy dist en l'oreille : « Monseigneur, il est desjà bien tard ; hastez vostre chemin, car voicy, » dist-il, « le dernier jour que vous avez pour estre au Sénat de Florence, et, si vous n'y estes, vous perdrés vostre commission. »

—O », dist le fol Prévost, qui bien apperçeut que on se railloit de luy de tant avoir abundé en langaige vain, « je suis venu à Florence », et adoncques commença à dire la cause pourquoy il venoit.

En ceste Facécie sont desprisez ceulx qui veullent se donner gloire pour leurs beaulx faitz. ceulx aussi qui trop habondent en langaige vain et qui en leurs propos applicquent choses inutilles et vaines parentèses, qui ne servent en rien en la matière subjecte et ainsi que ledict Prévost, qui, à l'heure qu'il devoit faire son préambule et dire au Sénat de Florence les causes pourquoy il estoit envoyé vers eulx, alleguoyt ses beaulx faits et le chemin par lequel il estoit venu.

X.

❧ D'une femme adultère, qui fist coucher
son mary en ung colombier tandis
qu'elle estoit avecques son amy,

Et commence au latin :
Petrus quidam contribulus, etc.

POGE dit que ung nommé Pierre, son compaignon, luy racompta une fable assez pour rire de la versucie, cautelle et maulvaistié d'une femme, laquelle femme estoit mariée à ung pouvre homme, ou bergier champestre, qui n'estoit pas fort sage. Et demeuroyent cestuy Bergier et sa femme en l'hostel d'ung Gentilhomme comme métayers, ou gardes de bestes. En ceste maison estoit ung colombier, duquel ce Bergier et sa femme avoyent la clef.

Or ainsi que cestuy agricole et pouvre innocent homme n'avoit pas gaigné à tous les mestiers et marchandises que il avoit demenées, mais perdu, si qu'il devoit de l'argent beaucoup, dont on le vouloit à toute heure contraindre et luy envoyoit on souvent les Sergens pour le mettre en prison, si que toutes les nuitz il gisoit aux champs, dont sa femme n'estoit pas marrie, mais très joyeuse, car, ce pendant que le pouvre sot couchoit aux champs, caché en quelque vieille fosse tout mort de froyt, l'amy de ladicte faulse femme estoit avecques elle chauldement à faire bonne chière, couché en son lit, et jouyr de ses amourettes.

Advint ung soir par fortune que le povre sot s'en retourna à la maison là où la femme tenoit son amant, que moult fut espouventée quant elle vit son mary; toutesfoys ne tarda elle pas grandement à trouver excuse de son cas et manière de parfaire sa maulvaise voulenté et tromper son mary. Si fist mettre et cacher soubdainement son amy soubz le lict, et incontinent, comme toute courroucée, se tourna à aller à l'encontre de son dict mary en luy disant, par incrépation et injure :

« O, meschant malheureux que tu es, que viens-tu faire maintenant icy? Pleust à Dieu que tu fusses bien avant fourré dedans les prisons. A cette heure les Sergens ont cerché par toute ceste maison pour te trouver, jurans que, s'ilz te pouvoient tenir, qu'ilz te mettroient en prison dont tu ne partiroyes jamais tant que tu eusses toutes tes debtes payées. Toutesfoys, je leur ay dit et afffermé que tu estoyes emmy les champs caché à dormir et que meshui tu ne retourneroyes, par quoy ilz s'en sont allés, disans que pas ne me créoient et menassans que tantost retourneroient pour veoir se je mentiroye. »

Adoncques fut le pouvre homme tout espoventé, qui ne demandoit sinon la manière de soy despartir et de s'en retourner aux champs de paour qu'il ne fust prins, mais les portes du Chasteau ou manoir en quoy ilz demouroyent estoyent jà closes, et ne pouvoit yssir, qui luy faisoit si grant mal, avecques l'insectation de sa femme qui luy disoit : « Hé, meschant, que faitz-tu icy ! Si tu es prins, c'est fait de toy, et si sont tous noz biens perdus. »

Lors print le meschant à se conseiller à sa femme, qui lui dist : « Hélas, m'amye, conseille moy que je feray. J'ay si grand paour que je ne sçay que dire. Mauldite soit l'heure que je suis retourné. »

Adoncques la faulce femme, habille et prompte à trouver aulcune trahison et faulceté, luy dit : « Voicy le cas. Puis que ainsi est que tu ne peulx sortir du Chastel, monte au coulombier, et je fermeray l'huys par deshors et osteray les eschelles, affin que homme ne s'en puisse appercevoir. Mais il fauldra bien garder que tu ne remues aulcunement, quelque chose que tu oyes, car serions destruictz. »

Ce conseil creut le meschant ydiot; monta en ce colombier, là où sa femme l'enferma, osta les eschelles, puis alla tirer son amoureux hors de dessoulz le lict, lequel, par l'instruction de la femme, commença à crier et à tempester dedans la maison comme si se fussent les Sergens qui fussent retournez, ce que bien oyoit ledict pouvre mary, qui estoit couché dedans l'ordure des pigons, enfermé au coulombier, là où il ne se osoit remuer de paour qu'il ne fust ouy des des Sergens, qu'il cuydoit estre en bas pour ce qu'il y avoit grande tempeste, car la femme parloit en façon d'homme pour croistre la tumulte, affin qu'il fust plus espouventé.

Toutefoys la noise cessa et allèrent se coucher l'amoureux et la femme ensemble, qui à leur bon plaisir accomplirent leurs besongnes, tant que le bon Jannot fut toute la nuyt empulenty parmy les pigons, là où il estoit aussi pesneux comme ung moyne que l'en rait.

En ceste Facécie sont deux choses à noter, premièrement la maulvaistié et fallace de une femme, qui si prompte est à trouver quelque déception et cautelle pour faire son desir, secondement la ygnareté de l'homme, qui peut estre sçavoit bien le cas de sa femme et que elle luy faisoit faulceté, mais touteffois, par crainte de estre mis en prison, luy souffroit et enduroit, ce qui peut advenir à plusieurs qui, par pouvre et meschant gouvernement ou crainte, seuffrent faire de grans injures à leurs filles et à leurs femmes; car tel y a qui doit de l'argent, dont il est obligé du corps, qui seroit content que sa femme se habandonnast et qu'il en fist le incongnu et l'ignorant, affin que il ne fust mis en prison, mesmes coucher en quelque galethas en ung lict plain de pulces et de punaises tant que sa femme seroit à son bon plaisir.

XI.

¶ D'ung sot Prestre, qui ignoroit le
dimenche de Pasques
fleuries,

Et commence au latin :
Bellum opidum est, etc.

UNG beau chasteau, ce dict Poge, Florentin, est en noz montaignes Apennines, faict à la façon des rusticques, et aussi ne demeurent sinon gens ignares, sotz, rudes et champestres, sans littératures et sans sciences aucunes. A gouverner cette sotte nattion de gens avoit été ordonné ung Prestre, plus rude et plus mal instruit que aulcun de tous ses paroissiens, car celluy Prestre ne sçavoit en quel temps il vivoit, ne quelles festes et solempnitez son peuple garder devoit, et spéciallement il estoit si sot qu'il ne sçavoit quant le Karesme commençoit, si que, la première année qu'il vint à gouverner ce sot peuple, il ne l'en advertit point du commencement du Karesme, parquoy ilz mangèrent de la chair et ne firent aulcune abstinence l'espace de cinq sepmaines, le Karesme durant, et jusques à ce que ce sot Prestre, le samedy de devant Pasques fleuries, dévalla des montaignes et alla en une cité d'aultre condition de gens pour estre au marché, là où il vit les Prestres de la terre qui faisoyent pourvoyance de palmes et de branches de boys et de fleurs pour faire la solempnité le lendemain.

Ce voyant le sot Prestre, il congneut qu'il avoit failly et mal instruit son peuple par faulte de l'advertir du Karesme dont en son cœur il fut aulcunement honteux. Si proposa en soy mesme de trouver aulcun moyen de se excuser et en sa rudesse ymagina le moyen; ce fut qu'il achepta des branches comme les aultres et les porta à sa paroisse, là où, le dimanche au matin, il fist sonner les cloches et appela tout son peuple, auquel, convocqué et assemblé, il dist :

« Mes amis, aujourd'huy est le jour que nous devons faire la solempnité des palmes et que tous bons Crestiens doivent convertir à l'Esglise, portans branches et fleurs en leurs mains, pour faire la solempnité acoustumée. De huy en huyt jours nous aurons Pasques; il n'y a que ceste sepmaine pour faire pénitence, ne n'avons en ceste année point de plus longue jeusne, dont la raison est que nous sommes icy en une région froyde et plaine de glaces et maulvaise à approcher en temps d'iver. Il est vray que Karesme prenant soulloit venir plus tost, et, quant il venoit, apportoit, quant et quant luy, six sepmaines de jeusnes, mais, pour la importunité du temps ou grant froid qu'il a fait ceste année, il a esté lent et tardif et n'a pas peu venir à son ayse jusques à nous, si que, par la lascheté de luy, il n'a peu apporter que une sepmaine de pénitence et laissé les aultres en chemin. Pour tant, mes bons et loyaulx amys, je vous admoneste que durant ceste sepmaine vous faciez pénitence et confessés voz péchez, car vous n'aurez point d'aultre Quarantaine. »

En ceste Facécie est monstré comme souvent effoys les simples gens, qui ne sont pas lettrés, errent aux Commandemens de Dieu par la faulte de leurs Recteurs ecclésiasticques, qui sont ignares et non congnoissans, qui est ung grant vice en l'Église.

XII.

☞ Des paysans qui demandèrent
le crucifix vif,

Et commence au latin :
Ex hoc quidem opido, etc.

DE ce chasteau devant dict, où il y avoit tant de vaillans rusticques, furent envoyez aulcuns messagiers en une cyté, voysine de là, pour achepter ung crucifix pour ce que ilz n'en avoyent point à leur Eglise. Quant ces rudes et imbelles gens furent venus à ceste cyté, ilz s'en allèrent devers le Paintre, lequel estoit ung fin homme et bien apperçeut la rudesse et maulvaistié d'eux, car ilz n'avoient pas le sens de demander ce qu'ilz vouloyent. En ce faisant il leur demanda se le crucifix qu'ilz demandoient devoit estre mort ou vif et de quelle sorte ilz le vouloyent. A ceste demande ne sçeurent que respondre; si à haste ilz demandèrent conseil l'ung à l'aultre de ce que ilz devoyent faire, et après ilz conclurent que ilz demanderoyent ung crucifix tout vif, disant que, se il ne plaisoit au peuple en avoir ung vif, que ilz le tueroyent et en feroyent ung mort.

Ceste responce donnée au Paintre, il leur assigna terme de retourner une aultreffois et qu'il leur en feroit ung.

En ceste Facécie sont farcez les sots messaigiers que, quant ilz vont en aulcun messaige, ne demandent point, premier que partir, toutes les choses qu'ilz ont à faire, et fault souventeffoys qu'ilz ayent de une peine deux.

XIII.

☙ Des joyeuses responces du Cuisinier
au Duc de Millan,

Et commence au latin :
Dux Mediolani senior, etc.

UNG Duc fut à Millan, prince de grant auctorité, saige et bien entendant, éloquent, élégant et singulièrement parfait et complet en toutes choses licites et honnestes. Cestuy Duc avoit ung Cuysinier, bel home et honneste, que il aymoit très fort pour tant que il estoit habille en l'art de cuisine et en préparations de viande, et, pour le faire plus parfait, l'envoya le Duc en France pour veoir la manière du pays et pour apprendre aulcunes choses de nouveau de la cuisinerie.

Or advint que, au temps que cestuy Cuisinier retourna devers son maistre le Duc de Millan, il avoit une guerre avec les Florentins, qui luy faisoient beaucoup de ennuy, si que, du desplaisir qu'il en avoit, il perdoit repos, appétit de boire et de manger, et toute la disposition de son corps. Le cas fut tel que ung jour que ce Duc estoit en une grande cogitation et desplaisance pour aulcune maulvaise nouvelle qu'on luy avoit apportée de son armée, son Cuisinier, qui tant estoit habille homme, luy apporta des viandes auxquelles le Duc ne trouva saveur. Si commença à incréper et blasmer son Cuisinier, disant que c'estoit ung homme ignare, qui avoit perdu son temps en France, et qu'il n'y avoit riens aprins par tant que les viandes, ce disoit-il, estoient mal appointées.

Quant le Cuisinier vit que son maistre le blasmoit ainsi à tort, il ne fut point paoureux de luy respondre, car il sçavoit bien qu'il estoit joyeulx et récréatif homme, qui prenoit plaisir à ouyr bien dire. Si luy dist : « Monseigneur, sauf vostre correction, mes viandes sont bien appointées, les saulces bien faictes, autant qu'il est possible, mais les Florentins vous donnent ung empeschement à l'appétit si grant que vous ne trouvez goust à chose que vous buvez ou mangez, pour quoy vous ne devez point blasmer les viandes ne l'appareil d'icelles; car, si les Florentins vous ostent l'appétit, ce n'est pas ma coulpe. » Adonc le Duc, qui estoit humain homme et plaisant, commença à rire de la joyeuse response que son Cuisinier luy avoit faicte.

En ceste Facécie est donné à entendre que ung serviteur ne se doit mouvoir de chose que son Seigneur luy die quant il est ennuyé, mais doit à son pouvoir essayer à luy donner quelque récréation.

XIIII.

C Aultre joyeulx dit dudict Cuisinier,

Et commence :
Idem coquus, etc.

APRÉS la joyeuse responce du dict Cuysinier faicte à son dit maistre, il vit aussi que durant la bataille tous jours estoit le dict Duc de Millan en desplaisance et tourment. Si dist le Cuysinier : « Je ne m'esbahys point se ledict Duc est bien tourmenté, car il s'efforce à deux choses impossibles. Premier il s'efforce de chasser d'emprès de luy Françoys Barbebare, qui est ung homme riche, oppulent et plain de biens, puissant pour résister et se deffendre grandement comme le Duc, et est impossible de le vaincre et chasser sans grant travail et labeur. Secondement le Duc desire retourner gras et plain de chair après ce qu'il aura enduré tant de peine et de travail qu'il luy fault endurer, qui est une chose trop difficile, et me semble bien que sont deux choses presque impossibles, par quoy, puis qu'il se efforce à ce faire, je ne m'esbahys point s'il a moult de tourment. »

Ceste Facécie montre que ceulx sont repris et raillez qui se tourmentent et prennent soulcy de faire choses impossibles à eux et plus que leur faculté ne peult porter.

XV.

Demande joyeuse dudict Cuysinier à son maistre,

Et commence au latin :
Is ipse, cum multi peterint, etc.

LONGTEMPS fut cestuy Cuysinier, dont devant avons parlé, avec son maistre le Duc de Millan. Or est ainsi que plusieurs gens et serviteurs avoit cestuy Duc de Millan, qui, après ce qu'ils avoyent fait service par aulcuns temps, demandoyent offices, bénéfices ou pensions, à leur maistre, qui pour salaire voulentiers leur accordoit, dont cestuy Cuysinier se esbahyssoit, spéciallement d'aulcuns qu'il donnoit à gens ignares, mal congnoissons et indignes de ce avoir.

Si proposa de faire au Duc une demande joyeulse par laquelle il luy donneroit à cognoistre que simplesse estoit à luy de donner et despartir ses offices ou bénéfices à telz gens comme il faisoit. Pour ceste demande faire attendit le

Cuysinier que son maistre fust en bonne chière et lyesse, mesmement aussi qu'il vint lvy faire aulcune requeste. Si fust ung soir que, le Duc estant à table, plusieurs lui vindrent demander des bénéfices et offiees, ce qu'il accorda, combien que insuffisans fussent de ce obtenir.

Lors vint le Cuysinier à son maistre et lui dist : « Seigneur, je voy que tu as pourveu tous tes serviteurs et leur as donné tout ce qu'ilz te ont demandé, et je te supplie, pour tout office et bénéfice, que tu me accordes une chose, c'est que il te plaise me faire asne. »

Quant le Duc ouyt ceste demande, il fut moult esbahy, et luy demanda : « Comment, Cuysinier, aymes-tu mieulx estre asne que homme ? »

Le Cuysinier respondit : « Ouy, et la raison pourquoy, je la vous diray. Tous les serviteurs que j'ai veux céans ne sont que asnes et ne sçaivent rien. Toutesfois sont-ils bien pourveuz et, partis de céans, eslevez en honneur. Tu leur as donné maistrises, dont ils en sont orgueillis tant que merveilles. Par quoy je desire estre fait asne ainsi que eulx et estre pourveu de bénéfices comme ils ont esté. »

En ceste Facécie sont reprins les Seigneurs que, s'ilz ont ung bon serviteur qui les a servis loyaument, ne tiennent compte de le pourveoir, mais pourvoyent plus tost ung nouveau venu que riens ne sçaura et qui aulcun bon service à son maistre faict n'aura, ce qu'on voit souvent advenir. Sont reprins aussi ceulx qui donnent les bénéfices, offices et dignitez, à gens ygnares et insuffisans de les obtenir.

XVI.

❡ De Lettres présentées par raillerie à ung Vicomte nommé Jannot,

Et comme au latin :
Anthonius, etc.

Romme fut ung homme nommé Anthoine le Louche, qui fut familier du Pape, ayant office comme le Maistre d'hostel, et principal Secrétaire du Pape pour la grant science et habileté de luy, et, de toutes pars que aulcunes Lettres se offroyent à la Court du Pape, on les aportoit à cestuy Anthoine pour les luy présenter.

Advint que ung des congnoissans de cestuy Anthoine luy apporta unes Lettres pour faire expédier au Pape. Ces lettres print Anthoine et les regarda et y trouva aulcune faulte et dist à celluy qui les luy apporta: « Mon amy, va corriger ces lettres, car elles ne sont pas bien, puis me les rapporte. » Ce quidem reprint ses Lettres et s'en alla en sa maison, et les regarda, mais ne sçeut oncques appercevoir où la faulte estoit. Si proposa erreur à Anthoyne, qui les lui avoit rebaillées pour corriger, et, faignant les avoir rescrites et amendées, les Lettres mesmes luy rapporta. Quant Anthoyne veit ces Lettres, il les congneut bien ; si lui dist : « Mon amy, tu estimes que je soye ainsi que Jannot le Vicomte. »

A ceste responce faite, dit Poge que luy et aulcuns de ses compaignons furent présens, qui demandèrent audict Anthoine que c'estoit à dire de ceste comparaison de luy à ce Jannot. Respondit Anthoine :

« Anciennement fut Prévost de ceste Cité, homme bon de soy et assez raisonnable, mais avoit l'entendement rude et gros. Cestuy Jannot avoit ung Secrétaire, grant clerc et fort amyable homme en science, et luy commandoit souvent son maistre Jannot à faire des Epistolles et Lettres pour envoyer au vieil Duc de Millan ; mais la coustume de Jeannot estoit telle que au commencement des Lettres il nommoit ung article touchant les prédicatz et tiltres dudict vieil Duc auquel il escrivoit, puis commetoit à faire tout le demourant au Secrétaire, lequel alloit escripre son Epistolle comme bien faire le sçavoit, puis la rapportoit à son maistre pour visiter se bien seroit. Quand Jannot pour entendre tenoit ceste lettre, il faisoit semblant de la lire et bien l'entendre, posé que non, puis disoit à son Secrétaire : « Tien, va corriger ceste Lettre ; elle n'est pas bien ; va la faire aultrement. » Ce Secrétaire prenoit ceste lettre et, sans aulcun contredit, s'en alloit faindre de la corriger, combien que elle n'en eust nul besoing ; mais ce faisoit-il pour complaire et obtempérer à la voulenté de sondit maistre et patron, duquel il congnoissoit la folie et les meurs. Tantost après ledict Secrétaire s'en retournoit et pourtoit celles mesmes lettres, que devant portées avoit, sans aulcune variation, combien qu'il dist à son maistre que il l'avoit despuis rescripte et corrigée. Adoncques prenoit Jannot ceste Lettre et faignoit y lire comme devant et la regardoit ung peu, puis la rebailloit à son Secrétaire, et luy disoit : « Va, signe la, elle est maintenant bien. »

Ainsi disoit Anthoine le Louche à cellui qui lui apportoit les Lettres : « Tu me les apportes, cuydant que je soye comme Jannot et je n'y entende rien. »

En ceste Facécie sont repris les oultrecuydéz qui cuydent plus saiges que eulx décepvoir, ceulx ainsi qui, par arrogance ou prééminence d'office ou dignité qu'ilz ont en eulx, faignent et cuydent plus entendre et congnoistre qu'ilz ne font, ainsi que Jannot le vicomte.

XVII.

ℭ Facécie et similitude semblable d'un Cousturier à ung Vicomte,

Et commence au latin :
Commiserat olim, etc.

Au temps du Pape Martin, Anthoyne le Louche estoit son Secrétaire et luy faisoit le Pape escripre toutes ses Epistolles et Mandemens qu'il avoit voulenté de envoyer à aulcuns. Touteffoys estoit gouverné cestuy Pape par un quidem qui vouloit tout contrerouller, et jamais le Pape n'eust envoyé Lettres sans que son Maistre d'Hostel ne les eust vues.

Advint que le Pape commanda unes Lettres estre faictes par ledict Anthoine, lequel si les fit bien et à point ainsi qu'il appartenoit, mais, au devant que il les cloist, les aporta au Pape pour veoir, qui lui dist qu'il les portast à son Gouverneur que moult il aymoit. A ce faire ne refusa pas Anthoyne, combien qu'il sçeust réalement que celuy à qui il les alloit porter n'y entendoit rien. Si s'en alla Anthoyne à ce Gouverneur, lequel estoit saoul et plain de faire bonne chière à souper, et luy présenta les Lettres qu'il avoit faictes et que le Pape luy envoyoit pour sçavoir se elles estoyent bien. Cestuy Gouverneur print les lettres et, faisant semblant de bien les entendre, les regarda ung petit, puis, comme s'il y eust trouvé aulcune faulte, les rejecta au Secrétaire et si lui dist qu'il les allast corriger et faire en aultre manière : « O », dist Anthoyne à un sien compaignon, qui là estoit, nommé Barthélemy de Bardes, « le Gouverneur, qui est plain et yvre, me reballle ces Lettres pour admender. Je luy feray ainsi que aultres foys fist le Cousturier à Jehan Galéace, Vicomte ; demain je luy rapporteray les Lettres devant qu'il boive ne mangeusse, et elles seront bien. »

Après ce demanda Berthélemy des Bardes à Anthoyne que c'estoit à dire de Jehan Galéace, Viconte, et de son Cousturier. Respondit Anthoyne :

« Jehan Galéace, viconte, fut père de l'ancien Duc de Millan et estoit ung grant homme gras, qui voulentiers emplissoit son ventre de vins et de viandes. Advint qu'il fist faire à son Cousturier ung pourpoint propre pour luy, lequel pourpoint fait il vestit par ung matin et le trouva très-bien. Quant vint au soir, cestuy Jehan, qui avoit acoustumé de faire grant chière, beut et mangea tant que le ventre luy enfla, si que son pourpoint luy sembla trop estroit. Si manda son Cousturier et en le blasmant luy dist qu'il luy avoit fait son pourpoint trop estroit, et que incontinent il luy allast eslargir. Le Cousturier, qui ne osa pas contredire, dit que aussi feroit il et print le pourpoint et le gecta sus la perche, sans y faire autre chose. Adoncques les aultres serviteurs lui demandèrent pourquoy il n'alloit eslargir le pourpoint, qui contraignoit trop le ventre de Monseigneur. Respondit le Cousturier : « Au pourpoint je ne ferai rien. Demain à son lever, après qu'il aura faicte sa digestion et qu'il aura esté au retraict, je luy bailleray son pourpoint et il le trouvera trop large. » A ce faire ne faillit pas le Cousturier, qui vint au lever du Seigneur et luy apporta son pourpoint, lequel il trouva assez large, car son ventre estoit désenflé.

« En ceste manière, dist Anthoine, feray-je de mon Epistolle ; mais que Monseigneur le grant Gouverneur ayt digéré son vin, je la luy porteray et il la trovera bonne. »

dement, et ne sçaivent en quel estat ilz sont, ainsi que le Gouverneur du Pape Martin, qui, en son yvrognerie et replection de vin, trouva l'Epistolle faulce et au matin à jung la trouva bonne, pareillement Jehan, Viconte, qui trouva, au soir et quand il fust plain, son pourpoint trop estroit et au matin, après sa digestion faicte et qu'il eust vuidé son ventre, le trouva assez large.

XVIII.

☫ La complaincte de ung pouvre
homme à ung Capitaine
de Gens d'armes,

Et commence au latin :
Apud Facinum Canem, etc.

IL fut ung Capitaine de Gens d'armes, nommé Facinus Canis, lequel avoit plusieurs maulvais garsons en sa Compaignie et qui faisoyent beaucoup de mal aulx pouvres gens, et spéciallement aux Marchans qu'ils trouvoyent passans sur les chemins.

Advint que l'ung des sathalites de cestuy Facinus Canis trouva aux champs ung bon homme, lequel avoit ung manteau et une bonne robbe sus son dos. Quant ce gallant de guerre, qui par adventure estoit vestu assez légièrement, vit ce bon homme passant ainsi habitué, il le arresta et luy osta son manteau en luy disant que assez luy suffisoit d'avoir si bonne robbe. Ainsi demoura le bonhomme à tout sa robbe, sans manteau, qui moult courroucé s'en alla au Capitaine et luy remonstra son cas, en luy disant : « Sire, plaise vous me faire raison d'ung de vos gens qui m'a osté mon manteau en passant par le chemin. »

Quant Facinus eut ouye la complaincte de ce bonhomme, il le regarda fort, et, voyant que il avoit une très-bonne robbe vestue, luy demanda : « Mon amy, à l'heure que tu dis avoir esté détroussé de ton manteau, avoyes-tu ceste robbe vestue ?

— Ouy », dist le bonhomme.

« Or, respondit le capitaine, « va t'en ; ce n'a point esté l'ung de mes gens qui t'a dépouillé ton manteau, il fault que ce ait esté d'une aultre Compaignie ; car, si ce eust esté ung des miens, jamais il ne te eust laissé emporter si bonne robbe que tu portes, ainsi te eust tout osté. »

Ainsi s'en alla le povre homme tant honteux qu'il ne sçeut que dire.

En ceste Facécie sont repréhendez et blasmez tous maulvais Capitaines qui soustiennent leurs subjectz en maulvaisté et excusent ce qu'ils font par aulcunes railleries, en se moquant de ceulx qui sont blesséz.

XIX.

℃ L'exhortation d'ung Cardinal en guerre aux combatans,

Et commence au latin :
Cardinalis Hyspaniensis, etc.

SELON que mettent les anciennes Cronicques, de toute aage voulentiers ceulx de Espaigne ont esté rebelles à la Court Rommaine et espéciallement contre le Pape. Or est ainsi que une foys le Pape envoya ung Cardinal pour réformer aulcunes choses en la terre de Pise, mais les Pisiens ne le voulurent recepvoir ; ainsi se esmeurent à guerre contre luy, si que à l'entrée des montaignes il y eut de grandes batailles, qui durèrent moult longuement, car ce Cardinal assembloit gens de toutes pars, lesquelz il gageoit aux dépens du Pape. Avecques ce les admonnestoit de fort batailler en disant que tous ceulz qui mourroient en ceste querelle, le Pape leur donneroit planière rémission de tous leurs péchéz et yroient tout droit en Paradis par quoy plusieurs habandonnoyent leurs corps.

Advint ung jour que la journée de combatre fut prinse entre ledict Cardinal et ceulx qui estoient de sa part et leur dist : « Or, mes amys, ayez bon couraige aujourd'huy, car ceux qui mourront en ceste bataille disneront avecques Dieu, qui leur appareille le plus beau disner et le plus délicieulx qui est au monde possible. » Adoncques ung bon raillart qui fut là, voyant le Cardinal qui admonnestoit assez les aultres d'eulx mettre en avant en bataille, mais il reculoit et ne s'y vouloit bouter, luy dist : « Monseigneur, vous nous dictes que on nous habille ung si beau disner ; je m'esbahys de vous que ne vous hastés pour y aller aussi bien que nous. — O », dist le Cardinal, « mon amy, je suis comme la mule du Pape qui ne mange que à ses heures ; mon heure de disner n'est pas encore venue jusqu'à ce que j'aye fain et appétit de menger. » Et ainsi se excusa le Cardinal de se mettre avant en bataille.

En ceste Facécie sont despriséz et blasméz les lasches Capitaines qui sont bien contens et admonestent assez leurs subjects d'eulx mettre ès dangiers auxquelz eux-mesmes ne se vouldroient pas bouter, et seroient contens d'avoir le prouffit et l'honneur dont les aultres auroyent eu la peine, le travail et les dangiers.

XX.

ℭ Du Prestre qui porta les chapons cuytz à l'Evesque,

Et commence au latin :
Episcopus Aretinus, etc.

NG Evesque fut, qui nommé estoit Angelot et estoit très-fort plaisant et récréatif homme, et voullut celluy Evesque une fois tenir ung senne et veoir tous ses Prestres assemblez, pour quoy il envoya Mandemens par tout son Dyocèse, adressant spécialement aux Curez et aultres qui avoient aulcunez dignitez, contenant que tout telle manière de Prestres à certain jour comparussent en son senne. Contenoit aussi ce Mandement, fait en latin, que audit senne comparussent iceulx Prestres *cum cappis et cottis*, c'est à dire : avecques chappes et aultres ornemens sacerdotaulx.

Advint que cestuy Mandement fut apporté à ung certain Prestre de l'Évesché, lequel n'estoit pas des plus riches, car son estude avoit esté plus à faire bonne chière et gaudir que à estudier ou à amasser argent. Si fut moult esbahy cestuy Prestre quant il vit cet article où il mettoit *cum cappis et cottis*, car il n'avoit aulcune chappe ou ornement ecclésiasticque qui à luy fust. Si commença à se démener et tempester et faire des complainctes devant une Chambrière que il nourrissoit, en disant qu'il estoit destruyt et si seroit boutté en amende pour tant qu'il n'estoit pas fourny du contenu en cest article du Mandement à son Prélat, qui mettoit *cum cappis et cottis*. Quant ceste Chambrière vit son maistre ainsi piteusement lamenter et se demener, elle luy demanda qu'il avoit, et luy dist que pour ce qu'il ne pouvoit faire le dit de son Evesque qui mandoit qu'il allast au senne *cum cappis et cottis*. La Chambrière demanda que c'estoit à dire. « C'est, » dit le Prestre, « avecques chappes et aussi pareillement aultres certains ornemens de l'Eglise, que je n'ay pas. — Or, » dist doncques la Chambrière, « bon homme, tu n'as pas bien retenu le commandement de ton Prélat, car il ne mect pas ainsi en son Mandement, ou, se il luy met, ne l'entends-tu pas bien ; car ce qu'il veult que tu portes au senne, ce sont chappons cuitz en lieu de *cappis* et *cottis*, et pour tant ne te courrouces point ; nous en chevirons très-bien. » Quant le Prestre ouyt ainsi parler sa Chambrière, voyant que aultrement ne se pouvoit escuser, il print le conseil d'elle, fist rostir deux chapons et les porta à l'Evesque, disant qu'il entendoit que l'article du Mandement, où il mettoit *cum cappis et cottis*, dénotoit que l'Evesque vouloit avoir des chappons. Adonc l'Evesque, qui fut tout joyeulx, luy dist que justement il avoit bien entendu la sentence du Mandement, et n'y avoit Prestre en toute la compaignie qui l'eust mieulx entendue.

En ceste Facécie est montré le vice de aulcuns Prestres, qui mieulx ayment employer leur revenu à meschantes plaisances et en vanitéz que ilz ne font à quérir ce qui leur est utile et nécessaire selon l'estat sacerdotal, ainsi que le Curé qui mieulx aymoit nourrir une Chambrière que acheter des chappes et vestemens sacerdotaulx ; ceulx aussi qui sont Prestres ayans bénéfices et cures d'âmes et ne sçauroient exposer la teneur d'ung Mandement, non plus que la Chambrière du Curé qui exposa *cum cappis et cottis* « avecques chappons cuitz. » Premièrement, sont farcéz les Prélatz qui sont négligens à pugnir et corriger les deffaultes et meschancetez pour prendre aulcuns dons, ainsi que l'Evesque Angelot, qui réputa son Curé avoir justement fait son devoir et bien entendu la teneur de son Mandement, et mieulx que tous les aultres, pour ce qu'il luy apporta deux chappons.

XXI.

ℭ De ung gros Abbé qui par une response à deux ententes fut raillé d'estre si gros.

Et commence au latin :
Abbas Septimi, etc.

Uprès de Flórence est une abbaye qu'on appelle l'abbaye du Septiesme, en laquelle estoit ung Abbé, gras homme et corpulent, qui, ung jour après disner voulant aller à Florence, partit de son abbaye sus une hacquenée et se mist à chemin tout bellement. Il ne alloit pas fort pour son ventre qui estoit grant, si que en la demeurée du chemin la nuit approcha; pour tant doubta cestuy Abbé qu'il ne vint pas assez tost pour entrer à Florence devant que la porte fust fermée. Si demanda à ung homme rusticque, lequel il rencontra en sa voye venant de Florence : « A ton advis entreray-je bien en la porte ? » A ce respondit le rustaut, voyant cest Abbé ainsi gros et gras : « Monseigneur, vous me demandez si vous entrerez bien en la porte de la ville de Florence ; il me semble bien que ouy, car ung chariot tout plain de foin y entre bien, et vous n'estes pas si gros, par quoy vous y entrerez bien. »

En ceste Facécie par la response à deux ententes fut farcé le gros et gras Abbé, qui bien monstroit que le plus de son soulcy n'estoit pas de jeusner à pain et à l'eaue pour garder sa bonne religion, mais il aymoit mieulx à nourrir son corps qui tant estoit plain et gros et gras, dont le rusticque se railla quant il respondit que l'Abbé passeroit bien la porte de une cité puis que une chariottée de foin y passoit, combien que en la demande l'Abbé ne l'entendist pas ainsi, mais demandoit s'il pourroit entrer en la porte, c'est à dire venir en la cité avant que les portes fussent fermées.

XXII.

❡ Des monstres et prodiges merveilleux
qui apparurent sur terre au
temps que cestuy livre
fut faict,

Et commence au latin :
Monstra hoc anno plura, etc.

Si comme nous avons dict devant, au commencement et proesme de cestuy livre, la matière en fut trouvée par diverses foys selon les confabulations qui se faisoyent entre les joyeulx hommes et congnoissans de la Court Rommaine. Mais, pour tant que l'entendement de l'homme n'est pas tousjours prompt à trouver choses d'une mesme essence, furent plusieurs foys assemblez les compaignons facécieux lesquelz ne pouvoient pas tous jours trouver matière pour rire, ou par adventure que le temps et jour ne se adonnoit pas qu'ils deussent parler de telle matière, si leur estoit force de passer temps en aultre chose, pour quoy Poge a mis en son livre aulcuns chapitres qui ne sont pas Facécies, mais seullement sont narratifs d'aulcunes choses méditatives et diverses, donnantes aulcuns esbahyssement aux hommes, lesquelles dit avoir esté racomptées en leurs fabulations, qu'ils faisoyent comme dit est. Pour ce en ceste translation, affin que aulcun n'y puisse imposer faulcetez ou imperfection, les chapitres, parlans d'iceulx prodiges et monstres, sont translatéz et déclairez selon que les parolles latines touchent, et aussi, en ensuyvant l'ordre du livre auquel il y a quatre chapitres, dont le premier commence : *Monstra hoc anno plura diversis in locis, etc.*, met Poge que, celluy an que fut faicte l'invention de son livre, Nature produisit sur Terre en plusieurs lieux plusieurs monstres et choses merveilleuses.

Premièrement au pays de Piscène, en ung champ nommé *ager Senegaliensis* une vache enfanta ung serpent, lequel estoit grant merveilleusement, et, pour le descripre, disoient ceux qui le virent qu'il avoit la teste plus grosse que ung veau, le col long comme un asne, le corps fait à la manière d'ung chien, fors qu'il estoit plus long. Oultre disoyent que, quant ceste vache eut enfanté ce serpent, elle le regarda et, comme toute espouventée, gecta ung grant mugissement et cry merveilleux et s'en fust voulentiers fouye; mais le serpent soubdainement se dressa et luy lya de sa queue les deux cuisses de derrière, tellement que la pouvre vache ne s'en peut partir. Si print le serpent en la gueulle la mamelle de la vache et la sussa et en tira tant de lait comme il peut, puis la laissa et s'en fuyt aux forestz qui estoient auprès. Et disoient les gens qui ce virent que, après ce fait, les cuisses et mamelles de la vache, partout où cestuy horrible serpent avoit touché, devindrent et demourèrent longuement tous noirs, comme se ilz eussent esté bruslés, et fut prouvée ceste chose par les pasteurs et bergiers, qui estoient aux champs, et aultres laboureurs, qui estoient présens et gardoient les bestes, lesquelz affermoyent ladicte vache avoir pépéry ledit serpent et l'avoir veu et ledict serpent estre fouy aux boys, comme dit est, après qu'il eut tout le laict sussé de ladicte vache par ses mamelles. Avecques ce ilz disoyent encore que depuis celle mesme vache porta ung veau lequel estoit naturel, et fut le tesmoignage, ainsi fait par ces ditz laboureurs et bergiers, rescript et envoyé par lettres en la cité de Ferrare.

XXIII.

ℭ Le second chapitre est de ung chat monstreux qui avoit deux testes,

Et commence au latin :
Vir insignis Hugo, Senensis.

EN la seconde partie, au second chapitre, auquel Poge parle et racompte des choses monstreuses de Nature qui sont advenues au temps qu'il faisoit ce présent livre, dit qu'un noble homme, saige et prudent, nommé Hugues de Sènes, bien renommé et de bonne fame, luy racompta et tesmoigna de vérité avoir veu, et plusieurs aultres gens de bien, aussi estans avecques luy en Ferrare, ung chat qui avoit deux testes, laquelle chose difficilement n'eussent voulu croyre plusieurs si n'eust esté le tesmoignage de celluy noble homme Hugues de Sènes, homme de bien et digne de foy, qui approuvoit la chose à Ferrare estre advenue et l'avoit luy mesme veue.

XXIIII.

ℭ La tierce partie est de ung veau
monstreux, qui avoit deulx
testes et ung seul
corps,

Et commence au latin :
In agro quoque Paduano, etc.

ET, pour la tierce partie de ces choses fort monstreuses et très admiratives, dit Poge que au moys de juing nasquit en ung champ, au pays de Pade, ung veau, lequel avoit deux testes et ung corps seul, et avoit les cuisses et jambes de devant et de derrière doubles; elles estoient joinctes et collées ensemble, et la probation de cecy dit que plusieurs affermoyent par vérité l'avoir veu beaucoup de foys.

XXV.

℃ La quarte partie est d'ung monstre
marin terrible, demy homme
et demy poisson,

Er commeuce au latin :
Aldiud insuper constat, etc.

IT Poge, en la quarte partie des choses
imparfaictes et monstreuses à Nature
dont il a fait en son livre mention,
que en la cité de Ferrare fut aporté la pourtraiture, semblance et ymage, d'ung horrible et merveilleux monstre de mer, lequel monstre n'avoit
pas fort longtemps que on l'avoit trouvé, ainsi que
l'on disoit, au rivaige de la mer Dalmaticque, lequel
monstre le long d'icelle marine prenoit et ravissoit les hommes, femmes et petis enfans, quant
les pouvoit trouver sur le rivaige de la mer, et spéciallement les petites fillètes qui là alloyent pour
laver leurs drapeaux, et cuydoient ceulx à qui les
enfans appartenoyent qu'ilz fussent cheuz et périz
par infortune et inconvénient dedans la mer, et
ainsi les cuydoient perdre jusques à ce que vraye

congnoissance et probation eussent eue de cestuy monstre, qui, ainsi comme dit est, les mangeoit et dévoroit. De cestuy monstre, ainsi comme dit est, après qu'il fut prins et tué, pour la grant admiration que le monde eut de sa stature et corpulence, affin qu'il en fust à perpétuité mémoire si fut pourtraicte sa figure et semblance, laquelle fut portée pour chose merveilleuse en la cité de Ferrare. Ainsi que par ceste figure et ymage estoit démonstré, cestuy monstre estoit depuis le nombril jusques au hault comme ung corps humain, et de là en bas estoit comme ung poisson fourché et desparty en deux. Oultre, quant à la partie d'en hault, qui estoit en forme de corps humain, comme dict est, il avoit grant barbe et longue; aussi avoit deux cornes, ou comme deux cornes, éminentes et apparoissantes sur les oreilles; la gueulle avoit merveilleusement grande et large, et si n'avoit aulx mains que quatre doys. Oultre avoit, despuis lesdictes mains jusques à l'aisselle et de là jusques au bas du ventre, esles de poisson ainsi comme les poyssons, desquelles esles il nagoyt par la mer. De la façon et manière comment cestuy merveilleux et espoventable monstre avoit esté trouvé et prins, disoyent ceulx, qui ladicte figure et remembrance avoyent portée à Ferrare et ainsi le comptèrent, que une foys estoient plusieurs femmes assemblées sur le rivaige de l'eaue lesquelles lavoyent leurs drapeaulx, ausquelles femmes ce monstre, qui adoncques estoit celle part comme mort de fain pour chercher et quérir sa proye, accourut et print l'une d'icelles femmes entre ses mains et de toute sa puissance et force se efforça de la vouloir tirer à luy en l'eaue; mais la femme, qui estoit hardye et courageuse et puissante, se desfendit vaillamment et luytta contre cestuy monstre tant qu'elle tint le monstre en sa subjection, avecques ce que l'eaue estoit petite, et aussi elle crya à haulte voix et appella les aultres femmes affin qu'elles luy venissent aider et deffendre contre ce horrible monstre. Tantost vindrent au cry de ycelle femme, qui ainsi horriblement crioyt, cinq femmes qui, avec gros bastons et pierres se combatirent contre ce monstre et le tuèrent, lequel, par la grandeur de luy et aussi pour l'eaue qui estoit fort petite, ne se pouvoit retourner et ne s'en povoit fouyr, ne soy mettre à garant ne à saulveté. Quant ce monstre fut ainsi tué, ilz le tirèrent et misrent hors de l'eaue, et adoncques, quant il fut tiré et mis hors de l'eaue, il ne fault pas doubter ne demander quelles admirations et esbahyssement il donna à tous ceulx qui le virent, car il avoit le corps fait en la propre façon et manière comme ung homme, mais il estoit plus grant ung petit. Et dit Poge, Florentin, que la semblance et grandeur de luy fut apportée en Ferrare et qu'il la veit en ladicte ville. Avecques ce fut apportée aussi sa semblance comme ledit monstre qui tenoit la femme qu'il avoit prinse pour manger et dévorer, ce que plusieurs gens ne pouvoyent concéder ne croire avoir esté vray, jusques à ce que il fut tesmoigné et approuvé par plusieurs enfans et aulcuns hommes, qui disoyent que souventes fois, en allant sur la rive de la mer, ilz avoyent bien veu saillir le monstre hors de la mer, qui prenoit et ravissoyt jeunes-fillettes, lesquelles venoyent là pour laver leurs petis drappeaulx, et approuvèrent que plusieurs en avoyent perdues, cuydant qu'elles fussent cheustes en la mer par fortune, mais despuis creurent fermement et sans nulle doubte que le monstre les avoit ravies et dévorées.

Pour bien morallement congnoistre et entendre que c'est que nous dénote la narration que fait Poge, Florentin, de ces choses monstreuses et terribles et merveilleuses, interposées et mises en ces Facécies et en ces ditz joyeulx estans en delivre, car c'est pour nous enseigner que nous ne devons pas tousjours vacquer et employer tout nostre temps aux Facécies et choses fort joyeuses, et esbatemens et parolles récréatives dictes par grande plaisance, mais aulcunes foys, et mesmement selon les temps et les jours comme au temps de pénitence et de dévotion, nous devons imposer et mettre à noz félicitéz et plaisances mondaines la sovenance des choses de nostre benoist Saulveur et Rédempteur Jésucrist, qui sont merveilleuses et admiratives en nostre entendement ainsi que les choses monstreuses sont en Nature, desquelles cy devant en ces quatre parties a fait Poge, Florentin, mention.

XXVI.

☙ Facécie d'ung Prestre qui ensepvelit
son chien en terre benoiste,

Et commence au latin :
Erat Sacerdos in Thuscia, etc.

UNG Prestre eust en Thuscie, curé riche et puissant, lequel demouroyt emmy les champs et luy valloit son bénéfice tant que merveilles. Or adonc estoit en Thuscie ung Evesque rapineux et du tout adonné à la pécune, ce que bien congnoissoit ce maistre et riche Curé, lequel, pour soy farcer et mocquer de son Evesque, enfouyt ung chien mort qu'il avoit en son Cymetière en la présence de tous ses paroissiens, bien pressupposant que, incontinent que l'Evesque le sçauroit et que il viendroit à sa congnoissance, le feroit citer et convenir pour le mettre en prison pour luy faire payer une bonne amende; mais il n'en challoyt au Curé, car il estoit riche et avoit assez argent. Ainsi fust ce chien ensepulturé en terre benoiste par ledict Curé, dont les nouvelles bientost en allèrent à l'Évesque, qui fut moult joyeulx, car il sçavoit bien que ledict Curé estoit fort riche et que il en auroit une bonne amende. Si envoya l'Évesque hastivement ung de ses Clercz et Notaires au vilaige où demouroit ce maistre Curé, lequel fut cyté à comparoir devant son Évesque, dont il ne s'esmaya guières, car bien sçavoit par où il en devoit eschapper. Si prinst ce dict Curé cinquante ducatz, qu'il mist en sa bouse, monta sur son cheval et s'en alla devant son Évesque, lequel de première venue commença à blasmer et luy dire parolles rigoureuses, tant que c'estoit merveilles, et luy impropéra ce que il avoit faict de son chien, en disant que ce estoit contre la religion chrestienne, que il seroit pugny et mis en une prison, et de faict commanda l'Évesque que le Prestre fust mené en prison, lequel respondit :

« Père sainct, saufve votre Révérence, je n'ay pas desservy estre emprisonné pour tant se je ay mis mon chien en terre benoiste, car, se vous sçavies la grande saigesse et entendement dont estoit ledict chien, vous mesmes diriés qu'il avoit bien desservy d'estre ensépulturé entre les hommes, et spéciallement pour le beau sens et entendement qu'il a eu en la mort pour le beau testament qu'il a faict ; car le pouvre chien, congnoissant vostre nécessité et indigence, en sa dernière voulenté vous a laissé et donné par testament cinquante pièces d'or que je vous apporte.

—O», dist l'Évesque, « Curé, voy là ung bon chien. Vrayement, veu ce que tu dis qu'il a fait si beau testament, il avoit desservy grant honneur et sépulture entre les hommes, et n'ay point de cause de te mettre en prison. »

Ainsi fust le Prestre absoulz de son Évesque d'avoir ensépulturé son chien en terre benoiste par les cinquante ducatz qu'il eust du testament du chien.

En ceste Facécie est monstré ung grant vice régnant en l'Église par l'avarice des Prélatz, qui se corrumpent par pécune et sont contens de leurs subjects, quelque mal qu'ilz facent, sans le pugnir, mais qu'ilz leur baillent de l'argent, combien que le péché soit grant et notoire, ainsi que du Prestre qui ensepvelit son chien en terre benoiste publicquement devant tous les paroissiens, qui est ung péché merveilleux, et en fut absoulz pour donner cinquante pièces d'or du testament du chien.

XXVII.

¶ Du tirant prince qui imposa crime capital à ung de ses subjectz pour avoir son argent,

Et commence au latin :
Homo admodum pecuniosus, etc.

Au pays de Picène estoyt ung prince cruel, maulvais et tirant, lequel ne se délectoit que à tout mal faire et par exprès à ceulx qui estoient en sa puissance. Cestuy tirant ouyt dire qu'en sa Seigneurie estoit ung homme fort riche et pécunieux. Lors se pensa ce tirant quelle cause et occasion il pourroit prendre pour oster et tollir les pécunes à cestuy homme riche ; si proposa en luy mesme de imposer vilennie et crime capital à cestuy homme, et de faict le fit évoquer et convenir devant luy par ses sathalites qui luy admenèrent, et, si tost que le bon homme fut venu, le felon tyrant commença à le vitupérer et luy dire : « Traistre, je te feray pendre, car tu as commis crime de lèze majesté contre moy. » Respondit le bon homme : « Sire, saulve vostre grâce, je ne pense point vous avoir offensé. — Si as », dist le tirant, « car tu as soustenu mes adversaires et les tiens en ta maison pour me destruire. » Adonc le bon homme, bien animadvertant et congnoissant pour quelle occasion son Prince luy vouloit injure imposer, plus desira pardonner à sa vie que à son or et argent, et dist : « Sire, quant est à ce regard vous dictes vray ; j'ay soustenu voz ennemys et les miens en ma maison ; je sçay bien et présent apperçoy que moult vous en déplaist, mais envoyez voz sathalites et sergens avecques moy et vrayment je livreray tous iceulx ennemys entre vos mains, puis en faictes ce qu'il vous plaira. » Lors commist le tirant cruel aulcuns de ses gens, lesquelz il envoya avecques le bon homme, qui, aussi tost et incontinent qu'il fust arrivé en la maison, leur ouvrit le coffre où estoit son trésor et puis leur dist : « Tenés, mes seigneurs, voyci les ennemys que Monseigneur demande ; emportez-les. Ce sont les ennemys de luy, car ilz le feront dampner, et les ennemys de moy, car ilz m'ont donné de grant travail pour les acquérir à la peine de mon pouvre corps, et si finablement ay esté en dangier qu'ilz ne me ayent faict livrer à mort. »

Ainsi perdit le pouvre bon homme sa pécune, et ne luy demanda le tyrant plus rien.

En ceste présente Facécie est reprouvé ung grant vice qui règne en aulcuns Seigneurs, qui par leur maulvaise tyrannie, cupidité et maulvaistié, quant ilz sçayvent aulcun bon Marchant ou Laboureur avoir assemblé aulcun peu de biens à grant peine et travail, jamais ne cesseront tant que ilz luy ayent osté par cautelle, ou imposition d'aulcun mal qui n'est pas vray, ainsi que le tirant de Piscène, qui imposa au simple homme avoir soustenu ses ennemys, laquelle chose estoit faulce à prendre au sens simple, mais au sens compost et moral disoit vray. Ses deniers, qu'il tolloit au bon homme, estoyent bien ses vrays ennemys par tant qu'ilz estoyent cause de sa dannation. Oultre plus y est monstré que l'abondance de avoir en ce monde ne nous est guières salutaire, car, quant aulcun pouvre homme aura quelque chose, jamais le riche ne cessera tant qu'il luy ait faict perdre, et est souvent son corps en danger, ainsi que au pouvre Piscénien à qui, pour avoir ses deniers, on imposoit crime de lèze majesté, et pour ce dist on en commun langaige: *Qui son chien veult tuer, il luy met en sus la raige.*

XXVIII.

☙ D'ung Religieulx qui fist le court sermon,

Et commence au latin :
Oppidum est in omnibus, etc.

UNG chasteau y a en noz montaignes, dit Poge, auquel est une église, en laquelle annuement avoyent acoustumé de venir plusieurs de diverses parties du pays pour l'honneur et révérence de Monseigneur sainct Estienne, à l'intercession duquel nostre doulx saulveur Jesucrist monstroit plusieurs miracles. Aultre jour avoyent de coustume aulcuns Religieulx d'y aller faire une prédication. Si advint que ung y alla, qui l'an précédent y avoit presché et estoyent encores bien mémoratifz les Prestres de la paroisse qu'il estoit ung petit long en son sermon. Si vindrent à luy et luy dirent : « Beau père, vous sçavez qu'il faict froit, oultre que ce jour icy est nostre solempnité que nous devons faire grant chère; nous vous prions instamment que il vous plaise faire court sermon le plus que vous pourrez. » Très facillement escouta ce Religieux la suplication de ces Prestres et d'aulcuns aultres qui le suploytent d'estre brief en prédication, et, pour leur complaire et avoir son disner franc, promist que si feroit il. Si monta ce Religieux en chaire et fist aulcuns préambules qu'ilz ont de coustume faire aux introytes de leurs prédications, puis commença à dire : « Mes Frères Crestiens, qui estes icy assistens, vous sçavez que l'an passé je preschay ce jour en ceste propre place et vous déclairay bien au long toute la vie, gestes et miracles du glorieux amy de Dieu, Monseigneur sainct Estienne, et sçay bien que je ne laissay riens de tout ce que l'on dit ne qu'on trouve en l'Escripture saincte de luy, et croy que, de ce que je vous en dis, celluy de vous n'y a qui n'en soit très bien mémoratif et qui n'en ait bonne souvenance. Et pour tant, à l'occasion du temps qui est froit, oultre affin que vous puissez aller ensemble faire bonne chière, ainsi que vous avez accoustumé de faire à cette bonne solempnité, je ne vous prescheray plus, car ce seroit redicte, avecques ce que, despuis l'aultre année que je vous preschay toute la vie de sainct Estienne, comme dit est, et vous en souvient bien encore, il n'est point de mention qu'il ait rien faict de nouveau ne que on ait trouvé nouvellement de luy aulcune chose par escript, et pour tant vous suffise et vous en allez, disant vostre *Confiteor*, vostre *Pater noster*, vostre *Ave Maria* et le *Credo*, ou ce que vous sçavez, à la garde de Dieu qui vous doint son Paradis. »

Ainsi, sans plus sermoner, se partit le Religieux pour complaire aux gormans qui l'avoyent supplié.

En ceste présente Facécie sont réprouvez deux vices. Le premier c'est de aulcunes gens d'Eglise qui deussent estre la lumière des aultres et vouloir que on enseignast leur peuple, mais ce sont ceulx à qui plus ennuye la parole de Dieu, pareillement aussi les gloutons qui dient, par leur gourmandise et désordonnée affection d'avoir hastivement les piedz dessoubz la table, qu'ilz vouldroyent qu'il n'eust que troys motz à la Messe. Secondement y est le vice des prédicateurs touché qui à l'appétit d'aultruy fléchissent à dire ce qui est requis en prédication, comme faindre à blasmer ung vice, pour tant que Monseigneur ou Madame en est entaiché, ou laisser le principal de sa prédication et ce qui mieulx plairoit aux bons et aux justes pour complaire à troys ou à quatre gourmandeaulx, ainsi que fist le beau Père de sainct Estienne, qui fist le court sermon pour avoir à disner.

XXIX.

Ung facécieux et joyeulx conseil donné
à ung rusticque, qui se estoit rom-
pu les costes en cueillant
des chastaignes,

Et commence au latin :
Rusticquus cum castaneam.

En ung villaige des parties de Lombardie estoit ung homme rusticque qui avoit des chastaigniers en sa maison et qui en la saison apportoyent des chastaignes. Advint ainsi que, au temps que les chastaigniers sont meurs, ce rusticque monta en ung de ces chastaigniers pour cueillir desdictes chastaignes, mais il en descendit plus tost qu'il ne cuyda, car il se fia à une branche, laquelle rompit dessoubz luy, et cheut aval l'arbre et se rompit une des costes de la poictrine. Et près de là estoit ung plaisant et joyeulx homme, nommé Minatius, qui vint pour réconforter ce pouvre malheureux rusticque qui estoit cheut, et luy dist Minatius, qui estoit homme très joyeulx plaisant : « Mon amy, réconforte-toy. Je te enseigneray et te donneray une reigle que, si tu la gardes, jamais de arbres où tu montes tu ne cherras. — Haa, » dist le blécé, « j'aymasse mieulx que vous me l'eussiés dict devant que je fusse cheut; pas ne me fusse ainsi blécé. Toutefoys, s'il vous plaist de me conseiller, il me pourra prouffiter au temps advenir. » Adonc dist Minatius : « Mon amy, quant tu monteras en aulcun lieu hault, faictz que tu soyez aussi tardif à descendre comme à monter ; car si tu fusses aussi en paix descendu que tu es monté, jamais tu ne e fusse blécé. »

En ce facécieux conseil sont farcéz ceulx qui trop se fient en fortune et quant, par petits jours et longs travaux ilz sont montez jusque en hault de la roe de Fortune ainsi que le rusticque à son chastaignier, ilz s'en orgueillissent et leur est advis que jamais ne leur doit faillir, mais il ne fault que une heure soubdaine et une petite occasion pour les faire trébuscher et tout perdre, par tant qu'ilz ne se donnent point aussi bien garde de descendre que monter.

XXX.

€ De l'homme qui demanda pardon
à sa femme quant
elle se mouroit,

Et commence au latin :
Consolabatur uxorem, etc.

NG bon Jannot fut, qui avoit sa femme malade au lict, dont il estoit fort marry, et se venoit souvent approcher du lict où elle estoit couchée pour la consoler et conforter; mais elle, qui disoit estre très fort malade et venue à la fin de ses jours, faisoit les regretz et, entre les aultres regretz qu'elle faisoit, c'estoit que son mary jamais ne luy avoit fait aulcun bien, ne bon service, sinon par contraincte et envis. Adoncques commença le mary à plourer et luy dire : « Ma doulce amye, je te requiers, pardonne moy de tous les maulx que je fis oncques envers toy, car je te prometz que de mon corps je ne fis faulte, ne me tarday de te servir au lict, sinon quant tu estoyes malade. C'est la plus grande faulte que jamais je fis envers toy et ne l'ay faict sinon par crainte que tu ne fusses fatiguée de mon attouchement. — O », dist la femme, combien qu'elle fust moult malade, « maulvais mary, si sçay bien que tu as failly envers moy touchant cela ; tu me demandes pardon, mais jamais ne te le pardonneray ne remettray pour tant que je sçay bien que ce venoit de ta maulvaise voulenté, non pas pour me espargner, car je ne fus oncques si malade ne si débille que je ne me puisse bien coucher et gésir à revers, ainsi qu'il fault estre pour accomplir le désir de la nuyt ». Ainsi demoura le pouvre Jannot sans rémission de son péché, et dit Poge que c'est une chose dont les hommes ne doivent point demander pardon aux femmes, comme ainsi soit que droictureusement la rémission en puisse estre denyée.

En ceste présente Facécie sont reprins tous les ypocrites, qui démandent à Dieu pardon d'une meschante chose dont ilz font difficulté plus grande que de ce qu'ilz ont Dieu offencé ; ceulx aussi sont reprins qui demandent choses injustes à demander et que de droit on leur peut nyer, ainsi que la femme qui denya à son mary pardon qu'il ne l'avoit pas assez secoussé par tant que jamais en si maulvaise disposition elle ne avoit esté qu'elle ne l'eust bien attendu, s'il luy eust voulu faire.

•

XXXI.

☙ De la belle fille qui cuidoit que son
mary deust avoir la Marguet
aussi grant que celle
d'ung asne,

Et commence :
Adolescens nobilis, etc.

N la cité de Florence estoit ung riche
homme, Chevalier, nommé Nerius de
Pacis, qui avoit une moult belle fille et
bien honneste, preste de marier, laquelle vint
demander à mariage ung très beau jeune adolescent, noble de lignaige, beau de corps, saige, prudent et si bien pourveu des dons et parfection de
nature qu'il ne luy failloit aulcune chose. A cestuy
noble Escuyer fut donnée ceste belle jeune fille,
qui tant en fut amoureuse pour une espace de
temps que c'estoit merveilles ; mais, pour mieulx
entendre la cause pourquoy faillit l'amour, il est
cy à noter que ceste belle fille, qui desjà congnoissoit que c'estoit des délitz de Nature et comme

l'homme pouvoit servir à la femme, entra en l'ung de leurs jardins là où estoit ung petit asne, qui avoit le membre tyré hors du corps aussi grant que le bras.

Quant ceste belle jeune fille vit le membre de cest asne ainsi grant, commença à penser à elle-mesme que par raison les hommes le doivent avoir plus grant que les asnes; si commença à murmurer contre son mary, qui si grant ne l'avoit pas, et disoit qu'il n'estoit pas homme parfaict, dont ung très grant desplaisir elle print en son courage et délaissa à l'aymer. Advint ung jour que le père et la mère de ceste jeune fille voulurent assembler les parens et faire ung beau disner, auquel furent invitez ceste fille et son mary. Toutesfoys n'y allèrent-ilz pas l'ung quant et l'aultre, mais partit la fille la première, qui s'en vint à la maison de son père triste et desplaisante, portant la veue en bas et faisant une piteuse chière, dont le père et la mère d'elle furent moult courroucéz quant ilz la virent, ygnorans de sa douleur. Si l'appela la mère à part derrière en ung petit lieu où elle couchoit, et luy demanda : « Ma fille, ma mye, que avez-vous ? Vos choses ne sont-elles point en bon estat ? Dictes-moy ce que vous avez. » Adoncques la jouvencelle en plourant commença à respondre : « Ha, ma mère, vous ne m'avez pas mariée à ung homme, car de cette noble partie, pour qui se font les mariages, il n'a riens, aulmoins que bien petit, et luy deffaillent en droit tous les principaulx membres virilles, dont je suis mal fortunée. » Quant la mère eut ouy ce que sa fille luy dist, cuydant que son gendre n'eust point de Marguet, elle fut fort courroucée et s'en alla à son mary et à tous ces parens, qui là estoient assemblez pour attendre le disner, et leur compta ceste matière en leur disant comme sa fille disoit que son mary ne estoit pas homme, que le principal point pour qui les mariages se faisoyent luy failloit et que, s'il en avoit, c'estoit si petit que rien, et de ce furent le père et tous les aultres parens tant couroucéz que merveilles, et la maison fut toute plaine de douleur pource qu'ilz croyoient avoir suffoqué leur fille, qui tant estoit belle jouvencelle, et l'avoir donnée à ung homme impotent et impourveu des instruments de nature principaulx.

Tantost après que ceste douleur fut espandue par toute la maison, survint le nouveau marié de qui la complaincte estoit faicte, qui moult fut esbahy de veoir ainsi les assistens tristes et faisant maulvaise chière. Oultre nul ne luy osoit dire la cause de ceste douleur, fors ung qui s'en vint à luy et luy dist : « Beau cousin, mon amy, saichez que vostre femme, son père, sa mère et tous ses amys sont fort courroucez pour tant que elle leur a donné à entendre que vous n'estes pas homme naturel comme les aultres et que n'avez pas, ou bien peu, de bras séculier pour servir les dames, dont ilz sont tant marris que plus ne peuvent et cuydent avoir leur fille perdue. »

Quant ce jeune galant eut entendu la cause du courroux, il fut bien joyeulx et dist à celluy qui lui déclaira que bien ceste douleur rapaiseroit et que tous fissent hardiement grande chière, car il se sentoit aussi bien et mieulx fourny de baston pastoral que homme qui fust en toute la compaignie. Si se assirent à table et beurent et mangèrent à leur appétit, non pas joyeulx tant qu'ils furent reconfortez par le nouveau marié qui, environ le millieu du disner, print à parler en général et dist :

« O vous, les amys de ma femme, qui estes ici en desplaisance de aulcune chose dont je suis blasmé et acusé, de laquelle je vueil que vous soyez tesmoinz pour dire s'il est vray ou non se le vice est en moy dont l'en me accuse. »

Lors le galant, qui adonc avoit vestemens cours, tira de ses chausses et mist sus le bout de la table un beau manche et gros, de si belle forme qu'il convertit tous les assistens à regarder la beaulté de l'instrument, et leur demanda s'il devoit estre blasmé en ce cas et si sa femme avoit cause de faire plaincte sus luy. En cest esbahissement de veoir ce membre, tant estoit grant, la plus grant part des femmes qui y estoient prioyent et desiroyent que leurs marys en eussent autant. Les hommes aussi le desiroyent, si que tous furent contre la jeune fille en la incrépant et blasmant de sa folie en luy disant aussi qu'elle n'avoit cause de se plaindre.

Si respondit la fille que si et que elle avoit vu leur petit asne en ung jardin, qui avoit l'oustil aussi gros que le bras d'ung homme estendu et que c'estoit très grant villenie à ung homme, grant et fort comme son mary, de l'avoir plus petit de la moytié que une beste, et croyoyt la simple pucelle que les hommes devoyent plus avoir long instrument que les bestes. Toutesfoys en la fin fut refaicte la paix et congneut qu'elle avoit failly.

En ceste Facécie sont reprins ceux qui ne sont jamais assouvis, mais tant plus ont de biens et plus en desirent, ainsi que la jeune fille, qui tant estoit bien fournye et pourveue de mary ayant si bel instrument que merveilles et plus que tous les aultres hommes, toutesfoys n'estoit elle point contente ne assouvie, mais desiroit que son mary eust le petit bras aussi grant que ung asne.

XXXII.

℃ Du Prédicateur qui dist en preschant qu'il aymeroyt mieulx despuceler dix vierges que avoir une femme mariée,

Et commence au latin :
Predicator Tibure, etc.

IST celluy, qui narroit, ceste Facécie ensuyvant : Ung Frère Religieux preschoit à Tybure, qui n'estoit pas homme de grant spéculation pour exposer haulte théologie; toutesfois assez parloit competamment des péchés en les blasmant et, entre les aultres sur tous d'adultaire, disant que c'estoit le plus détestable pesché qui fust, spéciallement à gens mariez, et que plus il aymeroit avoir la compaignie de dix vierges que de une femme mariée. « Vrayement, » dirent aulcuns fins hommes qui furent là présens, « beau Père, nous vous croyons bien de ce que vous avez dict, c'est que mieux aimeriez avoir la compaignie de dix vierges que d'une femme mariée. Aussi ferions-nous, plusieurs qui sommes en ceste compaignie. » Adonc fut ledict Prédicateur tout honteux quand il vit que on prenoit les propositions qu'il disoit en aultre sens qu'il ne les entendoit.

En ceste Facécie sont reprouvéz ceulx qui exposent textes des Escriptures à leur appétit et sans considérer l'entendement de l'Acteur ne regarder la fin où il prétend.

XXXIII.

ℭ Du Confesseur, qui bailla son ostil en la main d'une femme, qu'il confessoit,

Et commence au latin :
Mulier adolescens, etc.

UNE belle jeune femme fut, ce dict Poge, Florentin, laquelle luy racompta comment une foys elle avoit esté à confesse, ainsi que de coustume on y va en Karesme, que, quant elle fut devant son Confesseur, luy commença à dire et racompter tous ses péchez et, entre les aultres, comme elle avoit plusieurs foys joué du Fébé à son mary et ne luy avoit pas tousjours tenu ce que par foy luy avoit promis. Quant ce Cordelier, qui estoit ung Frère Frappart embrasé de chaleur naturelle et du desir de luxure, ouyt la confession de ceste jeune touchant luxure, il fut esmeu de la requérir, et mesmes le bras séculier luy dressa gros et royde comme ung pal de haye; si le tira hors de son repositoire et le mist en la main de ladicte femme, en luy disant plusieurs parolles persuasives, requérant qu'elle luy voulsist faire grâce et que en effet aultrement ne pouvoit estre absoulte jusques à tant que ce membre, qui ainsi soubdain estoit devenu gros et enflé, fust assouply, aussi que le Saint-Esperit l'avoit ainsi soubdainement fait pour luy donner sa pénitence affin que elle peust gaigner le pardon; mais, pour tant que l'Eglise n'estoit pas le lieu pour donner telle discipline, le maistre Frappart luy assigna heure d'aller en sa chambre quérir le demourant de son absolution.

Quant ce maistre Frère eut ainsi persuadé ceste jeune femme et assigné heure comme dict est, elle partit de devant luy toute rouge de honte, qu'elle avoit eue de ce que son confesseur luy demandoyt; s'en alla devers sa mère, qui n'estoit pas loing de l'Église, et, quand elle vit sa fille ainsi rouge, luy demanda d'ont ceste rougeur si hastivement luy venoit. La fille luy respondit :

« C'est de la honte que nostre Confesseur m'a faicte, car, ainsi que je me confessoye à luy de mes péchéz, le petit bras luy est dressé et par dessoubz son habit royde comme ung baston, et me l'a mis en la main, en me disant que ainsi l'avoit faict le Sainct Esperit pour me donner ma pénitence et que jamais ne desroidiroit tant que je luy eusse faict grâce, et par ce ne m'a point donné totalle absolution, mais me a dit que à telle heure je voyse à sa chambre sur peine de damnation et aussi pour luy faire ce plaisir affin que son bras ne demourast pas toujours ainsi. — Há, » dist la mère, « ma fille, j'entens bien que c'est, car par la pasque Dieu, vous avez laissé aller le chat au fourmaige, et est ce qui a fait esmouvoir ledict Confesseur quant vous luy avez confessé, mais, si son membre, que le feu arde, devoyt demourer en ce point et vous sans absolution, si n'y entrerez vous jà en sa chambre. Facent Dieu et le Sainct Esperit ce qu'il leur plaira. » Ainsi demoura la fille sans absolution et fut messire Frappart frustré de son intention.

Par ceste Facécie est donné à entendre que ung Confesseur doit estre souverainement chaste, car s'il ne l'est, aulcuneffoys quant à luy viennent aulcunes belles jeunes femmes qui par adventure luy recongnoissent avoir lasché l'aguillète, il pourra estre surprins et embrasé de luxure, parquoy sous umbre de absolution il pourra donner au péché de la pénitence augmentation, ainsi que le maistre Frère Frappart, qui disoit à la fille que point ne la assouldroit tant que elle eust desroidy son membre qui estoit droit.

XXXIIII.

€ Joyeuse responce d'une femme à
ung homme touchant
le bas mestier,

Et commence au latin :
Interrogata semel, etc.

INSI que, quant hommes et femmes sont ensemble, voulentiers ilz se devisent de aulcunes choses joyeuses, si advint une foys que ung homme et une femme se devisoyent du bas mestier en diverses manières, en faisant l'ung à l'autre plusieurs interrogations, entre lesquelles l'homme demanda à la femme assavoir mon pourquoy ce estoit et d'ont procédoit que les hommes estoyent trop plus enclins à suyvir les femmes et leur demander le délict que les femmes aux hommes.

Respondit la femme et dist : « Sire, vous me demandez pourquoy c'est que les femmes ne demandent aussi tost la courtoysie aux hommes que les hommes font à elles. Sachez que c'est pour tant que les hommes ne sont pas tousjours au point de ce faire et les femmes sont tousjours prestes de les recepvoir, et, si ainsi estoit que les femmes fussent aussi enclines à demander aux hommes que les hommes à elles, peut estre qu'elles demanderoyent à celle heure que l'homme ne seroit pas prest, par quoy il est de nécessité qu'elles attendent que les hommes soyent disposez, car, quant des femmes, elles sont tousjours prestes. »

En ceste joyeuse response il n'y a point de sens moral, mais il est à noter en ce que il mect, par la responce de la femme, que les femmes sont toujours disposées de l'homme recepvoir ; il s'entend de celles qui ont voulenté de ce faire, et tousjours n'est pas à dire à toute heure, car à telle heure les pourroit-on requérir que la cheminée seroit abatue, mais tousjours est à entendre qu'elles sont plus souvent disposées que les hommes.

XXXV.

℃ D'ung Médecin qui joyeusement
escondit ung pouvre
qui luy demandoit
l'aumône.

Et commence au latin :
Bello quod primum Florentini, etc.

OMME l'en trouve en plusieurs Croniques anciennes, au temps passé souloyent avoir guerre ceux de Florence au Duc de Millan, si que une guerre fut entre eulx si grande que ceulx de Florence ordonnèrent entre eulx de jamais ne traicter accord aux Millannoys, et, en signe de ce, firent ung esdit en leur Ville que quiconques parleroit de la paix seroit condempné à mort comme pour crime capital.

Après ceste loy establie, ung Médecin, Ancien en la Cité, nommé Bernard, tournoyoit par le Vieil Marché de la Ville pour aulcunes choses; il vint à luy ung de ces Frères de l'Ordre de Bélistrerie, qui terriblement l'infestoit de luy donner aulcune chose et, en faisant sa demande, tousjours la fin estoit : « Seigneur, seigneur, la paix soyt à toy. » Quant le Médecin vit qu'il ne sçavoit comment escondire ce bélistre, qui tant l'infestoit disant : « La paix soit à vous », luy dist : « O mon amy, qu'est ce que tu dis ? Va-t-en ; se la Justice sçayt que tu ayes parlé de la paix, tu seras destruit. Ne sçez tu pas l'esdit, qui est qu'on ne parle point de paix ? Je m'en vois, de paour que je ne soye trouvé avecques toy. » Ainsi se évada le Médecin de la moleste que ce quoquin luy faisoit.

En ceste joyeuse narration n'a pas grant sens moral, sinon que ceulx, qui sont ingras de donner pour l'amour de Dieu, treuvent excusation de ne donner point, ainsi que le Médecin qui dist au pouvre que, s'il parloit de la paix, il seroit destruict.

XXXVI.

℃ De l'homme qui menassa sa femme
de luy faire sa maison
plaine d'enfans.

Et commence au latin :
Erat sermo inter socios, etc.

INSI que les compagnons Secrétaires de la Court Rommaine firent les Dictz et Facécies contenues en ce livre, comme devant dit est, estant une foys en leur consistoyre, esmeurent une question, c'est assavoir quelle punition on devroit faire à une femme adultaire, c'est assavoir qui ront son mariage.

L'ung dist qu'on la devoit brusler, l'aultre qu'on la devoit escorcher, et ainsi chascun donnoit son oppinion de divers tourmens et suplices, si que l'ung d'entr'eulx, nommé Boniface, natif de Boulongne, dist, par manière de joyeuseté, que aultreffois il avoit veu un Bolonien qui avoit ung assez belle femme et qui gracieusement faisoit voulentiers plaisir aux gens de bien, dont son mary se appercevoit, et en avoient souvent noyse ensemble par tant qu'elle estoit trop courtoyse de faire plaisir aux serviteurs des dames. Cestuy Bolonien menassa sa femme d'ung meilleur genre de tourment que on sçauroit ymaginer; car, ainsi que une foys luy et sa femme tensoyent à ung soir, le mary luy dist qu'elle estoit paillarde et la femme disoit que non, mais très prude femme et meilleure que à luy n'appartenoit, si que le mary en fin ne sçeut que faire, fors qu'il luy dist : « Jehanne, Jehanne, je ne te battray, ne frapperay, mais je te feray tant cela que tu auras toute plaine maison d'enfans, et puis après te laisseray et habandonneray tout. » Adonc tous les compaignons de Boniface, qui cecy luy ouyrent racompter, se prindrent à rire et dirent que vrayement c'estoit genre de supplice et tourment fort exquis.

XXXVII.

☙ Du Cardinal qui racompta la facécie
pour se farcer
du Pape,

Et commence au latin :
Gregorius duodecimus, etc.

PAR advant que Grégoire, douziesme de
ce nom, fust esleu, courut à Romme un
grant scisme pour la controversie qui
fut entre les Clercz, si que de ce scisme parloit
souvent Grégoire, disant que, se il estoit auctorisé comme le Pape, il y mettroit bien remède.
Or advint que, par permission de Fortune,
après le trespas de Innocent fut esleu cestuy Grégoire, lequel, devant qu'il fust esleu Pape, faisoit
merveille de se vanter et dire qu'il feroit de tant
belles choses que ce seroit merveilles et qu'il seroit
content, pour oster discention, de soy démettre
de son pontificat plus tost que souffrir et permettre aulcune des libertés estre perdue; mais ceste
jactance ne sortit point effect, car, par la doulceur

de la dignité qui luy fust donnée comme à ung pouvre qu'il estoit, il entra en aultre délibération et propos, car plus il ne luy souvint des juremens et promesses qu'il avoit auparavant faictes, et de ce estoyent plusieurs saiges gens courroucez, spéciallement ung Cardinal, dit Poge, lequel aulcuneffoys de ceste chose se parloit une foys entre les aultres et dist : « Ce Grégoire icy nous a fait ainsi que fist ung mocqueur Va-luy-dire, qui, n'avoit pas grant temps, avoit esté à Boulongne et publia partout qu'il volleroit d'une haulte tour, laquelle est hors de la Cité, auprès du Pont Sainct-Raphaël. Quant ceulx de Boulongne ouyrent ceste chose admirative que ung homme deust voller, ilz se assemblèrent tous, grans et petis, au jour qu'il avoit promis de ce faire. Or faisoit-il à l'heure très grant chault et auprèz de ceste tour estoyent tous assemblez à l'ardeur du soleil pour attendre ce beau sainct qui devoit voler, lequel monta tout au plus hault de la tour avecques ses esles, lesquelles faignoit tousjours approprier si que tout le dit jour fut passé presque au soleil resconsant que tous estoyent tant lasséz que plus ne povoient. Lors, quand le trompeur vit qu'il fut tout assemblé et qu'il estoit heure de s'en retourner, pour mieulx se farcer d'eulx, il leur tourna son cul tout à descouvert. Ainsi retournèrent tous, trompez et lassez et moquez, en leur cité, et en ceste manière, » dist le Cardinal, « a fait nostre Pape Grégoire. Au devant qu'il fust Pape, il faisoit merveilles de bien voller, et par ses juremens et promesses qu'il nous faisoit de bien régir la spiritualité si que sa renommée volleroit jusques auprès du pont Sainct-Raphael, c'est assavoir devant nostre Seigneur Jésucrist, il nous a tous assemblez en ung lieu là où il a été faict Pape; mais maintenant le soleil est resconcé, c'est assavoir qu'il n'a plus son regard en hault, ainsi que par avant disoit avoir, mais l'a du tout getté en bas; par le plaisir que il a prins aux délices de la spiritualité, il nous monstre son cul, c'est assavoir sa villaine voulenté et faulte de promesse. »

En ceste Facécie sont reprins ceulx qui empirent de bien avoir, et, quant ilz sont en pouvreté, recongnoissans Dieu le Créateur, font rage de le bien servir et honorer, mais, après que, par la permission de Dieu, Fortune, qui est muable, les a eslevez en aulcunes dignitez, ilz oublient tout le bon propos que ilz avoient par avant. Ainsi Grégoire, avant qu'il fust Pape, faisoit triumphe de bien faire et de bien proposer, mais, après qu'il fust esleu en la dignité, son propos changea totallement et fist pis que cest prédécesseur que tant blasmoit.

XXXVIII.

☙ Une fable de ung lourdault,
qui quéroit l'asne sus quoy
il estoit monté,

Et commence au latin :
Mancinus, vir rusticus, etc.

POGE dit que au chasteau d'ont il estoit natif fut ung homme rusticque et lourt, nommé Mancin, lequel ung jour chargea sept ou huyt asnes qu'il avoit de fourment pour aller au marché en ung aultre chastel prochain de là, environ à troys ou quatre petites lieues Françoyses. Quant cestuy Mancin eut vendu son fourment au marché, il monta dessus l'ung de ses asnes, le plus légier que il congnoissoit à chevaulcher, et chassa les aultres devant luy jusques auprès de sa maison, là où il commença à compter ses asnes sans celluy sur lequel il estoit monté, auquel il ne pensoit point. Si cuyda avoir perdu ung asne et qu'il fust demouré en chemin ; pour tant appela hastivement sa femme, luy dist que elle prenist garde aux asnes tant comme il yroit quérir celluy que il avoit perdu. Ceste femme print ces asnes et les mist en l'estable, ainsi que luy avoit dist son mari, lequel estoit dessus son asne auquel il ne pensoit point. Commença à courir tout le chemin qu'il estoit venu, demandant à ceulx qu'il trouvoit se ilz avoyent point veu ung asne perdu, et tous luy respondirent que non, si que le soutouart alla jusques au marché, cuydant trouver son asne. Puis, voyant que nouvelles n'en povoit avoir, tout de nuyt s'en retourna plorant en sa maison là où il trouva sa femme, à qui de première venue il dist que leur asne estoit perdu, dont elle fut fort marrie, jusques ad ce que, ainsi qu'il se descendoit, ilz se apperçeurent de sa follie, et dist : « O, maulgré ma vie, j'ay par faulte de sens beaucoup de peine. Voicy l'asne que j'ay tant cerché. Je estoye dessus et si le quéroye. »

En ceste Facécie n'y a pas grant sens réductif à moralité, mais y sont reprins ceulx qui, par faulte de bonne inquisition et de bon regard, faillent à faire leurs besongnes, ainsi que Mancin, qui, en comptant ses asnes, ne eut point de considération à celluy sus qui il estoit monté ; pour tant le cuyda il avoir perdu et eut beaucoup de peine à le cercher, et semblablement font plusieurs qui, aussitost qu'ilz ymaginent une chose, la veullent faire et le commencent, et puis perdent leur peine par faulte de regarder la fin à quoy ilz en peuvent venir.

XXXIX.

Comment Rodolphe se farsa de ceulx de Florence qui l'avoyent fait paindre en leur cité comme proditeur.

Et commence :
Florentinis postmodum, etc.

SI tant estoit vaillant cestuy Rodolphe en guerre et congnoissant pour bien conduyre une armée et servir son maistre loyaulment que tous ceulx contre qui il alloit disoyent que ce estoit ung proditeur de paix et espandeur de sang humain, spéciallement les Florentins, ausquelz par plusieurs foys il donna tant et si divers assaulx qu'ilz ne osoyent sortir de leur Ville, et pour ce l'appelloyent-ils proditeur, et, comme coulpable de prodition et non digne d'estre appellé victorieux, le firent paindre ès murailles de leur Ville comme proditeur et degasteur de ce pays, ce qui fut rapporté à Rodolphe, dont il ne tint compte. Toutes foys bien proposa de jamais ne partir de là tant qu'il les eust vaincus et leur tint si grant rigueur qu'ilz furent contrains de demander trèves pour traicter appointement, ce que Rodolphe, qui autant desiroit à plus de faire paix que mener guerre, accorda, nonobstant que de luy eussent faict la paincture vitupérable, et leur assigna le jour que devers luy viendroyent. Pour laquelle chose faire, les Florentins esleurent entre eulx de la Cité les plus saiges et congnoissans hommes qui y fussent, lesquelz allèrent au jour assigné, auquel Rodolphe, congnoissant leur venue, fist fermer sa chambre, alumer ung grant feu dedans et fist clore les fenestres et se couvrir de chauldes fourreures en son lict comme s'il fust le fons de l'iver, combien qu'il fust le moys d'aoust et fist grant chault. Quant les Orateurs Florentins furent venus au lieu, on les mena devant Rodolphe ainsi chauldement couché comme il estoit, dont ilz furent esbahis, et, cuydans que ce fust aulcune maladie, luy demandèrent quelle. Rodolphe, qui estoit au lict, si respondit : « Messeigneurs, c'est du froit que j'ay eu à estre tout l'iver pendu contre vos parois tout descouvert. » Quant ceste responce fut faicte, les Orateurs de la ville de Florence entendirent que Rodolphe se railloit de leur painture, laquelle fut après effacée par l'appointement faict entre eulx.

En ceste Facécie est réprouvée l'inutille vengence d'aulcuns que, quant ilz voyent que ilz ne se peuvent venger de leur ennemy, en disent villaines parolles ou luy imposent aulcune vilennie dont il ne leur peut amender, ainsi que les Florentins, qui nommèrent Rodolphe proditeur et en manière de proditeur le firent paindre contre les murailles de leur ville.

XL.

¶ De celuy qui monta sur son asne sa charrue à son cul,

Et commence :
Alter, Pierus nomine, etc.

IL y avoit aux parties de Florence en ung vilaige ung laboureur nommé Piérus. Cestuy homme alloit chascun jour à la charrue avec deux beufz et ung asne. Un jour, après qu'il eut faicte sa journée et que son champ fust parachevé de labourer et arer et qu'il convint ramener la charrue à l'hostel, de la grant paour de la despecer, il la chargea sur son asne et puis après monta dessus, tant que le pouvre asne fut si chargé qu'il ne pouvoit aller et ployoit soubz la charge. Lors Piérus, voulant soulaiger son asne, descendit et chargea sa charrue sur son col, puis remonta dessus, disant à l'asne : « Or, va, tu peux maintenant bien aller. Ce ne es tu pas qui porte la charrue; ce suis je qui la porte. »

En ceste Facécie ne a point de sens moral, mais seullement y est monstré la sotie et imbécilité d'ung homme qui cuydoit soulager son asne pour avoir sa charrue à son col et estre monté dessus.

XLI.

☙ Une élégante responce d'ung poëte
Florentin, nommé
Dantes,

Et se commence :
Dantes Alligerus, poëta noster, etc.

POUR congnoistre de la responce que fist Dantes Alligerus, poëte Florentin, il est à noter qu'il y a une place, au pays nommé Véronne, en laquelle aussi demouroit une lignée de gens nommés les CHIENS, nobles gens, grans seigneurs, riches et puissans, avec ce plaisans et récréatfz, qui bien aymoyent à avoir gens clercz avec eulx. Pour tant voulurent avoir cestuy Dantes, qui estoit homme clerc et bien sçavant ; aussi, du temps mesmes que Dantes demouroit en leur maison, y estoit ung aultre Florentin, homme imprudent, non saichant et non convenable à aulcune chose faire, fors à jouer et à faire rire les gens, duquel les joyeusetéz plaisoyent au

Seigneur, nommé *le Chien*, tant qu'il luy faisoit des biens à grant habondance. Toutes foys Dantes desprisoit ce Fol, ainsi qu'il estoit de raison que ung homme sage et modéré ne tiengne pas grant compte des Folz, et aussi le Fol s'en appercevoit bien, qui, pour se venger, une foys vint à Dantes et luy demanda : « Dantes, je m'esbahys de ton cas. Dy moy pourquoy c'est que toy, qui es homme saige et très congnoissant, n'as de biens et comment es tu si pouvre, et moy, qui suis ung fol et ignare, ay plus de richesses que toy. »

Adonc respondit Dantes : « Mon amy, tu me demandes pourquoy c'est que je n'ay plus de richesses, et je te dy que, quant je trouveray un maistre semblable à moy et à mes conditions et meurs ainsi que tu as trouvé à toy, il me enrichira ainsi qu'il a fait à toy. »

Et met Poge en la fin de ce chapitre : « *Gravis sapiensque responsio;* ceste response est grave et pleine de sagesse », et en rend la rayson en disant : « *Semper enim Domini eorum consuetudine qui sibi sunt similes delectentur ;* tousjours les Seigneurs de coustume ilz se délectent aulx faitz de ceulx qui sont semblables à eulx. »

En ceste responce est à réprovée la honteuse condition d'aulcuns Seigneurs qui plus prennent grant plaisir à pourveoir gens folz et inutiles que gens saiges et prudens, par quoy ilz sont réputéz ingratz, ce qu'on dit en commun proverbe :

A tel Seigneur tel mesgnie,
A tel maistre tel varlet,
A fol Seigneur fol serviteur,

et si est ce une des grandes congnoissances que ung Seigneur puisse donner de sa folie que de prendre délectation et plaisance aux faitz des folz.

XLII.

☙ Aultre joyeuse responce dudict Dantes,
poëte Florentin,

Et commence au latin :
Huic ipsi inter seniorem, etc.

VOULENTIERS, ce dist Poge, Florentin, du temps que Dantes demouroit avecques lesdictz Seigneurs de Véronne, nomméz Chiens comme dict est, l'ancien Chien, principal Seigneur, le faisoit seoir à table entre son filz et luy. Ainsi estoit Dantes entre le vieil Chien et le jeune, et, pour tant, comme dict est, que ces seigneurs icy prenoyent plus de plaisir à choses folles que saiges et à se railler d'autre et aussi inventer quelque nouvelle folie, ung jour, ainsi que Dantes estoit assis au disner entre eulx deux, les serviteurs, par le commandement des maistres, gettèrent secrètement par dessoubz la table tous les os du disner devant les piedz de Dantes, et ainsi, quant on vint à oster la table, on demanda à Dantes pourquoy il avoit tant de os devant luy.

Adoncques Dantes, qui estoit homme prompt à respondre, voyant que tout cela estoit faict par farcerie, leur dist : « Messeigneurs, il ne se fault point esbahir si les deux chiens entre lesquels je suis ont mangé leurs os et se les miens sont demourez, car je ne suis pas chien. » Et de ceste responce commencèrent tous à rire pour tant que si soubdainement l'avoit trouvée.

En ceste responce peut on noter une aultre vile et maulvaise condition qui est, en aulcuns Seigneurs, de se farcer d'ung simple et saige homme, s'ilz l'ont avec eulx, et en veullent quasi faire leur fol, ainsi que les Chiens que j'ay devant ditz qui prenoyent plaisir à leur farcer et mocquer du poëte Dantes pour ce qu'il estoit homme très simple et de très humble condition.

XLIII.

ℭ De la femme obstinée qui appella son mary pouilleux,

Et commence au latin :
Colloquebamur aliquando, etc.

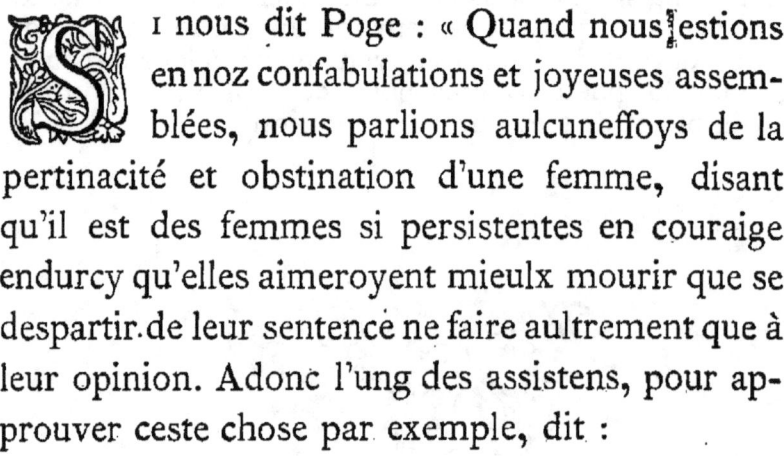I nous dit Poge : « Quand nous estions en noz confabulations et joyeuses assemblées, nous parlions aulcuneffoys de la pertinacité et obstination d'une femme, disant qu'il est des femmes si persistentes en couraige endurcy qu'elles aimeroyent mieulx mourir que se despartir de leur sentence ne faire aultrement que à leur opinion. Adonc l'ung des assistens, pour approuver ceste chose par exemple, dit :

« J'ay aultreffoys veu en noz cartiers une femme de cette condition, laquelle tousjours estoit contraire à la voulenté de son mary, et, spéciallement quant ilz tensoyent de parolles, elle vouloit tousjours avoir le dernier mot et ce qu'elle disoit soustenoit irrévocablement. Advint que une foys, par une altercation qu'ilz prindrent, son mary et elle, de parolles, elle l'appella pouilleux, ce qui despleut à l'homme tellement qu'il jura qu'elle se desdiroit et, pour ce faire, la commença à battre de coups de poing et de pied tant qu'il peult, mais tant plus la batoit et tant plus pouilleux l'appeloit. « Adonc le mary, tout lassé de la batre, voyant la pertinacité de elle, se obstina et jura par ses bons Dieux qu'elle retireroit la parolle et mettroit fin à sa pertinacité, ou qu'il la getteroit en ung puis. Ceste femme obstinée jura du contraire que au Dyable fust-elle se jà se desdiroit, mais tous les jours par plus infestantes parolles pouilleux l'appelloit. Lors le mary print une corde, lya sa femme par les espaulles et la plonga dedans le puis jusques au menton et jura que, se elle ne se abstenoit de l'appeler pouilleux, qu'il la noyeroyt et suffocqueroit en l'eaue; mais nonobstant elle tousjours instantement sa parolle continuoit, et pour ce le mary, temptant et essayant luy oster sa pertinacité, pour la mettre en dangier de mort, la devalla dedans l'eaue jusques par dessus la teste tant que plus ne pouvoit parler. Et lors la faulce et pertinace femme leva les mains en hault par dessus sa teste hors de l'eaue, et, pour exprimer ce que de parolle ne pouvoit dire, commença à serrer les pouces de ses deux mains l'ung sus l'autre, faignant de tuer des poux, pour monstrer que en son courage elle disoit et appelloit son mary pouilleux. Ainsi, devant qu'elle fust morte, ledit mary, voyant et pensant que c'estoit chose impossible de la convertir, tantost la retira hors de l'eau et luy laissa dire et faire du pis qu'elle peut. »

En ceste Facécie est monstrée la merveilleuse pertinacité et obstination de une maulvaise femme qui aymeroit mieux mourir que faire au contraire de son oppinion quelque chose que ce fust, ainsi que celle que, quant elle fut au puis et ne peut plus parler, pour monstrer sa mauvaistié, bouta les bras dessus l'eaue et, faignant à tuer des poulx, ainsi que les femmes les tuent entre leurs doys, pour monstrer évidemment que en son couraige elle appelloit son mary pouilleux. Et est aussi monstré que c'est grant folie à ung homme cuyder convertir une maulvaise femme et obstinée; car mieulx aymeroyent mourir que se convertir, et pour tant dit Monseigneur Sainct Bernard, en son Epistole « De la chose famillière » : *Malam uxorem citius risu quam baculo castigabis ; tu chastiras plus tost une maulvaise femme par toy rire, ne tenir compte de tout ce qu'elle dira ou fera, que tu ne feras par batre à coups de baston.*

XLIIII.

☙ De celluy qui avoit getté sa femme
en la rivière et l'alloit
cercher contremont
l'eaue,

Et commence au latin :
Alter uxorem, quæ in flumine, etc.

DONC, quant la Facécie devant dicte eust esté racomptée, ung aultre des asistans dist qu'il en avoit veu une semblable adventure de ung homme, qui avoit une ainsi maulvaise femme et obstinée, tellement que tout le contraire de ce que son mary luy commandoit elle faisoit, et, quant il luy commandoit que elle luy baillast du blanc, elle luy bailloit du noir; si vouloit du chaut, elle luy bailloit du froit, et générallement elle faisoit tout à l'opposite de la voulenté de luy, d'ont il estoit tant desplaisant qu'il en perdoit presque patience.

Advint une foys, ainsi comme cestuy mary et ceste femme alloyent en pélerinage, vindrent à passer une planche dessus une rivière; le mary voulut que sa femme passast devant et elle tousjours voulut passer derrière si que controversie s'esmeut entre eulx deux tellement que ledict mary jura, que si elle ne passoit, qu'il la getteroit dedans ladicte rivière, et elle, toujours obstinée, dist que elle aymeroit mieulx que ainsi fust. Finablement ledict mary, despité de son obstination, la print et la getta dedans la rivière où elle fut noyée, et, en la gettant, luy dist : « Va-t'en aval la rivière. »

Ce faict, le mary, qui oncques puis ne la vit, commença à courir contremont le cours de l'eaue et rencontra des gens, lesquelz luy demandèrent où il alloit, et il leur respondit que il alloit cercher sa femme qu'il avoit gettée en l'eaue. « Comment », dirent les aultres? « Tu ne vas pas bien; il est impossible que elle voyse contremont l'eaue. — Certes, » dist le mary, « si fait; car, en la gettant dedans l'eaue, je luy ay dit qu'elle allast aval et je sçay bien qu'elle va amont, car sa coustume tousjours a esté de faire tout au contraire de ce qne je luy disoye. » Lors commencèrent à rire quant ilz congneurent la pertinacité et obstination de la dicte femme.

En ceste Facécie doit estre entendu le sens figuratif,

comme en l'aultre, qui conclud que c'est follie de cuyder amender une maulvaise femme et obstinée, car elle aymeroit mieulx mourir, ainsi que celle qui ayma mieulx estre noyée que passer une planche à l'apétit de son mary. Conclud aussi ceste Facécie le dict joyeulx du mary qui en la noyant luy dist qu'elle allast aval l'eaue, puis alloit cherchier au contraire pour monstrer que tout l'opposite de ce qu'il vouloit elle faisoit quand elle vivoyt.

XLV.

— De ung rusticque qui se
voulut ennoblir,

Et commence au latin :
Petebat à Duce Aurelianensi, etc.

Il fut en la terre d'Orléans ung rusticque homme, villain de meurs et de toutes conditions, ygnare et non sçavant, qui avoit des biens assez, pour quoy il se voulut faire ennoblir ainsi que la coustume de maintenant est. Mais que ung homme ayt de l'argent à puissance, il sera Noble, et sera sa femme Damoyselle.

Cestuy rusticque voulant estre Noble vint par devers le Duc d'Orléans, qui son soverain Seigneur estoit, et luy dist : « Très-chier Sire, je viens vers vous supplier que il vous plaise de me faire Noble. J'ay acquis des héritaiges et des richesses assez pour vivre noblement, s'il vous plaist de me ennoblir. » Respondit le Duc d'Orléans, qui bien congnoissoit les villaines meurs et conditions de cestuy rusticque qui le requéroit : « Mon amy, tu me requiers et demandes que je te face Noble, mais je ne sçauroye, combien que riche assez faire je te pourroye; car jamais ne feroit ung Prince son vassal Noble, s'il ne l'est. »

En ce chapitre dessus mis est noté que les nobles de droicte noblesse ne procèdent point de richesse, mais de meurs, ainsi que nous avons par ung exemple d'ung Empereur Rommain qui fist ung esdit de une sienne seulle fille qu'il avoit, nomméé Philomène ; ce fut que celluy qui le plus noble se trouveroit auroit sa fille en mariaige. Pour tant s'assemblèrent tous les filz des Roys et des Princes du pays, qui déclairèrent leurs noblesses originelles et leur grandes et riches parentés. Avecques ce y vint ung puissant parfaict riche homme, gracieulx, honneste et bien morigéné, combien que d'extraction de haut lieu ne fust pas venu, mais de simples gens, bien aymez de tous, et, pour le dernier, demanda avoir ceste fille en mariaige sans alléguer aultre chose sinon que, si le père voyoit qu'il fust souffisant d'avoir sa fille qu'il luy donnast. Adoncques le père, qui eut ouy racompter les noblesses d'ung chascun, avecques son Conseil regarda lequel estoit le plus noble, et fut trouvé que l'ung, venu de plus hault lieu, estoit présumptueux et plain d'orgueil, l'aultre estoit crapuleux et paillart, l'aultre prodigue et fol despenseur, si que tous furent trouvez coupables de aulcun vice qui honnist noblesse et qui le noble faict vilain, jusques au dernier, qui estoit de petit lieu, mais estoit homme de très-bonne vie, vertueux, saige et bien morigéné, prisé et honnoré de chascun, non reprouvé par aulcun villain vice qui fust en luy, par quoy le père de Philomène avecques son Conseil ordonna et conclud que le dernier, comme le plus noble, auroit sa fille en mariaige, en baillant pour raison ce que dit le Métrificateur :

Moribus et vitâ nobilitatur homo, etc ;

« l'home est ennobly par les bonnes meurs qui sont en luy et par la bonne vie dont il est ».

XLVI.

€ De celluy qui fist croire à sa femme
qu'il avoit deulx oustils,
ung petit et ung grant

Et commence au latin :
Erat in opido nostro, etc.

N ung chasteau des parties de Lombardie fut ung fèvre nommé Guillaume, lequel estoit marié à une moult belle jeune femme, qui souvent alloit passer temps avecques ses prochaines voysines, et, ainsi que femmes, quant elles sont ensemble à par elles, se devisent de plusieurs choses et n'y a bon mot cellé, advint une fois qu'elles prindrent à parler de leurs maryz et dirent royallement comment ilz estoyent bons ouvriers de jouer dessoubz la courtine et aussi comment les ungz estoient mieulx garniz de instrumens que les aultres. Or fut la femme de Guillaume, qui ouyt les jactances de ses dessus dictes voysines et dit que encore n'estoit ce rien de ce qu'elles avoyent dit des instrumens de leurs maris, que le sien en avoit ung plus grant la moytié que aultre dont ilz eussent parlé, combien que telle y avoit qui disoit que son mary l'avoit si très grant qu'il sembloit que ce fust le bras d'ung enfant de quatre ans de qui la main fust cheuste; mais brief la femme de Guillaume soustenoit que celluy de son mary excédoit de trop, ce que notèrent bien toutes les aultres, qui avoyent grant regret que leurs maris n'en estoyent aussi bien pourveuz. Or fut vray que, par une pestillence qui courut au pays, ceste femme de Guillaume, qui envers ses voysines avoit ainsi divulgué la copiosité du membre de son mary, trespassa, et fiança Guillaume, après la mort d'elle, une aultre très belle jouvencelle, nommée Anthoynine, à laquelle les voysines de Guillaume vindrent racompter la joye qu'elle devoit avoir d'espouser homme si bien garny de bas instrumens, et luy dirent comme sa feu femme leur avoit dit que c'estoit le plus grant et le plus beau qui fust en toute la ville.

Pour tant, quant, après les espousailles, vint la première nuyt des nopces, ceste jeune fille se remembra de ce que les voysines luy avoyent annoncé l'excessive et ingente grandeur du baston de son mary. Quant vint à coucher, elle eut si grant paour qu'elle commença à trembler et ne vouloit approcher ne adhérer de son mary, ne souffrir qu'il luy fist la gracieuseté, dont le mary fut courroucé et luy demanda la cause pourquoy si fort elle reculoit, tellement que la jeune fille contraincte luy déclara aulcunement la cause de son recul comme elle craignoit la grandeur de l'oustil. Adonc le mary lui dist : « Ma mye, ne vous courroucez pas de cela; il est vray que j'en ay ung bien grand instrument, ainsi qu'on vous a dit, et que à peine pourroit une jeune fille le endurer au commencement, mais ne vous chaille. J'en ay ung qui est plus petit, de qui je faitz la voye et besongne du commencement. Je sçay bien que il ne vous grèvera point et pour tant en useray je à commencement, et puis après je useray de l'aultre, ainsi que vous vouldrez. » A ce consentit la jeune pucelle et besongna ainsi qu'il voulut sans ce qu'elle se plaignist d'aulcune chose, car elle croyoit fermement qu'il eust deulx outilz et que ce fust le plus petit; pour tant ne doubta-elle point et souffrit patiemment la secousse, mais touteffoys ne oublia pas que son mary luy avoit dit qu'il en avoit ung grant. Et pour ce, ung moys après le jour des nopces, qu'elle fut ung petit plus hardie, ainsi qu'elle et son mary estoyent couchez

de nuit en leur lict, elle luy commença à dire :
« Mon mary, s'il te plaist, je te prie, besongne de
ce grant compaignon que tu m'as aultres fois dit
et racompté. — O vrayement, » dist le mary,
« certes, ma mye, je vous en sçay très bon gré;
vous n'avez pas le couraige failly d'en désirer ung
plus grant que n'est cestuy cy, lequel est à moytié,
ou peu près, grant comme celluy d'ung asne. »

XLVII

ℂ Le dit d'une matrone qui vit
les vêtements d'une mérétrice
aux fenestres

Et commence au latin :
Mulier adultera, etc.

POGE dist ainsi que ces folles femmes adonnées au péché de luxure, et spécialement toutes celles qui en font mestier et y gaignent leur vie, certes ilz cherchent tous moyens par lesquelz peussent attraire leurs marchans. Une, que fut à ung matin pour attraper ung coquin, elle mist et estendit aulcuns nouveaulx vestemens, que ung sien amant luy avoit donnéz, aux fenestres, affin que ung aultre, qui assez tost aprèz devoit passer par là, les vit et print exemple de luy en donner de semblables, ou d'aultres meilleurs. Tantost après que ces vestemens furent estendus aux fenestres de la folle femme ainsi comme dit est, une vieille Matrone passa qui les vit, et dist ainsi : « Tout ainsi que une yraigne fait sa

» toile, a fait ceste femme ses vestemens avecques
» le cul, et monstre à tous l'artifice et ouvraige de
» son cul. »

En ceste Facécie et dit joyeulx sont reprouvéz les folles femmes qui ont totalement perdu honte et sont bien contentes de porter publicquement ce que chascun congnoist bien qu'elles ont gaigné honteusement à la meschanseté de leurs corps, ainsı que la folle femme qui pendoit ses vestemens aux fenestres acquis par adultaire.

XLVIII

☾ La description d'une folle
requeste

Et commence au latin :
Rogabat quœdam, etc.

OMME dit Poge, au temps de vendenges et de plaine vinée que chascuns, qui vings a à recueillir, a besoings de vaisseaulx pour les mettre, vray fut que à ung des contribules et compaignons de Poge, qui grant nombre de vignes avoit, vint ung aultre sien voisin, qui luy dist : « Mon voisin, mon amy, voicy la vendenge qui vient ; vous avez des vaisseaulx à mettre vin ; je vous prie que les me prestez. — O, » dist l'aultre à qui on faisoit ceste requeste, « mon voisin, si vous voulez que je vous face ce que vous me requerrez, faictes une aultre chose que je vous diray : ce est que vous me prestés vostre femme, seullement à Karresme-prenant, et je luy donneray ses despens tout au long de l'année. — Comment, » dist-il, « ma femme ! Tu scéz bien que j'en ay à faire pour m'en servir. — Aussi », dist l'aultre, « ay-je de mes vaisseaulx à vin, et pour tant ne me les doys-tu point demander, car les choses, de quoy l'on s'en doit servir et dont l'usaige est bien nécessaire, ne sont point à demander. »

En ceste demande et requeste ainsi esconduite est monstré comment l'on doit demander aulcunes choses ou non, c'est que celluy, à qui on fait la demande et requeste, ne ayt point nécessairement à faire de ce qu'on demande et requiert, ainsi que, en ce temps de vendenges et qu'il estoit plaine vinée, avoit nécessairement affaire de ses vaisseaulx celluy à qui on les demandoit et requéroit, et aussi, au contraire à l'opposite, pour refus et pour monstrer à l'autre qu'il ne les luy devoit pas demander ne requérir te considérer la grande vinée que estoit, luy demandoit-il sa femme, dont jamais il ne se fust deffait.

De ceste Facécie dit Chaton en son livre, qui disoit à son fils :

Quod justum est petito, vel quod videatur honestum,

c'est à dire : « Demande ce qui est juste à demander ou qui soit veu honneste,

Nam stultum est petere quod possit jure negari,

car chose folle, » dit Chaton, « est de demander ce qui de droit peut estre nyé », ainsi que fist celluy à qui on demandoit les vaisseaulx desquelz nécessairement il avoit affaire.

XLIX

☾ Le dist d'un Perrusien
à sa femme

Et commence au latin :
Perusini habentur viri faceti, etc.

ES Perrusiens, ainsi que on trouve aux escriptures, ont tousjours esté gens facécieux, urbains, plaisans et récréatifs. Fut vray que l'ung estoit marié à une assez belle jeune femme, laquelle toutesfoys estoit amoureuse de ung aultre que luy et prenoit ailleurs moustarde. Or advint, pour une festivité, que ceste jeune Perrusienne demanda à son mary qu'il luy donnast ungs bons solliers neufz pour aller à la feste, et appelloit on ceste femme Pétruce, à laquelle le mary accorda ce qu'elle demandoit, pourveu que le jour de la feste elle luy mist bien matin une pièce de poulaille cuyre. Ceste femme s'i accorda, et, le jour de la feste, au plus matin se leva et se mist à apprester ceste poulaille. De l'aultre part le mary s'en alla à la ville, qui luy envoya ses soliers, cuydant que, incontinent qu'elle les auroit, elle s'en yroit à la feste. Toutes foys ne le fist-elle pas, mais, ainsi qu'elle eust ses solliers chausséz, yssit à l'huys de sa maison pour regarder aval la rue, là où elle apperçeut bien ung beau jeune filz que elle aymoit et, ce pendant que son mary estoit hors, luy fist signe de venir devers elle en sa maison, et ainsi fist le jeune compaignon qui, incontinent qu'il fut entré, se mist à besongner autour de la dame. Et d'aultre part l'homme, qui cuydoit qu'elle fust à la feste, appella un de ses compaignons et luy dist : « Vien t'en avecques moy; ma femme est allée à la feste et y a une bonne poulle au feu qui cuyt; nous la mangerons, toy et moy, et en sera ma femme trompée. »

Ainsi s'en allèrent les deux bons compaignons, cuydant manger la poulle et que la femme fust deshors la maison; toutesfoys la trouvèrent bien empeschée, car, ainsi qu'ilz arrivèrent, elle estoit dessoubz son amy, qui faisoit merveille de jouer de la cropière, et encores, affin de mieulx serrer de près, luy avoit Pétruce acollé avecques les cuysses le faulx du corps tellement qu'elle avoit les piedz contremont avecques les solliers neufz, desquelz elle se jouoit sus le cul de son amy. Et adoncques, quant le mary entra, il fut moult esbahy; toutes foys, voyant qu'il n'y avoit remède, ainsi comme ung homme joyeulx dist à Pétruce· « Par le cul de Dieu, » ainsi qu'il avoit acoustumé de jurer, « se tu chemines et vas tousjours les pieds contremont, ainsi que les as maintenant, jamais tu ne useras les beaulx soliers neufz que je te avoys acheptez pour aller à la feste. » Lors fut la faulce femme bien espoventée, il n'en faut pas doubter; mais, de la fin qui fut entre eulx pour celle heure, Poge, Florentin, ne fait point de mention, mais il luy suffit d'avoir mis le joyeulx dit du Perrusien qui, en ce voyant, sa femme les piedz contremont, dist que elle n'avoit garde de user ses solliers tant qu'elle fust en ce point qu'il la trouva.

En ceste Facécie est monstré seullement que c'est de la joyeuseté de une facécieuse personne, car il en est de si plaisans que, quelque mal qui leur adviengne, ilz ne s'en sçauroyent desconforter ; mesmes en leur adversitez disent de très-bons et très-joyeux proverbes, ainsi que le Perrusien, quand il vît Pétruce sa femme qui se jouoit avecques son amy et que elle n'avoit garde de user ses soulliers neufz.

L

☙ Du Duc d'Angers qui montra une
moult belle couverture de lit toute
couverte de pierreries

Et commence au latin :
Erat sermo, etc.

POGE dit ainsi : Aulcunes foys, en la compaignie des Doucteurs estoit parolle en repréhendant la vaine curiosité de ceulx qui mettent leur estudie et félicité à quérir et achepter plusieurs pierres précieuses. Lorsqu'i avoit une foys feste, avoit ung quidam là assistent; commença à parler et dist que, au temps que Rodolphus estoit au royaulme de Naples régnant, ung noble Duc d'Angers, qui estoit de sa parenté, le alla veoir et avec luy porta une moult belle couverture de lict, toute couverte de diverses pierres précieuses, ausquelles il mettoit fort sa cure et prenoit grande félicité de la veoir. Ceste dicte couverture par sus tous aultres joyaulx monstra le noble Duc d'Angers à son cousin Rodolphus, lequel estoit ung homme saige et rassis, qui réputoit toutes telles ymaginations et curiositéz à follye, ainsi qu'il monstra par après ; car, quant devant luy ceste riche et sumptueuse couverture fut desployée, le Duc d'Angers, à qui elle estoit, par excellence entre les aultres choses monstra les perles marguerites, saphirs, escarboucles, esmeraudes et rubis avecques très granz quantités d'autres pierres, que on estimoit beaucoup valoir. Ces choses veues, Rodolphe demanda au Duc combien tant de pierres précieuses pourroyent bien estre estimées valoir et quelle utilité ilz apportent.

Respondict le Duc que très grande en estoit l'extimation et quasi incomparable, fors à ung Souverain riche homme, mais qu'il n'y avoit point de gaing, c'est assavoir qu'elles ne pourtoyent point proffit et n'y avoit sinon plaisance. « O, » dit Rodolphus, « mon cousin, vrayment je t'en monstreray deux qui ne ont cousté que dix florins, qui annuellement me prouffiteront de plus de deux cens. »

Lors fut le Duc d'Angers moult esbahy, qui desira fort à voir ces deux telles pierres qui, pour valloir si petit pris que dix florins, en valissent tous les ans de prouffit deux cens. Ainsi allèrent

Rodolphus et le Duc à ung molin que Rodolphus avoit, et là monstra Rodolphus au Duc les deux meulles, entre lesquelles se meut le blé, en disant : « Regardez si toutes les pierres précieuses de vostre couverture, que vous estimés si riche, vous prouffitent autant que ces deux icy font à moy. »

Lors congneut le Duc évidentement que Rodolphus réputoit à folye la grande curiosité d'avoir et acquérir de telles pierres précieuses qui ne portent aulcun prouffit.

En ceste Facécie sont reprins ceulx qui mettent trop leur curiosité aux choses vaines et inutiles, comme en superfluitez de vestemens et en achat de pierres précieuses, car la superfluité des vestemens se pert et les pierres ne servent de riens, sinon à folle plaisance, et par l'opposite monstre come on doit mettre sa curiosité à choses utiles et proffitables, ainsi que Rodolphus à son moulin, qui luy valloit annuellement deux cents florins.

LI.

☾ L'excuse d'ung Perrusien,
à qui on demandoit
du vin.

Et commence au latin :
Erat Perrusino cuidam dolium, etc

IL fut ung Perrusien qui avoit ung tonneau de bon vin et savoureux, mais le tonneau estoit tant petit que merveilles. Pour tant l'espargnoit le Perrusien et le despendoit modereement et par dragmes, sans appeller à toute heure ses voysins pour en boire. Toutesfoys, pour tant que le vin estoit bon, ung sien Voysin à qui il se monstroit fort obéissant luy envoya ung enfant avecques un pot, en le priant qu'il luy pleust de luy envoyer de son vin, il ne fault jà dire du bon, car il n'en avoit que d'une sorte. Quand le Perrusien eut ouye la demande de l'enfant, il commença à prendre ung grant pot que l'enfant avoit apporté et se print à le regarder tout esbahy, disant en soy mesmes que troys ou quatre foys plain ung tel pot vuyderoit son vaisseau. Si penza en soy mesmes comme il se pourroit escuser qu'il ne envoyast point par l'enfant de son vin, pour laquelle chose faire ouvrit le pot et boutta le nez dedans, et, faignant le sentir tout puant, dist à cestuy enfant ; « Fy mon enfant, va t'en ; ton vaisseau put. Jamais ne bouteroye mon vin dedans ; reporte-le, ce n'est que ordure, et dy à ton maistre que, s'il veult envoyer ung aultre pot, je luy envoyeray de mon vin. » Ainsi s'en retourna à son maistre, auquel il dist la cause de son retour, et lors bien congneut l'affection du Perrusien et que ce n'estoit que une deffaicte pour l'escondire de son vin.

En ceste présente excuse n'y a pas grant sens moral, mais y est à considérer la promptitude et habilleté d'entendement au Perrusien, qui, voyant qu'on le requéroit oultre raison, trouva le moyen de se excuser par faindre que le pot qu'i luy avoit mandé estoit puant et ne l'escondit pas par emportement, car il est assez vraysemblable que se on luy eust aporté ung petit pot, que pour peu de chose il ne se fust point excusé.

LII.

☾ Le débat de deux femmes pour
une pièce de toylle.

Et commence au latin :
Due Romane mulieres, etc.

Si nous dit Poge de deux femmes Rommaines, que j'ay aultresfoys congneues, dont l'une estoit jeune et l'aultre vieille ; allèrent, pour prendre desduit et pour gaigner aulcun peu d'argent, en la maison de l'ung des Curiaux du Pape. Quant ces deux femmes furent en ceste maison, le Curial, qui estoit assez friant pour trouver quelque bon morceau, se print à la plus jeune, et aussi estoit-elle la plus belle, et par deux instances la congneut. Aprèz, pour contenter la vielle affin que plus voulentiers elle revint avecque la jeune, la congneut seullement par une foys, et, au partir de sa chambre, quant elles furent prestes de leur en aller, il leur donna une pièce de toylle, sang déterminer combien chascune en devoit avoir pour sa part. Ainsi partirent ces deux femmes, lesquelles, tantost aprèz que elles furent hors de la maison, commencèrent à litiger en leur en allant, sçavoir laquelle en auroit la plus grande part. La jeune disoit que ce seroit elle pour tant qu'elle avoit eu plus de peine, et la vieille disoit le contraire, que ce ne s'en suivoit et qu'elles devoyent partir à moytié. Moult et de diverses raisons alléguèrent ces deux femmes l'une contre l'aultre, si que tantost elles vindrent aux grosses injures, des injures à batre, et prindrent l'une l'aultre aux cheveulx, et puis se entr'esgratignerent le visaige à bonnes ongles, tellement que à leur noise acoururent et assemblèrent tous les voysins, demandans pour quoy venoit ceste discention. Or ne l'osoyent dire l'une ne l'aultre, mais allégoyent avoir proféré injures l'une à l'aultre, d'ont leur discorde mouvoit.

A ceste heure mesme vindrent leurs deux maris, lesquelz, chascun de sa part voulant tenir la querelle de sa femme, meurent guerre entre eulx, et tourna la guerre des femmes aux hommes, lesquelz avecques pierres et grans coups de poing se entrebatirent tant que ce fut pitié jusques à ce que les voysins les despartirent. Ainsi s'en allèrent l'ung et l'aultre, à la manière des Rommains, enclorre en leurs caves pour garder leur inimitié, de laquelle ilz ignoroyent la cause. La toylle demoura en main sequestre, sans diviser, pour tant que la dicte cause demouroit interdiscusse et non déterminée ; mais occultement procès entre les deux femmes a esté fait pour ceste division, lesquelles ne se veullent accorder l'une à l'aultre en aulcune façon, mais demeurent pertinaces et obstinées chascune en sa follie et oppinion, et demeure le procès indécis et pendu à la perche.

Poge demande maintenant aux Docteurs et Praticiens que selon droit et raison il en fault faire, sans mettre le procès à fin.

En ce chapitre est monstré une des faultes qui souvent advient en procès, c'est de ce que les deux parties litigieuses et adverses ne veullent réallement dire ne déclarer la cause de leur litige et controversie, par laquelle on les pourroit bien facillement mettre d'accord et hors de toute inimitié et controversie, mais tout ainsi que les deux femmes qui ne vouloyent dire pourquoy le débat estoit meu, se taisent, et pour tant n'y a si saige juge qui en saiche que déterminer.

LIII.

ℭ La Fable d'ung Coq et d'ung Regnard,

qui commence au latin :
Esuriens quondam vulpes ad decipiendas galinas.

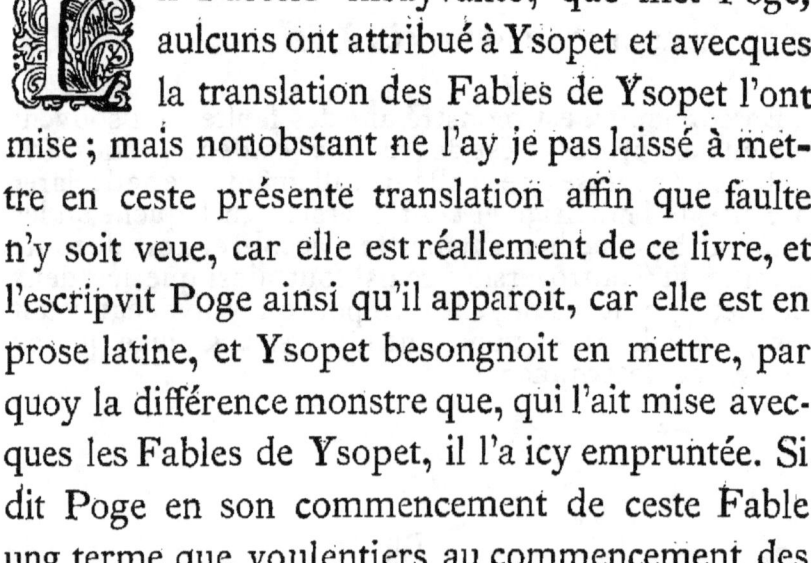A Facécie ensuyvante, que met Poge, aulcuns ont attribué à Ysopet et avecques la translation des Fables de Ysopet l'ont mise ; mais nonobstant ne l'ay je pas laissé à mettre en ceste présente translation affin que faulte n'y soit veue, car elle est réallement de ce livre, et l'escripvit Poge ainsi qu'il apparoit, car elle est en prose latine, et Ysopet besongnoit en mettre, par quoy la différence monstre que, qui l'ait mise avecques les Fables de Ysopet, il l'a icy empruntée. Si dit Poge en son commencement de ceste Fable ung terme que voulentiers au commencement des Fables on prent, c'est ce mot : *Jadis*, et dit :

Jadis ung Regnard, voyant ung Coq à une grande compaignie de Poulles montées en ung arbre, ainsi que le Coq avoit enseigné pour et affin de tollir au Regnard le chemin d'aller à elles tout affamé pour les decepvoir, se approucha tout beltement en blandissant le Coq, en luy disant, après que il l'eut salué : « O Coq, mon amy, que fais tu là hault ? Ha tu pas ouy les belles nouvelles toutes fresches qui nous sont mainctenant venues, tant bonnes et tant belles et salutaires? — Nenny », dist le Coq, « mais prononce moy que c'est. — Certes », dist le Regnard, « Coq, mon amy, pour ceste cause suis-je venu devers toy pour communiquer la matière et déclairer la grande joye et parfaicte liesse que doivent avoir toutes bestes, car leur grant consile n'a guieres a esté tenu et célébré, en lequel a esté conclud et ordonné que paix perpetuelle seroit jurée et ordonnée entre toutes bestes ayantes ame et que plus ne pourront nuyre, faire injure, ne pourchasser aulcune desplaisance l'une à l'aultre, et que chascune beste yra en compaignie ou seulle, ainsi que bon luy semblera, partout où elle vouldra, et pour tant, je te prie, descens, toy et tes poulles, pour venir icy bas avecques moy, et puis nous ferons la soulempnité de ceste belle ordonnance. » Bien aperçeut le Coq la fallace et déception du Regnard ; si proposa de se farcer de luy et pour ce faire dist au Regnard : « Regnard, tu me apporte icy bon messaige et agréable. » Le Coq levoit le col en hault pour plus loing regarder; aussi se dressa sur les pieds en faisant de terribles admirations, et lors le Regnard, voyant que le Coq faisoit tant de si admiratifz regardz, fut esbahy et luy demanda que c'estoit qu'il veoit. Le Coq respondit : « Ce sont deux grans Chiens, qui viennent courant, la gueulle bayée. — O », dist le Regnard, qui eut si grant paour, « à Dieu ; je m'en voys ; il est nécessaire que je m'en fuye devant que ilz arrivent ». Et lors commença à s'en aller. « Comment », dist le Coq, « et pourquoy esse que tu t'en fuis ou que tu crains ? S'il est ainsi que la paix soit faicte, il ne s'en fault riens craindre. — O », dist le Regnard, « je doubte que ces Chiens icy qui viennent n'ayent pas ouy le décret de la paix et l'appoinctement ainsi qu'il a esté fait et conclud». Adonc le Regnard s'en fuyt et par tromperie fut mocqué de sa tromperie.

En ceste Fable sont reprins les traistres qui par blandemens de fictives parolles déçoyvent aultruy, ainsi que le Regnard cuydoit décepvoir et trahir les poulles pour leur dire que paix perpétuelle estoit ordonnée entre les bestes; mais voulentiers telz trompeurs sont mocquez par leur mocquerie mesmes, ainsi que l'en dit communement :

        Tromperie est de tel estre
        Que qui trompe trompé doit estre,

ainsi que le Regnard fut trompé du Coq, qui lui donna à entendre que deux grans Chiens venoyent vers luy la gueulle bée, parquoy il eut si très grant paour qu'il s'enfuit.

LIIII.

❦ D'ung chevalier Florentin qui
cuidoit tenir sa chambrière
et il tenoit sa femme.

Et commence :
Roffus, etc.

UNG chevalier fut à Florence, nommé Roffus de Ricis, homme de belle stature, grant et puissant, fort hardy. Cestuy Roffus, non ayant revenu, se accointa de une vieille femme veufve, laquelle estoit à Florence, pour tant que celle vieille avoit force de ducatz et estoit puissamment riche ; ainsi n'estoit pas amoureux Roffus de la vieille, mais de son argent, et est assez vraysemblable que, quant il avoit apétit de jouer du jeu d'amourettes, il quéroit aultre pasture que sa vieille, qui n'avoit plus nulles dens.

Advint que, pour servir en la maison de cestuy Roffus si fut admené une moult belle jeune Jouvencelle, de quoy Roffus ne fut pas marry, car, tout aussi tost que il eust getté l'œil sus elle, il luy fut bien advis que il en feroit tout à son plaisir et que il s'en serviroit en lieu de la dame, qui estoit si vieille que n'avoit plus de dens. Pour tant commença Roffus à chascune heure instanment prier ceste chambrière, luy promettre dons de diverses manières, affin qu'elle fist à sa voulenté ; toutes foys la fille, qui estoit moult saige, ne se vouloit point consentir ne faire ce deshonneur en la maison de sa maistresse, avecques ce qu'elle estoit toute entière et vouloit garder sa virginité, combien que son maistre la infestast merveilleusement, et ne sçavoit la dicte pouvre fille comment en eschapper, sinon qu'elle s'en alla devers sa maistresse et luy dist : « Dame, telle chose est vostre mary ne cesse de courir à toutes heures après moy et me presse fort de complaire à sa voulenté, tellement que je ne scay que je face sinon que vous me donnés congié et que je m'en voyse, car je crains qu'en l'oppinion que dessus moy il a il ne me veuille user de rigueur et me prendre à force, »

Quant la maistresse eut ouy ce que la jeune fille luy eust dict, elle fut bien contente et respondit : « Ma fille, mamye, je te sçay moult bon gré de vouloir garder ton honneur et, quelque chose que te die mon mary, garde toy bien de consentir à luy ; nous trouverons bien moyen de le rappaiser sans que tu t'en voyses. Voicy qu'il faut que nous façons ; la première fois qu'il t'en parlera, tu luy asségneras heure de soir en tel lieu secret. Lors adonc, quant l'heure sera venue, je m'en iray au lieu dessus dict et, pource qu'il ne verra goutte, il n'y mettra point de différence, car c'est tout ung quant il est nuyt. Ainsi, quant il aura bien fait toute sa voulenté de moy, cuydant la faire de toy, je parleray à luy et adonc congnoistra il sa follie et jamais ne te requerra de deshonneur et villenie, mais t'en aymera mieulx. »

Tout ainsi que la dame devisa il fut fait, car, dès la première foys que Roffus pria sa Chambrière, elle luy dict en ceste manière : « Monseigneur, vous me faictes beaucoup d'ennuy, mais toutes foys, puisque c'est vostre plaisir que ne me voulez laisser en paix, je vous diray, pour garder vostre honneur et le mien, qu'il fault que nous façons, et aussi affin que madame vostre femme ne s'en apperçoyve, à ce vespre que la nuyt approchera, en ung tel lieu secret de céans que vous sçavez, où personne ne va coustumièrement, je me rendray, et là me trouverez pour faire vostre plaisir, mais, je vous prie, gardons nostre honneur. — O », dist Roffus, qui moult fut joyeulx, « m'amye, tu dis bien ; je ne fauldray point à me trouver à l'heure que tu dis. »

Ainsi s'en alla la fille vers sa dame luy compter comment elle avoit assigné terme à son maistre et en quel lieu. Ainsi, quant vint l'heure, la dame s'en alla au lieu de l'assignation là où Roffus ne faillit pas que en ce lieu ténébreux, cuydant tenir sa chambrière, commence à patrouiller sa femme et luy faire cent petis atouchemens et baisiers pour cuyder esmouvoir nature, laquelle ne se peut oncques esmouvoir ; il fut esbahy et honteux que son petit doy ne levoit. Lors la dame, ce appercevante, ne peut plus attendre qu'elle ne parlast et dist : « Va, merdeux chevalier ; si tu eusses icy ta chambrière, tu eusses incontinent fait sa voulenté. — Ha », dist le chevalier « dea, ma femme, esse vous ? Par Dieu, je n'en sçavoye riens, mais mon petit compaignon est plus saige que moy, car, à l'heure que par faulte de venir je t'ay prinse, estimant tenir ma Chambrière, il a bien sentu que tu estoys une maulvaise pièce de chair et une meschante pièce de harnois ; pour tant il a joué de retraicte et n'a oncque voulu lever la teste, pour baiser ne pour atouchement que j'ay fait sur toy. » Ainsi fut Roffus deçeu qui cuydoit tenir sa Chambrière, laquelle demoura incorrompue, et luy en sçeut après bon gré.

En ceste Facécie est reprouvé le vice de ceulx qui veullent honnir leur maison ainsi que Roffus, qui eust esté content d'avoir violée en sa maison une bonne preude fille, ce que jamais homme de bien ne doit faire, mais la doit deffendre et garder. D'aultre part y est monstré une belle condition que doyvent avoir tous loyaulx serviteurs, c'est de jamais ne vouloir faire deshonneur en la maison de leur maistre, nom plus que la bonne Chambrière de Roffus qui, pour supplications, admonestemens de dons ou promesses, oncques ne voulut consentir à la voulenté de son maistre qui la requéroit de deshonneur.

LV.

℃ De celuy qui contrefaisoit le Médecin
et donnoit des pillules pour
trouver les asnes perdus.

Et commence au latin :
Fuit nuper Florentie, etc.

N'A guères, dit Poge, fust à Florence ung homme sot et confident en tout ce qu'il véoit ou oyoit dire, qui aussi n'avoit art ne science en luy par quoy sçeust disputer ne assigner raison entre le possible et le impossible, ne le vray ; cestuy homme sot toutes foys sçavoit aulcunement lire en langaige maternel et congnoissoit les lettres. Advint que, pour aulcun affaire qu'il avoit, s'en alla vers ung certain Médecin qui demeuroit en la cité, et, ainsi qu'il fut en la chambre du dict Médecin, ouvrit ung livre et tantost regarda dedans et puis y trouva là une recepte de confection de pilulles, bonnes à toutes maladies. Quant cestuy ridiculeux homme vit ceste recepte ainsi intitulée, il fit tant qu'il extrahit et estima que par cela il pourroit trouver moyen de soy guarir d'aulcune maladie qu'il avoit.

Sans plus supplier le Médecin, ainsi s'en alla chez l'Apotiquaire et monstra sa recepte, et fist faire des pillules selon le contenu, desquelles il print et advint que il fut guéry. Lors, voyant le fol homme ceste cure sur luy estre faicte, il se estima que avecques ces pillules il pourroit pareillement guérir toutes aultres maladies. Si retourna vers l'Apoticaire et luy fist faire grant nombre de telles pillules, puis se mist à aller sur les villaiges et vaquer par petites villes et chasteaulx, soy disant très expert en l'art de médecine, et à toutes aultres malladies générallement il bailloit tousjours des pillules, par la cure desquelles aulcunes venoient à convalitude, les aultres non. Toutesfoys la renommée de luy creut tellement entre les impéris, vulgaires et imbéciles, que on le réputoit le meilleur des aultres Médecins et que il n'estoit si grande douleur à qui il ne donnast allégence.

Or advint une foys que, durant que la renommée de cestuy fol entre les fols croissoit, ung pouvre simple homme qui perdit son asne, d'ont il fut en si grande desplaisance que de la mélancolie qu'il print il fut constipé, si pensa en soy mesmes de se transporter vers ce Médecin, dont la renommée florissoit, pour sçavoir si par aulcun art il lui sçauroit à dire aucunes nouvelles de son asne. Quant cestuy pouvre homme fut devant le notable Médecin, il luy déclaira sa douleur et ne demanda pas santé, mais seullement s'il y avoit point de remède à recouvrer son asne, que il avoit perdu. Le dict Médecin, qui indifférentement de toutes choses se mesloit, respondit que ouy et, par le marché faict entre le povre homme et luy, ordonna que le bon homme prendroit six pillules, lesquelles prinses, le dict bon homme s'en alla à sa maison. Et, ainsi que les dictes pillules, qui estoient aulcunement laxatives, luy eurent destrempé le ventre, contrainct de aler au retraict, il entre en ung petit lieu secret, plain de roseaux hors le chemin, là où il trouva son asne paissant.

Alors commença le pouvre homme à extoller jusques au ciel la science du dict Médecin et les bonnes pillules qui luy avoyent faict trouver son asne, et de là en après par ce acreut tant la renommée du dit Médecin que les rusticques couroyent après luy comme ung second Esculapius, qui fut le premier médecin, pour tant que ils avoyent ouy dire qu'il garissoit de toutes maladies, mesmement donnoit des dictes pillules pour retrouver les asnes perdus.

En ceste Facécie est monstré comme plusieurs, dessoubz l'ayde de Fortune, acquièrent bon bruyt sans l'avoir desservy et mesme par le bruit que les rusticques leurs donnent, et qui présument de eulx choses impossibles, ainsi comme ce fol qui se disoit Médecin et riens n'y sçavoit. Les fols et incongnoissans y couroyent pour tant que ils cuidoyent que il fist choses impossibles, à l'occasion de ce qu'il donna des pillules au bon homme qui, en allant au retraict, trouva son asne, lequel aussi bien eust il trouvé quant il y fust allé sans manger des pillules, mais néantmoins creut il que les pillules luy eussent faict retrouver.

LVI.

☾ D'ung Médecin, qui redressa la jambe
à une très-belle jeune fille,

Et commençe au latin :
Cenarent cum, etc.

IT Poge, Florentin, que une foys, ainsi qu'ilz souppoyent ensemble, ses contribules et luy, et qu'ils disoient plusieurs choses facécieuses et joyeuses pour rire, l'ung de la compagnie en soubriant dict que aultres foys il avoit ouy parler de ung Médecin, lequel fut mandé pour médeciner une moult belle jeune fille, laquelle, en danssant et saillant, se estoyt estors le genoul.

Quant ce médecin fut venu et qu'il tint la jambe de ceste moult belle jeune fille et la cuisse, plus blanche que neige molle et tendre, en la maniant le cuer luy eschauffa et se leva le petit doy d'embas tellement que de son estable il sortit, et est assez vray semblable que le maistre Médecin, veu les préparatoires, eust volontiers sanglé le bas de la belle jeune fille et luy faisoit grand mal au cueur qu'il ne luy osoit demander. Toutesfoys ne luy en dist riens, mais, après qu'il eust fait sa cure, quant vint au partir, la belle fille, qui sentit sa jambe droicte et guarie, demanda au Médecin combien elle luy devoit, et il respondit : « Belle, vous ne me devez rien, car, se je vous ay dressé ung membre, aussi avez-vous à moy ; ainsi nous demourrons quittes l'ung de l'aultre. »

En cette Facécie sont réprouvéz les serviteurs avaricieulx, qui jamais ne se tiennent contens de sallaire qu'on leur baille, mais murmurent toujours et desirent avoir plus que ils n'ont gaigné. Ceulx ne font pas comme le Médecin qui ne demanda rien à la fille pour luy avoir redresé son membre et se tint content d'elle pour ce que, en luy maniant la cuisse, elle luy avoit le sien dressé, et ainsi fut mérite pour mérite.

LVII.

❡ De celluy qui ne sçavoit recongnoistre son cheval.

Et commence au latin :
Loquentibus nonnullis, etc

AINSI que une foys aulcuns saiges hommes estoyent assemblez parlans de plusieurs choses et, entre les aultres, de la follie et imbécilité qui en est plusieurs hommes, Anthonius Luscus, homme facécieux et plaisant, comme nous avons devant dict en plusieurs lieux, racompta que aultresfoys il avoit esté envoyé de la cité de Romme à Vincence pour aulcune des négoces du Pape et, ainsi que il chevaulchoit sur le chemin, il trova ung Vénicien, qui à le voir, monstroit bien que tout son mestier n'estoit pas d'aller à cheval, mais luy séoit aussi bien comme à ung Clerc porter armes. Cestuy Vénicien associa Anthonius avecques luy et furent ensemble tant qu'ilz vindrent à Sènes, là où ilz logèrent ensemble, avecques plusieurs aultres gens de cheval qui là arrivèrent.

Quant vint à souper que tous estoyent ensemble, les ungz demandans aux aultres quelle part ilz tiroyent, Anthonius demanda au Vénicien quelle part il alloit, et le Vénicien respondit que à Vincence. « Or dont, » dist Anthonius, « nous yrons demain au matin ensemble, car je y voys ». Ainsi fut l'appoinctement prins que Anthonius et le Vénicien devoyent partir l'ung quant l'aultre au matin et aller ensemble.

Pour tant se levèrent ilz assez matin, se housèrent, esperonnèrent, et firent toutes leurs aprestes pour partir, fors le sot Vénicien, qui ne se demandoit point de acoustrer son cheval, mais s'en alloit séoir à l'huys de l'hostellerie pour veoir partir les aultres. Et adonc Anthonius, qui l'atendoit pour partir, luy demanda pourquoy il ne montoit à cheval comme les aultres, et le Vénicien respondit qu'il attendoit que tous fussent partis pour congnoistre son cheval, que parmy les aultres il ne congnoissoit, mais jugeoit en soy mesmes, quant les aultres auroyent prins chascun le sien, celluy qui demourroit seroit à luy. Adonc Anthonius congneut la follye de l'homme et, pour veoir la fin, attendit que tous fussent partis affin que le fol Vénicien prinst son cheval.

En ceste Facécie sont farcez les paresseux et négligens que par leur meschanceté et négligence descongnoissent parmy les diligens ce qui leur est utille et attendent à prendre leur part que tous les aultres ayent prins, dont aulcunes foys il advient qu'ilz sont très mal partis ; ceulx sont semblables au sot Vénicien, qui attendoit que tous eussent prins leurs chevaulx pour congnoistre le sien.

LVIII.

☙ De une Mérétrice ancienne mendiante.

Et commence :
Dum hoc in corona recitaretur, etc.

ADVINT une foys, n'y a pas long temps, que une femme vieille, qui mendioit sa vie, laquelle en fleur de sa jeunesse avoit tout consommé et degasté son corps au péché de luxure et meschanceté, advint que ceste doulente femme vint à demander l'aumosne à ung homme qui bien la congnoissoit, et luy dist : « Sire, veuillez donner l'aumosne à la pouvre femme qui a délaissé péché et l'art de paillardise. — Comment, » dist l'homme à qui elle demandoit, « vas tu maintenant quérir ta vie en mendicité, et j'ay veu que tu tenoies si très grant termes. — Certes, » dist elle, « il est vérité, mais ce temps là est passé et m'a convenu et convient mendier, car je suis ancienne et ne puis plus rien gaigner à mon mestier que j'ay mené en jeunesse. — Ainsi », dist l'homme qui ceste responce ouyt, « tu as laissé le péché, non pas pour l'amour de Dieu, mais par faulte de puissance et ydoineté à ce faire ; car, se tu avoys aulcune puissance, aussi bien que la voulenté, et que tu fusses aussi belle et jeune que tu as esté, tu ne le laisseroyes pas, et ainsi n'ay-je point pitié de te veoir avoir grande nécessité. »

En cecy peuvent prendre toutes les jeunes femmes une moult bonne exemple de non habandonner leurs corps aux infametez du péché de luxure, et, se par faulte de continence elles sont cheues en ce péché, de soy retourner et admender bien soubdain, sans attendre que impotance les contraigne de aller mendier en leurs vieillesses quant elles ne pourront plus accomplir leurs mauldictes et dampnables volentez, car ceux qui ont congneu leurs destinées n'en ont point de pitié.

LIX.

€ Comment ung Docteur Légat dessoubz
le Pape Martin fut reprins de
ignorance,

Et commence au latin :
Cum Secretarii, etc.

Du temps de Pape Martin fut ung Légat, Docteur en loix, homme fier et orguilleux combien que il ne fust pas fort érudit en sa science, duquel, ainsi que les Secrétaires du Pape Martin estoient une foys devant luy assembléz à racompter des Facécies, le Pape Martin dist qu'il avoit ung Légat, lequel avoit esté Docteur dessoubz ung très grant et notable Juriste des enciens Docteurs de la cité, lequel luy avoit baillé le bonnet doctoral. Advint que, après ladicte dignité de Légat donnée à cestuy jeune Docteur, une foys, en une disposition, son antique, qui l'avoit passé le argua de plusieurs choses tellement que cedit Légat, enflambé d'orgueil, se despita moult fort et dist au vieil Docteur qu'il estoit fol. Quant ledit vieil Docteur ouyt que son disciple le incrépoit et l'apeloit fol, il luy demanda quant il s'en estoit apperçeu. Adoncques respondit ledict Légat : « Tout à cette heure. — Vrayment », respondit le saige Docteur, « tu le povois bien sçavoir et congnoistre de long temps, c'est assavoir dès l'heure que je te passay Docteur du Droit civil, car tu estoyes et es encorez ygnare, insuffisant et indigne de le estre. » Ainsi fut le dict Légat tout camuz, qui vit bien que son Maistre, saige et ancien Docteur, luy remonstroit devant tous son ygnorance.

En ceste Facécie sont redarguéz les Clercs, serviteurs et disciples, qui par leur oultrecuydance veullent despriser, corriger et reprendre leurs supérieurs, desquelz ilz tiennent toute la science qu'ilz ont, ainsi comme le sot Légat qui voulut despriser et appella publiquement fol le Docteur qui luy avoit donné son Degré et, sans mérite mais par faveur, l'avoit passé Docteur. En quoy est à noter que les Degrez, les noms magistraulx, les dignitez et offices, ne sont pas tousjours données à ceulx qui l'ont bien mérité, mais à ceulx qui ne sçavent riens, ainsi mesme qu'il apparoistra cy après.

LX.

⁜ Le dit de l'Evesque de Lactense.

Et commence au latin :
Alter Episcopus, etc.

EN l'audition des Facécies acoustumées entre les Secrétaires du Pape fut l'Evesque de Lactense, lequel dist que aultres foys il avoit veu à Romme ung Cardinal Napolitain qui de coustume rioit voulentiers, et, ainsi que une foys cestuy Cardinal venoit de la maison du Pape, il rencontre ung de la Cyté ; si commença à rire ainsi que la coutume estoit de tousjours, ou trop souvent, rire. Adonc le Citoyen, ignorant pourquoy ce Cardinal rioit, il demanda à ung sien compaignon s'il sçavoit pourquoy c'estoit. L'aultre respondit que non, fors que pource qu'il luy souvenoit de la follye du Pape, lequel sans mérite l'avoit fait Cardinal.

En ceste Facécie, comme à celle de devant, est monstré comme les dignitez, offices et bénéfices, ne sont pas toujours donnez à gens dignes et suffisans, mais souvent à gens imbécilles, ignares et non vallables.

LXI.

℃ Facécie d'un fol Médecin qui dist
que ung malade avoit mangé
ung asne.

Et commence :
Medicus indoctus, etc.

IL y avoit ès parties de Florence ung quidam qui contrefaisoit le Médecin, combien qu'il ne le fust pas et ne sçeust aulcune chose de la science, mais toutesfoys, pour aulcunes apparences qu'il avoit en luy, les gens y adjoustoyent grande foy.

Or avoit cestuy Médecin de coustume, quant il alloit visiter les malades, si tost qu'il entroit auprès du pacient, il luy prenoit les bras et tastoit si le poulse estoit hastif ou tardif, et, selon que il sentoit le mouvement de l'arteire, il faisoit son jugement, si bien que de luy chascun en estoit content, nonobstant que le touchement ne luy enseignast pas, mais il le jugeoit par aulcunes apparences, comme nous verrons cy après.

Or avoit cestuy Médecin ung clerc tant sot que merveille, lequel, oyant la renommée de son maistre, il desira estre Médecin comme luy et luy pria qu'il luy pleust dire la façon et la manière comment il pouvoit sçavoir que en son abscence le malade avoit mangé ou prins aulcune chose, bon ou mal. Le maistre respondit que ce qu'il en jugeoit n'estoit pas par chose qu'il congneut au touchement du poulse, mais avoit ceste coustume, quant il entroit en la chambre de quelque malade, de regarder entour luy s'il verroit point aulcunes bonnes relicques de viandes, comme les escailles de noix ou de chastaignes et de peleures de pommes, ou aultres choses, et puis, selon les reliques que il véoit, il faisoit son jugement, faignant le congnoistre par le poulse, dont les simples gens estoyent tous esbahys quant il leur disoit : « Le malade a mangé telle chose, ou telle, qui luy peut bien faire ou mal. » Les pouvres gens y adjoustoyent foy. Quant le Clerc eut entendu toute la pratique de son maistre, il pensa en soy mesmes qu'il feroit ainsi. Si print congé de son maistre et s'en alla en ung aultre cartier contrefaire du Médecin ainsi que son maistre faisoit.

Advint que praticque fut baillé à ce nouveau Médecin, et luy mist on entre les mains ung pacient auquel il fict prendre aulcunes choses, sans sçavoir s'elles luy estoient proffitables ou non. Toutesfoys advint que, après une certaine potion par laquelle il promist son malade estre sané et guéry, la maladie accreust et fut plus inquiété le patient que par devant. Si ne sçeut que faire le Médecin, sinon de imposer au malade avoir mangé aulcune chose contraire, ainsi que son maistre faisoit quant il véoit que le malade se mouroit. Pour tant commença ce fol Médecin à regarder entour de luy pour veoir s'il verroit aulcunes relicques, par lesquelles il peut juger que le malade eust mangé. Hault et bas tourna ses yeulx, regardant partout, mais ne vit aulcune chose fors la bastière d'un asne, laquelle estoit soubz le lit.

Lors commença à crier le Médecin et dire à haulte voix : « O faulces gens que vous estes, qui voulez faire mourir ce pouvre homme malade icy ; vous luy avez fait manger un asne, qui est la plus maulvaise viande que vous luy eussez sçeu point bailler ne faire manger. » Lors furent tous ceulx, qui là estoyent assistens, esbahys, qui bien congneurent l'impéricie et grant folie de leur Médecin, qui cuidoit que la selle qu'il véoit soubz le lict fussent les relicques d'un asne cuyt, qu'on eust faict manger au malade.

En ceste Facécie est monstré que, soubz umbre d'aulcunes sciences, plusieurs inconvéniens adviennent, ainsi que, soubz la confidence que les gens avoyent en ce fol clerc soubz umbre de ce qu'il se disoit Médecin, ilz se mettoyent entre ses mains, sans congnoistre se ce qu'il leur bailloit estoit bon ou maulvais, d'ont il advenoit que aulcunes foys que plusieurs périssoyent entre ses mains.

LXII.

⁋ Du Juge qui dist que les deux parties avoyent gaigné,

Et commence au latin :
Oppidum est Bononensium, etc.

EN ung Chasteau de la terre de Boulongne fut envoyé ung Potestat, homme sot et rude d'entendement, ainsi que ceulx de la terre disoyent et comme il appert; car, quant cestuy Potestat fut arrivé en ce Chasteau, au jour qu'il estoit ordonné pour tenir la justice et ouyr les causes et querelles de ceulx qui estoient litigiens, deux y accédèrent pour ung débat de pécune qu'ilz avoyent ensemble, car l'ung se disoit créditeur à qui l'aultre devoit argent, ce que luy nyoit.

Quant ces deux litigiens furent venus devant ledit Potestat en jugement, celluy qui estoit acteur dist en son cas et allégua les causes de son action, et comme l'aultre luy devoit son argent et il ne luy vouloit point payer celle debte. Ce debteur respondit que il n'y estoit pas tenu, mais nya totallement devoir à l'aultre aulcune chose, par tant qu'il disoit l'avoir bien payé. Adonc retourna sa parolle vers l'acteur en demandant, fort rigoureusement et par manière de tencerie, pour quoy il faisoit action d'une debte payée. L'acteur respondit que non; le deffenseur disoit que si, mais, à chascune foys que l'ung avoit allégué ses raisons, le Potestat tensoit contre l'aultre et n'avoit pas le sens de ordonner qu'ilz vérifiassent leurs causes par tesmoingz ou aultres apparences que de parolles. Pour ce ung joyeux homme, qui là fut, voyant la pouvreté du Potestat, luy dist que l'ung et l'aultre n'avoit point maulvaise cause. « Ainsi doncques », dist le Potestat, « je condampne qu'ilz ont gaigné tous les deux. » Par ce moyen permist il que les parties s'en allassent de devant luy, leur cause discusse et non déterminée, et fut ceste Facécie alléguée entre les compaignons de la Court Rommaine en la présence d'un fol Juge, qui souventes foys muoit ainsi les sentences, puis d'une et puis d'aultre.

En ceste Facécie est monstré ung inconvénient, qui souvent advient en justice, c'est que, pour tenir les judicatures et principaulx sièges, on ne regarde guières quel homme on y met, et pour tant ne peuvent bien estre discutez les causes et querelles litigieuses qui viennent devant luy quant il ne congnoist le Droict et ce qui est en justice requis, nen plus que le Potestat du Chasteau de Boulongne.

LXIII.

☪ D'ung fol Médecin, qui jugea que une
femme malade avoit besoing pour
sa santé de compaignie
d'homme,

Et commence :
Egrotabat apud nos, etc.

IT Poge que il y eut à Romme une femme bien fort malade, pour laquelle son mary envoya quérir les Médecins, qui bonnement disserner ne pouvoient ne sçavoient les causes de ceste maladie; toutesfoys tousjours faisoient garder l'urine de la patiente pour la veoir au matin. Or advint que ung matin ceste urine, qui avoit este baillée à garder à une jeune fille de la maison, fut respandue, et ne sceust la jeune adolescente que faire sinon que pisser en l'urinal et, au lieu de la paciente, présenter la sienne. Et ainsi, quant le Médecin fut venu et qu'il vit ceste urine, par aulcune apparence qu'il y vit jugea que la paciente avoit voulonté de compaignie Françoise, et croy bien que aussi avoit celle de qui estoit l'eaue. Toutesfoys le Médecin appella le mary de la malade et luy dist et afferma que pour certain sa femme desiroit coucher avecques luy et qu'il y pourveust, car celle estimoit la plus grant cause de sa maladie. Lors le mary, confident à la judicature et conseil du Médecin, après que il eust très bien souppé, s'en alla coucher auprès de sa femme, laquelle estoit tant malade, ce sembloit, que les Médecins ne y attendoient vie, et luy présente la jouste. Si commença la pouvre malade, laquelle pour la pravité de sa maladie ce ne pouvoit souffrir, à crier et dire : « O mon mary, que esse que tu fais ? Tu me tues. — Non », dist le mary; « m'amye, ce est pour ta santé et par la sentence du Médecin, lequel m'a dit que c'est toute la médecine qu'il te fault pour te remettre en santé et convalescence. » Et réallement, de quelque part d'où ce procédast, après que celle nuit il l'eust congneue quatre fois, toute la fièvre qu'elle avoit se despartit, et ainsi la déception du Médecin fut cause de la santé et convalescence d'elle.

LXIIII.

☾ Ung aultre cas semblable advenu au Chasteau de Valence,

Et commence :
Rem similem in oppido, etc.

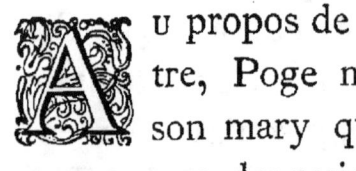u propos de ce que, au précédent chapitre, Poge met que pour coucher avec son mary qui bien luy avoit fait ses besongnes, ung des assistens racompta que au Chasteau de Valence cas semblable estoit advenu à une jeune femme, nouvellement mariée à jeune homme notaire.

Quant ces deulx jeunes mariés eurent esté par aulcun pou de temps ensemble, la fille, qui jamais n'avoit cogneu homme, fut malade tellement que tous ceulx qui la véoient la jugoyent à mourir ; mesmes les Médecins, n'espérant de santé, l'abandonnoient, car elle perdit la parolle. Les yeulx luy tournèrent en la teste tellement qu'elle sembloit toute morte, dont son mary, qui bien l'aymoit ainsi comme raison estoit, fut moult courroucé, et non pas de merveille, car ils estoyent jeunes et nouveaulx mariés, et qui n'avoient encores guères esté ensemble, dont plus mal luy faisoit. Si proposa en soy mesmes le mary que, s'il pouvoit, devant qu'elle fust toute morte, encore auroit il une foys sa compaignie. Pour ce faignoit il avoir aulcune chose secrète à faire dedans la chambre, et commanda à tous qu'ilz vuidassent; ferma la porte, dessus le lit se coucha auprès de sa femme et la cogneut une foys, qui luy fit grant bien, car incontinent, comme si son mary luy eust mis une nouvelle vie dedans le corps, elle ouvrit les yeulx, esmeut les esperitz et commença à parler à basse voix, en appelant son mary, qui, tout joyeulx de la veoir encore vive, luy demanda se elle vouloit boire, ce qu'elle requist et despuis ne cessa de retourner à santé, et fut l'usaige de mariage cause.

Par ces deux exemples dit Poge que on peut arguer et conclure que aulx maladies des femmes la souveraine médecine est avoir compaignie d'homme pour les ravoir.

LXV.

℃ De la Mérétrice, qui se plaignoit du Barbier qui l'avoit coupée,

Et commence :
Magistratus est, etc.

EN la cité de Florence y a une office nommée *Office de Magistrat,* que les Officiers appellent *Office de honnesteté,* et est cet Office principallément pour faire droit aux Mérétrices et à folles femmes, affin que elles puissent vivre en paix et sans moleste demourer en la dicte cité. Advint que l'une des Mérétrices alla aux Estuves se baigner, là où le Barbier qui luy fist sa barbe luy coupa ung petit loppin de maujoint, dont elle fut moult courroucée et fut bien par l'espace de xv jours que elle n'eust osé recepvoir homme, mais luy faillit fermer sa boutique et resserra sa marchandise. Toutesfois, après qu'elle fut guarie, elle fit convenir ledit Barbier devant les Magistratz et proposa son cas contre le Barbier qui l'avoit coupée, et par sa deffaulte elle avoit est bien xv jours toute blécée sans rien faire, par quoy elle demandoit récompense.

Poge demande quelle doit estre la sentence future de ce cas ; ceste judicature ne termine point Poge et ne met point la sentence des Magistratz pour tant qu'elle est trop ambigue, mais en laisse le jugement à gens congnoissans le traict du mestier.

LXVI.

❡ D'ung Religieux à qui se
confessa une
Veufve,

Et commence au latin :
Audiebat Religiosus, etc.

Ng Religieux de l'Observance fut à Florence, auquel vint une femme veufve pour ses péchez confesser, et, ainsi qu'elle fut à genoulx devant le Beau Père, elle approcha son visaige de celuy au Religieux tellement que l'alaine de la belle jeune femme eschauffa et esmeut ledict Religieulx tellement que le petit bras de dessoubz la robe leva la teste.

Adonc fut le pouvre Religieulx moult courroucé et eust bien voulu que la dicte jeune femme eust esté hors de devant luy, laquelle, après sa confession, demanda pénitence, et le pouvre Religieux luy respondit que devers luy n'estoit pas venue pour quérir pénitence mais pour luy apporter, car elle l'avoit mis en une très-grande perplexité

En ce chapitre est monstré comme ung homme d'église, et spécialement ung Religieux, se doit garder de l'approchement des femmes, car en leur regarder, avecques la temptation de l'Ennemy, la chair de l'homme se peut esmouvoir et faire donner consentement à péché.

LXVII.

❡ De celuy qui fit le mort devant sa femme,

Et commence :
In monte, etc.

En ung chastel des montaignes de Lombardye il y avoit ung beau Jardinier, lequel, pour esprouver sa femme, à ung jour qu'elle estoit à laver la lessive, se coucha tout plat sur la terre, clouit les yeulx, retint son esperit, tellement qu'il sembloit estre mort, et cheut tout soubdainement en l'ayre de sa maison, là où sa femme le trouva quant elle arriva toute chargée de drappeaulx. Or estoit elle encores toute jeune, mais, affin que plus plaisamment elle plorast la mort de son dit mary qu'elle croyoit mort, elle print du pain qu'elle mist sur les charbons à rostir et mangea ung morceau de chair salée pour luy faire avoir plus grant soif. Après qu'elle eut ung peu mangé, ainsi qu'elle vouloit descendre en la cave pour tirer du vin, une de ses voysines entra pour avoir du feu, qui vit comme cest homme estoit couché sur terre comme mort et fist une grande admiration. Et adonc la bonne femme, qui n'avoit point encore ploré, pour faire contenance commença à plorer et dire : « Ha, ma voysine, m'amye, que feray-je ? Mon mary est trespassé. » Après se couchoit sur terre, se tempestant à merveilles tant que tous les voysins s'i assemblèrent. Finablement sur le visaige de son mary elle crioit et disoit : « Las, mon amy, et que pourray-je faire ? Puisque je t'ay perdu, que feray-je, mon mary ? » Lors le mary, qui tous ses gestes avoit veuz, comme en s'en esveillant de dormir parla, et dist qu'elle devoit aller à la cave pour achever de desjeuner, car il sçavoit bien que la chair salée qu'elle avoit mangée lui avoit fait grant soif. Adoncques commencèrent tous à rire quant ilz congneurent la façon.

En ceste Facécie est monstrée l'amour de aulcunes femmes dont elles ayment leurs marys et le deuil qu'elles feroyent pour eulx, se ilz estoyent mors.

LXVIII.

☙ De une jeune femme de Boulongne qui
ne sçavoit comment complaire
à son mary,

Et commence au latin :
Adolescentule Bononiensis, etc.

UNE jeune adolescente fut à Boulongne nouvelle mariée, laquelle, ygnorante de compaignie d'homme, ne sçavoit comme complaire à son mary, espéciallement quant à la nuyt, dont le mary se courroussoit et la batoit aulcunes foys, dont elle se complaignoit à une bonne femme matrosne, laquelle demanda pourquoy c'estoit. Et la fille respondit que c'estoit pource que la nuyt, quant son mary se jouoit à elle, ne se remuoyt point à son appétit. Et adoncques la saige matrosne luy dist : « Ma fille, vous devez complaire à vostre mary. — Hélas », dist la jeune femme, « comment ? Se je sçavoye faire, je ne auroye garde de me laisser ainsi batre tous les jours comme je faitz. » Adoncques commença la bonne matrosne à rire de veoir l'innocence de la jeune femme, laquelle mesme ne cognoissoyt pas pourquoy son mary la batoit, ce à quoy les admonneste Nature.

En ceste Facécie est monstré qu'il est de bonnes personnes et de simples femmes, qui bien peu congnoissent de maulvaistié ; mais à l'opposite il en est beaucoup qui trop en sçaivent.

LXIX.

ⓒ La response d'ung Confesseur au Duc de Milan,

Et commence au latin :
Bernabonas, Princeps Me., etc.

BERNABONAS, Prince de Millan, estoit ung homme luxurieux, adonné à toutes voluptuositez. Advient que une foys il estoit avec une femme que il aymoit en ung jardin auquel entra son Confesseur pour tant que les portes ne luy estoient point tenues, et, à l'heure qu'il venoit, pour la très grande familiarité que il avoit au Prince on luy ouvroit tout. Toutesfoys fut Bernabonas aulcunement indigné de avoir esté prins sur le fait; si demanda au Confesseur : « Beau Père, que feroyes tu si tu avoyes ceste femme avecques toy ainsi que elle avecques moy. » Respondit le Religieux : « Sire, cuides tu que je n'en sçeusses que faire ! Pense que je scay de certain ce que est à faire en ung tel cas, et suis homme naturel comme toy. » Adoncques se rappaisa le Prince quant il ouyt l'humaine responce du Confesseur.

En ceste responce est montré que, nonobstant la Religion, ung homme de soy ne doit pas tant présumer qu'il s'en dye si juste qu'il ne voudroit point pécher; il se doit réputer humain et inclin à pécher comme ung aultre non Religieulx.

LXX.

ℂ De celluy qui demanda si sa femme
portoit bien en douze moys
ung enfant,

Et commence au latin :
Florentinus Civis, etc.

En la cité de Florence fut ung citoyen qui avoit espousé une moult belle jeune femme, laquelle il habandonna pour aller à ung voyaige, là où il fut l'espace de ung an ou plus, tellement que par sa trop longue demourée la femme, à qui il ennuya, avecques l'ayde de Nostre Seigneur Jésucrist et de ses voisins, fist tant qu'elle engrossa d'ung beau filz, dont son mary la trouva acouchée quant il arriva. Et de première venue fut moult courroucé et doulent, disant que l'enfant n'estoit pas à luy, car il avoit bien environ douze moys qu'il ne l'avoit veue. Si s'en alla à une vieille matrosne, qui demouroit auprès de luy, et luy demanda à bon privé conseil s'il estoit bien possible que une femme peus porter ung enfant douze moys. « O », dist la subtile matrosne, « mon amy, mon voysin, ouy. Sachez que, si le jour que vostre femme conçeut, elle vit ung asne, elle a porté autant que porte ung anesse. C'est une chose toute clère, que l'en a par plusieurs foys veue advenir, et pour tant, si vostre femme a esté douze moys pourtant enfant, ne vous en esbahyssez point, car il vient de cela. » Lors fut le pouvre sotouart tout resconforté ; il mercya la matrosne plus de mille foys pour tant qu'elle l'avoit bouté hors d'une grande suspection. Si s'en alla à l'hostel remercier Dieu et faire grant chère à sa femme, reçeut l'enfant comme le sien, nonobstant qu'il ne luy fust rien.

En ceste Facécie est donnée à congnoistre aux hommes mariez qui ont jeunes femmes qu'ilz ne soyent point desirans ne envieux de aller aux loingtains voyaiges, au moins pour y demeurer longuement, car par l'ennuy de leur demeure leurs femmes pourroyent faire ainsi que celle qui porta l'enfant douze moys à la façon et mode des asnes.

LXXI.

⁋ Une folle demande que fist ung Prestre en plain sermon,

Et commence au latin :
Juxta portam Perusinam, etc.

Jouxte la porte Pérusienne est l'église de Monsieur sainct Marc, en laquelle y avoit ung Chapellain à la nouvelle façon, qui, après le Karesme passé, le jour sainct Marc qui estoit leur principalle feste, fist ung sermon en la fin duquel il dist à ses parroissiens, qui là estoyent pour l'escouter : « O vous tous, mes amys, il est vray
« que durant ceste Quadragésime vous estes tous
« et toutes venus à moy à confesse, et n'y a celluy
« de qui je n'aye ouy la confession, mais toutes
« foys je suis en une doubte, de laquelle je vueil
« que vous me ostez. Premièrement toutes les
« femmes en général me ont dit qu'elles ont gardé
« inviolablement la foy de leur mariage sans faul-
« cetez faire à leurs maris ; d'aultre part les
« hommes m'ont tous confessé qu'il n'y a celluy

« qui ne l'ait faulcé et congneu aultre femme que
« la sienne. Ainsi je demande que sont celles fem-
« mes avecques lesquelles ces hommes se sont
« jouez. » Ceste question ne luy fut point respondue, pour la cause du débat qui s'en pouvoit ensuivir, et pour tant que toutes les femmes soustenoient qu'elles fussent toutes preudes femmes, et n'y eust controversie, sinon entre elles et leurs marys après qu'ilz furent à l'hostel, et n'y eust celle qui ne fist de la jalouse de son mary.

LXXII.

De celluy qui se repentit de avoir donné
à sa femme une robe de trop
grant prix,

Et commence au latin :
Querebatur vir, etc.

Si nous dit Poge qu'il y eut jadis ung homme lequel fut amoureux d'une femme et de fait la print en mariage selon ce que les motz de l'escripture peuvent sonner. Toutes foys ceste femme estoit fort mondaine, desiroit estre fort bien vestue et parée et si aymoit le desduit d'amours. Et pour ce le sire, qui en fut au premier beau et ung petit mon amy, luy donna une bonne robbe et riche, qui luy cousta beaucoup d'argent, dont après il s'en repentit ; car, ainsi que le texte le met, après ce don faict cestuy homme se complaignit à sa femme, et luy dist : « Je t'ay donné une robe bien chère, et si ne m'as « encores guères servy ; jamais je ne te habitay » fois que il ne m'en coustast plus d'ung escu. » Lors

respondit la femme : « De cela je ne puis mais;
« il procède de ta faulte d'avoir esté si paresseulx
« de coucher avecques moy, ou, quant tu y estoyes
« couché, que ne le me faisois tu tant de fois qu'il
« ne te eust pas cousté ung tournois ? N'en donne
« blasme que à toy mesmes ; je ne t'en ay pas es-
« condit. » Ainsi fut le povre homme confus, qui
ne sçeut plus que respondre mais demoura tout
honteux.

En ceste Facécie est à noter, comme dit monseigneur Sainct Bernard, que de femme desirante superfluité d'abitz sumptueux et oultre son estat n'est point voulentiers juste et honneste en couraige ; oultre y est bien à noter la folie de aulcuns hommes qui, pour obéyr à la folle volenté d'une femme qui desire estre parée magnificquement et plus que à elle ne appartient, exposent tant du leur que en la fin ilz s'en repentent quant ilz congnoissent leur follie et leur grande prodigalité.

LXXIII.

℃ La vision de François Philelphe
jaloux de sa femme,

Et commence au latin :
Franciscus Philelphus zelotipus, etc.

FRANÇOYS Philelphe fut ung moult grant, riche et très puissant homme, lequel avoit espousé une moult belle jeune femme, de laquelle, à la manière des Lombardz, il estoit tant jaloux que n'avoit bien ne nuit, ne jour, mais à toutes heures sans reposer estoit gardant que il ne la trouvast avecques aultre homme. Mesmement, quant il estoit couché avecques elle, s'en doubtoit-il. Or est ainsi que, selon les saiges philosophes, les choses, à quoy en veillant nous avons plus nostre solicitude et sus quoy le plus tourne nostre couraige, souventes foys accourent et viennent à nostre fantasme en dormant, si le que le fantasme de l'homme, qui discort toujours, les assemble aulcunes foys tellement que en dormant son entendement juge veoir aulcunes choses, ainsi que à Françoys Philelphe, lequel à toutes heures pensoit par jalousie à sa femme. Une nuit fut que en dormant advis luy fut que il vit ung grant Dyable qui luy polliçoit et affermoyt la sécurité et preudhommie de sa femme, en luy disant que, se il vouloit donner quelque don, il luy bailleroit telle chose par quoy à tousjours mais tu en pourroys estre assuré. Et fut advis à François Philelphe réallement qu'il avoit marchandé avecques le dit Dyable, lequel, après le marché faict, luy dit : « Tien, voicy ung anneau ; pren le et le boute diligamment en ton doy en bien le gardant, car saiches que, tant que tu auras le doy dedans, jamais ta femme ne habitera ne couchera avecques aultre homme tant que tu ne le saiches bien. » Adoncques, sur ce point de la joye que Françoys Philelphe print en son songe, cuydant avoir ce bon remède du Dyable, s'esveilla et trouva qu'il avoit son doy dedans le lieu secret de sa femme, qui estoit couchée auprès de luy. Après congneut le dict François Philelphe que ce estoit le souverain remède aux jaloux de tousjours tenir le doy en celluy anneau affin que leurs femmes à leur desçeu ne couchent avecques aultres hommes.

En ceste Facécie est reprouvé ung très grant vice, qui peult advenir aussi bien à homme que à femme, c'est jalousie, qui procède d'une folle mélencolie, soit à droit ou à tort, car, si c'est à droit que l'homme soit jaloux de sa femme, pour néant s'en tempestera il, car, si elle ne le veut, il ne la sçauroit garder de faire sa voulenté ne elle aussi luy ; si c'est à tort, c'est encores plus mal fait, et peult estre ce cause d'un grant mal, et si est jugement contre la bonté de Dieu de présumer, l'ung sur l'aultre, vice qui n'est pas vray ne certain.

LXXIIII.

℃ Du buveur, qui ne voulut point
estre garry de sa soif,

Et commence au latin :
Quidam vir potator egregius, etc.

IL y avoit ung moult notable buveur de vin à Romme, lequel cheut en une fièvre, à l'occasion du temps chault et du vin, que l'embrasoit tellement que, à l'occasion de la fièvre et de la soif qui tousjours luy estoit continuelle et augmenta, furent mandez les Médecins pour luy recouvrer sa santé, lesquelz Médecins, si tost qu'ilz furent venus, dirent qu'il n'y auroit pas si grant peine ne travail à oster la fièvre et la soif tout ensemble : « Ho ho », dist le malade, « Messeigneurs les Médecins, regardez que vous ferez. Je vueil que vous me ostez la fièvre tout seullement ; mais que la fièvre soit ostée, laissez-moy la soif ; je m'en guariray bien, se il y a point de bon vin en ceste ville. » Adoncques les Médecins, quant ilz eurent ouy la response et le couraige du malade, ilz commencèrent à dire et bien entendirent que c'estoit ung bon buvant et que il avoit tout son couraige au vin.

En ceste Facécie est monstré que c'est à une personne de mettre son cueur en félicité à yvrongnerie et comment il y a grant dangier, ce despuis que une foys il est mis en grant peine, jamais l'on peust en oster, ainsi que le malade qui estoit en fièvre périlleuse, et toutes foys il ne vouloit pas qu'on luy ostast la soif et la grant altération, qui estoit augmentative de sa douleur et la première chose qu'on luy deust oster, mais seullement desiroit estre sus bout pour aller, avecques sa grande soif que il avoit, boire à la taverne du bon vin que tant il aymoit.

LXXV.

ℂ Du Cardinal qui fut éventé du cul,

Et commence au latin :
Cardinalis de Comitibus, etc.

Une lignée estoit en la cité de Romme nommée *les Comtes*, desquelz y en avoit ung qui estoit Cardinal en l'Eglise Rommaine. Or aymoit bien cestuy Cardinal le desduyt de la venaison et alloit bien souvent chasser, non obstant que il fut grant homme et corpulent. Advint une foys que cestuy Cardinal et ses gens estoyent allez chasser et avoyent mené ung Escripvain Apostolique, nommé Cunrad Le Loup, et, aprèz que ilz eurent aulcun peu travaillé, le Cardinal, qui fut lassé et à qui il print voulenté de manger, il voulut descendre en une maison pour se refreschir et disner. Ainsi, quant il fut descendu, tout ardant et plain de sueur, en entrant en sa chambre, il dist que on luy fist du vent entour luy avec une flabelle ; c'est comme une esventoyre de verges. Or estoient tous ses gens empeschez à luy faire à disner, fors cestuy Escripvain, qui dist : « Seigneur, je ne scay pas la manière de faire ce vent, par quoy je ne le vous puis faire. — Si feras » dist le Cardinal ; « fays m'en ainsi que tu scéz et que tu as manière de faire. » Lors ce Maistre Escripvain, qui estoit assez hardy, haulsa la jambe et fist ung très gros pet et dist : « Seigneur, velà la flabelle de quoy j'ai tousjours accoustumé de faire vent et esventer ; prenez à gré, se il vous plaist. » Adoncques plusieurs des serviteurs, qui là estoient arrivez, ouyrent ce cas, furent tous esmeuz à rire, mesmement le Cardinal, qui se veit estre happé.

En ceste Facécie n'y a point de sens moral, mais est monstré seullement que c'est simplesse à ung homme de bien de soy faire servir à ung serviteur et homme non aprins et qui ne congnoist ce qu'il doist faire ; car c'est grant advanture s'il fait rien qui soit à point, ainsi que l'Escripvain qui devoit esventer le Cardinal de la flabelle et il l'esventa du cul, ainsi qu'il avoit acoustumé de faire.

LXXVI.

⁋ De celluy qui fut déçeu en escripvant
à sa femme,

Et commence au latin :
Francisco de Ortano, Equiti, etc.

FRANÇOYS de Ortana fut ung gentil Chevalier et de très-noble couraige, auquel ung Roy, nommé Ladislaus, avoit donné la Prévosté de Péruse, qui luy valloit beaucoup de revenu tous les ans, avecques les gaiges ordinaires de Homme d'armes ; mais, non obstant ce, estoit-il si bon compaignon, adventureux et magnifique, que, oultre tous ses gaiges et revenu, au bout de l'an il devoit tousjours moult grant somme d'argent de retour. Or estoit ce dict Chevalier natif de la ville de Gennes et là avoit sa femme demourante. Ce dict Chevalier, à ung voyaige qu'il avoit faict pour aller veoir sa femme en la dicte ville de Gennes, emprunta à ung Marchand Genevoys une grande somme de pécune et promist et jura au dict Marchant rendre toute icelle somme d'argent dedans ung certain jour ensuyvant qu'il retourneroit de sa garnison, laquelle estoit pour l'heure à Péruse et qu'il auroit reçu ses gaiges. Ainsi, quant cestuy argent fut prins et emprunté, Françoys, le gentil et honneste Chevalier, print congé de sa femme et puis s'en alla à Péruse, là où il fut si longuement que le terme passa qu'il devoit retourner, et ennuya à la femme, encore plus au Marchant, lequel avoit presté sa pécune, et souvent alloit à la maison du dict Françoys sçavoir s'on avoit point ouy nouvelles de luy. Si conclurent la femme de Françoys et le dict Marchant de lui rescripre affin qu'il se hastast de retourner. Ainsi la femme et le Marchant firent leurs lettres, qui furent envoyées à Françoys, lequel eust aussi bien aymé qu'on luy eust dit de bouche. Toutes foys regarda il dedans, et trouva en celle de sa femme comme elle se recommandoit à luy et prioit très-humblement et très-instamment qu'il s'en retournast vers elle pour payer le tribut de mariage, car il luy ennuyoit ; de l'aultre part, ès lettres du Marchant, il mettoit qu'il estoit mal content qu'il ne le payoit et qu'il vouloit estre payé. Adonc fut Françoys tout estonné, car il n'avoit point d'argent pour retourner payer son créditeur. Si advisa que, pour prendre encores une dilation, mais rescriproit à sa femme et au Marchant en se excusant vers eulx. Pourtant alla il escripre, et mist dedans les lettres qu'il envoyoit à sa femme qu'elle print en pacience et que au retour il feroit si bien son devoir envers elle qu'elle seroit contente. Avecques ce plusieurs aultres doulces parolles d'amours et blandissantes y mist, entre lesquelles estoit que à son retour il la serviroit tant de foys et en tant de manières qu'elle seroit contente des arrérages du temps qu'il estoit et avoit esté absent. En celles du Marchant mettoit toutes parolles et excuses assez piteuses comme de dire qu'il estoit fort empesché pour la guerre qu'il avoit eue des infortunes, tant de maladies que de perte, et qu'il luy pleust avoir patience, et, au premier voyage qu'il feroit, il le payeroit et contenteroit tout à son gré. Doncques furent les lettres du dict Françoys escriptes et closes, toutes prestes de signer et escripre dessus pour sçavoir lesquelles se adresseroyent au Marchant et lesquelles à la femme, là où fut la faulte ; car, sus celles de la femme signa que on les baillast au Marchant et aussi sus celle du Marchant qu'on les baillast à sa femme, et ainsi fut fait par le Messaigier qui les eut à porter. Quant la femme ouvrit les lettres que son mary luy envoyoit, faisant mention des infortunes et toutes choses piteuses, sans respondre de rien à ce qu'elle luy avoit rescript, elle fut fort esbahye ; d'aultre part, le Marchant encores plus, en voyant ces lettres qui ne parloyent que d'amours et d'habitation naturelle, avecques ce de l'article où il mettoit qu'il la chevaulcheroit tant de foys et en tant de manières qu'elle vouldroit. Si dist que le Dyable eust part à la belle chevaulcherie et qu'il estoit bien chevauché d'avoir ainsi baillé son argent pour en estre si mal payé. Avecques ce, cuidant que celles lettres luy eust envoyées par mocquerie, s'en alla par devers le Roy et les luy monstra, lequel rist moult quant il les vit, avecques ce de veoir le Marchant se demener et disant tousjours qu'il estoit bien chevauché, mais encores furent le Roy et tous les assistens plus esmeus à rire quant ilz congneurent l'erreur des lettres.

En ceste Facécie n'y a point de sens moral, mais y est monstré comme ung homme qui fait lettres missives contenantes diverses choses, quant il en a commencé unes, il les doit achever de tous pointz au devant de faire les aultres, ou y prendre si bien garde qu'il n'en soit point déçeu ainsi que Françoys, qui signa les lettres du Marchant pour bailler à sa femme, et par opposite celles de sa femme pour bailler au Marchant.

LXXVII.

℃ Le testament d'ung ancien homme
fait à sa femme,

Et commence au latin :
Petrus Masini, etc.

EN la cité de Florence, dont estoit Poge, il fut ung vieil homme, nommé Pierre Masin, homme tout rigoureulx et mordax en langaige, lequel à la fin de ses jours, voyant que plus vivre il ne pouvoit, appella les testificateurs et le Notaire pour passer son testament et dernière voulenté, auquel testament il ne laissa aulcune chose à sa femme fors ce que par son douaire il luy appartenoit, dont elle fut fort mal contente et vint plourer devant luy, disant que mal faisoit qu'il ne luy laissoit aulcune chose, dont en sa vieillesse elle se peust ayder. Lors Pierre, qui jamais ne l'avoit gueres prisé, dist : « Appellés les Notaires et témoings affin que aulcune chose soit laissée à ma femme. » Ainsi furent soubdainement appellez les Notaires et les tesmoingz, auxquelz, présente la femme, Pierre se retourna et dist : « Voyez cy ceste femme ; elle me moleste et tempeste que je ne luy laisse aucune chose à mon testament oultre son douaire. Toutes foys je luy vueil satisfaire, et, affin que vous en soyez tesmoingz, en vostre présence je luy laisse les parties de embas la plus puante et la plus large que aultre femme de cette cité. » Par ce dit furent tous les auditeurs esmeus à rire, qui s'en allèrent et apperçeurent bien que Pierre le faisoit par mocquerie de sa femme, laquelle fut très-mal contente de la responce de son mary.

En ceste Facécie est monstré une punition que les maulvaises femmes ont aulcunes foys de leurs marys quant elles se sont mal gouvernées et que leurs marys les ont mal corrigées. Et en la fin ilz les égènent et privent de tous leurs biens, fors de ce que par contraincte elles doyvent avoir ; encores, si leurs marys leur pouvoyent oster, voulentiers le feroyent.

LXXVIII.

℃ De la femme qui se conseilla à ung
Confesseur pour avoir des
enfans

Et commence :
Zucarus fuit, etc.

UNG Secrétaire de la Court Rommaine, nommé Zucarus, homme sus tous aultres urbain et plain de grant doulceur, lequel vouloit racompter que une belle et gracieuse femme, sienne voysine, fut, qui ne pouvoit avoir des enfans et estoit comme stérile, dont grant mal luy faisoit. Si advisa ceste pouvre femme, qui n'estoit pas des plus fort cauteleuses, qu'elle demanderoit conseil à ung sien Confesseur, qu'elle avoit familier, pour sçavoir s'il congnoissoit point aulcune médecine pour avoir des enfans, et de fait plusieurs fois luy demanda, tant que le pouvre Prestre, voyant la beaulté de ceste femme, l'innocence d'elle et le grant desir qu'elle avoit de porter enfans, fut tempté de la décepvoir, avecques le Diable qui esmeut nature, et luy dist le Prestre : « Dame, vous me demandez que je vous enseigne « de avoir des enfans. J'ay des livres beaucoup et « congnoys bien comment vous en pourrez avoir ; « mais il fault attendre jusques à Jeudy que le temps « sera bon et bien disposé. Vous viendrez secret- « tement, et que personne ne vous voye, en ma « chambre, et gardez que vous n'en parlez à per- « sonne qui vive, ou aultrement tout ne vauldroit « riens, et alors je vous montreray le moyen d'a- « voir des enfans. » Ceste chose accorda la pouvre et simple femme, à qui il ne chailloit qu'elle fist, fors qu'elle peust concepvoir, et si ne pensoit que à la bonne foy.

Et de fait, au jour assigné, la cupiditive de avoir des enfans vint en la chambre du Prestre, lequel luy dist : « M'amye, si vous voulez avoir des en- « fans, il est force que je use entour vous de en- « chantemens, et vous sera advis que je vous face « ce que je ne vous feray pas, et pourtant fault il « que vous ayez ferme constance de couraige, et « ne croyez pas que ce que je vous feray soit vray « combien que le sentiés, car c'est enchante- « ment et illusion. Je vous dy, pour tout vray, « que il vous sera advis que je vous baise et que

« je vous acolle, et aussi que je vous face encores
« de choses plus secrettes et les jeux de plaisance
« ainsi que vostre mary a eu de coustume de vous
« faire ; toutes foys je ne le feray pas et si n'en
« sera riens, je vous asseure, mais il le vous sem-
« blera par la vertu des parolles et attouchemens
« dont il fault user sur vous, qui sont tant efficaces
« que par elle il semble estre ce qui n'est pas. »

Ceste chose consentit ladicte pouvre simple femme, confidente aux parolles du Prestre, et promist de faire tout ce qu'il luy plairoit. Adoncques ledict Prestre, pour faire son cas, commença à faire plusieurs et divers signes et dire en l'oreille de la femme aulcunes secrettes parolles, que elle cuydoit estre enchantées. Après ce commença à la baiser, coucher dessus le lict et luy faire plusieurs attouchemens, dont la pouvre femme, craignante et toute paoureuse, luy demanda : « Monseigneur, « hélas, que faictes-vous ? » Et il luy dist : « Ma « dame, ne vous ay-je pas dit devant qu'il vous « seroit advis que je vous feroye plusieurs choses « de quoy il n'est rien, et pour tant n'y pensez « point. » Et ainsi abusa le Prestre la bonne povre femme, crédule aux parolles de luy, et puis s'en retourna en sa maison, déçeue par la faulceté du Prestre où elle se fioit.

En ceste Facécie est monstré une falace, par laquelle sont déçeuz mains simples gens, quant ilz vont quérir conseil à quelque ung à qui ilz ont confidence, et celluy, par persuasions et donner faux à entendre le droit, ainsi comme le Prestre qui déçeut la fille de confession, laquelle, de sa simplesse et imbécilité, en bonne confidence s'en alloit conseiller à luy affin que il luy donnast enseignement pour avoir des enfans; soubz umbre de bien la conseiller il la décepvoit en luy faisant croire tout le contraire que c'estoit vray.

LXXIX.

☙ D'ung Hermite qui congneut plusieurs
femmes soubz umbre de
confession,

Et commence au latin :
Heremita, etc.

AUPRÈS de la cité de Pade il y avoit ung Hermite, lequel par son ypocrisie il avoit tant séduit et trompé, abusé le peuple que chascun croyoit fermement et seurement qu'il feust sainct homme, et fut au temps de Françoys, septiesme Duc de Patave. Ainsi, quant la renommée de cestuy Hermite fut creue, il n'y avoit celluy qui, pour sa bonne doctrine et saincteté, ne se voulsist aller reconseiller et confesser à luy, et spéciallement les femmes, voire toutes les plus nobles, tellement que, soubz espèce et aussi couleur de confession, il en congneut plusieurs en luxure. Et, parce que nostre Seigneur Jésucrist ne peut permettre ne peut souffrir une ypocrisie estre tousjours célée, finablement fut ledit péché

descouvert, et en courut la renommée jusques au
Prévost, lequel fit prendre et apréhender l'Hermite
Après plusieurs maux confessés, fut mené devers
Françoys, Duc du dict pays, que, pour mettre les
maux de l'Hermite en escript, fit venir son Secrétaire, lequel, par manière de joyeuseté, demandoit
au dict Hermite plusieurs choses joyeuses et entre
les aultres les noms des femmes qu'il avoit congneues, si que ledict Hermite confessa avoir cong-
neu plusieurs de celles aux familiers et domesticques du Duc Françoys, dont le Secrétaire n'en
fut pas marry, mais s'en resjouissoit affin de se
farcer des aultres, dont il avoit bonne cause, car,
quant vint à la fin qu'il eut bien escript tous les
noms de celles que l'Hermite avoit nommées, si
qu'il sembloit que c'étoit tout, le Secrétaire voulut
encores enquérir se plus en y avoit, et si menassa
l'Hermite que se il luy céloit aulcune femme, qu'il
luy feroit desplaisir. Adoncques l'Hermite qui se
veit ainsi menasser, dist : « Secrétaire, puis que
« tu veux sçavoir tous les noms des femmes que
« j'ay congneues, avecques toutes les aultres que tu
« as escriptes, escry hardyment la tienne et
« l'adjouste au nombre des aultres. » Par ce dit fut
tant courroucé le Secrétaire que de la grant douleur la plume luy cheut des mains. Et le Duc, qui

estoit là, fut plain de ris et commença de dire :
« Voicy ung juste fait que celluy, qui de sa grande
« voulenté oyoit les macules des aultres, soit ad-
« jousté en la compaignie d'iceulx. »

En ceste Facécie y a ung très-bon sens moral pour ceulx qui veullent despriser aultruy et sont bien ayses quand ilz oyent dire quelque macule sus leur prochain pour les despriser, et ne regardent pas qu'ilz en ont autant et plus sur eulx, ainsi que le Secrétaire, qui vouloit sçavoir les noms des femmes qui se estoyent mal portées avecques l'Hermite pour despriser leurs marys, et toutes foys la sienne n'en avoit pas moins. Ainsi appert que voulentiers ung railleur et despriseur d'aultruy est souventes foys le plus raillé et tousjours le plus desprisé.

LXXX.

☙ D'ung jeune Florentin qui congneut
la femme de son père,

Et commence :
Florentinus juvenis quidam, etc.

A Florence y eut ung Bourgoys, lequel de sa première femme avoit ung beau jeune fils, qui, voyant la beaulté de sa marastre, c'est assavoir de la seconde femme que son père avoit espousée, et fut surprins de l'amour d'elle tellement que par admonitions il fist tant envers elle qu'elle se consentit que il fist ce que son père devoit faire, si que, après cest appointement faict, ilz firent leurs besongnes ensemble au mieulx et le plus secrettement que ils peurent. Toutes foys ne sçeurent ilz si bien faire et céler leur cas que il ne fust sçeu, car, ainsi qu'ilz estoient au labouraige, le père survint, qui trouva sa femme soubz son fils, dont fut moult esbahy pour la nouvelleté de la chose, qui estoit indigne, que ung

filz touchast à la femme de son père. Ainsi ce père, tout indigné, commença tellement à crier et tempester, en voulant tuer son filz et sa femme, se il eust esté le plus fort ; mais le filz estoit jeune, grant et puissant, qui gardoit la fureur du père, excepté des parolles noysives, qui furent si grandes que les voysins s'i assemblèrent en demandant la cause de la discention ; mais le père, ne la femme, pour l'honneur de la maison ne l'osèrent dire, fors que le filz estoit maulvais, ce disoit le père, et avoit tort. Le filz à l'oposite disoit que non, si que finalement, par les parolles injurieuses que le père proféroit, le filz commença à dire devant tous : « Comme suis-je coulpable ? Voicy mon
« père, qui, comme indiscret et à la congnoissance
« de chascun, a mille foys sanglé le bas à ma
« mère sans que je luy en disse aulcune chose, et
« maintenant, se j'ay faict ung plaisir à sa femme
« le plus secrettement que j'ay peu et dont je me
« taisoye, il s'en tempeste et démène tant que il semble
« que le ciel en soit tout remply des clameurs,
« et crie comme ung enraigé. » Lors le père mesme, nonobstant son dueil, et tous les assistens commencèrent à rire de la joyeuse responce du filz, et consolèrent le père au mieulx qu'ils le peurent consoler.

En ceste Facécie n'y a pas grant sens figuratif, mais y est monstré ung grant vice dont en plusieurs escriptures est faicte mention d'aulcunes faulces noverques, qui sont tant incontinentes et impudicques que, mesmes avecques les enfans de leurs marys, veullent communiquer, ainsi que celle dont est faicte icy dessus mention.

LXXXI.

❡ Du jeune sot qui ne sçeut trouver le
lieu pour habiter sa femme
la première nuyt,

Et commence :
Adolescens Bononiensis, etc.

NG jeune adolescent, simple de sens, fut à Boulongne, auquel les parens firent espouser une très belle jeune jouvencelle, qui estoit beaucoup plus subtille et advisée que son mary, qui moult estoit lourt et sot, ainsi comme bien le monstra. Car, quant vint la première nuyt des nopces et que l'espoux et l'espousée furent couchez ensemble, le povre sotouart, ignare et incongnoissant de ce qu'il failloit faire autour une femme, car jamais n'avoit congneu femme, ne consomma point le mariage pour celle nuyt, dont la fille, qui peut estre congnoissoit bien le cas, fut fort mal contente et voulentiers luy eust monttré ce qu'il devoit faire, si ce n'eust esté honte féminale qui la tenoit. Ainsi se passa celle nuyt sans riens faire, et quant vint au matin, l'ung des compaignons au marié luy demanda comme tout estoit porté, et le pouvre sot, tout courroucé, respondit que mal et qu'il n'avoit sçeu trouver le lieu pour embourrer le bas à sa femme et que à son advis elle n'en avoit point. « O, » dist le compaignon, voyant la sottie, « mon amy, garde ta honte. Si « les gens sçavoyent que tu ne luy eusses rien fait, « tu seroys deshonnoré. Oultre peult estre que elle « n'a pas encores le lieu propre à ce faire ; mais, « pour te faire plaisir, je sçay mieux que c'est de « telles choses que toy. Si tu me veulx mettre à « coucher secrettement avecques elle, d'icy à huit « jours je t'y feray si bonne entrée en son logis « que tu trouveras bien le chemin pour y entrer. »

A ce faire se consentit et accorda le meschant sot, qui secrettement enferma son compaignon en sa chambre, et, puis après que tout fut couché, se leva d'auprès sa femme et fist aller coucher son compaignon à sa place, qui ne différa point à besongner à ses pièces avecques la jeune fille, qui bien entendit la sottie de son mary et bien endura que ainsi fust, encores toutes joyeuse, et cependant le povre sot estoit couché sus une couchette. Ainsi fut prinse la conclusion entre le compaignon et la fille que jusques à huit jours il seroit lieutenant de son mary pour faire une voye aux connings, et de fait en ceste façon et manière passèrent les huit jours, lesquelz quant ilz furent passéz, le povre nièz s'en alla coucher avecques sa femme, qui moult luy loua l'ovraige de son compaignon, disant qu'il avoit eu moult grant peine et fort sué à percer le vaisseau dessusdict, et pour tant luy en rendit ledict mary grâces et luy paya le vin très-bien à son soupper.

En ceste Facécie n'a point de sens moral, mais seullement y est monstrée une bénivolence de ung homme, c'est d'estre si simple que bailler sa femme à percer, laquelle chose ne feroient pas beaucoup de gens, tesmoingz ceux qui cecy verront.

LXXXII.

☛ D'ung montaignoys qui refusoit une fille
pource qu'elle estoit trop jeune,

Et commence au latin :
Cupiebat, etc.

Aux montaignes de Savoye y a ung Chasteau, ou a esté aultresfoys, et que on appelloit Bulla, duquel ung sot homme montènoys voulut avoir la fille de ung aultre homme, qui demouroit à ung village près de là, pource qu'on avoit dict à cestuy homme montènoys que ceste fille avoit moult beau mariage. Pource l'alla il demander et veoir ; mais, quant il la vit, pource qu'elle luy sembla trop jeune, il fut remis et fist difficulté comme de ne la vouloir avoir. Adoncques le père de la fille luy demanda qu'il vouloit dire et quelle difficulté il faisoit ; le montènoys respondit que il ne faisoit difficulté d'aultre chose sinon qu'elle estoit trop jeune et tendre pour marier. « Quoy, » dist le père, « craignez-vous

« cela ? Ne le craignez point, car sachez qu'elle n'est
« pas si jeune ni si tendre que le Clerc de nostre
« Prestre ne luy ait fait trois enfans que a euz. »
Lors fut ledict montènoys plus descouraigé que
jamais, car le père luy alléguoit ung accident en sa
fille, qui n'estoit pas bon pour aider à faire le marché ; pour tant s'en retourna sans marchander.

En ceste Facécie est monstré une des déceptions de mariage, car aulcunes foys tel cuyde prendre sa femme pucelle qui bien la prent aultre, ce qu'il ne feroit pas quant on luy diroit ainsi que dist le père de la fille, qui dist au montènoys qu'elle avoit eu trois enfans du Clerc au Curé de la Ville, ce que beaucoup de gens ne diroient pas de leur fille, et en eust elle eu demye douzeine.

LXXXIII.

ℭ De celluy qui fist manger au Prestre la disme des estrons de sa femme

Et commence au latin :
Brugis ea nobis etc.

BRUGE est une moult noble cité ès parties d'Occident en laquelle fut une très-belle jeune femme, non pas des plus malicieuses, qui fut au païs, laquelle s'en alla confesser au Curé ou au Chapellain de la parroisse, qui estoit ung fin et ung peu bas devant. Et ledict Prestre, voyant la simplesse de ceste jeune femme, entre les aultres péchez luy demanda se elle avoit payé le disme de tous ses fruitz, semences et opérations, à Dieu, spécialement s'elle avoit payé le disme de autant de fois qu'elle avoit esté avecques son mary. Ceste pouvre femme respondit que non. « O, » dist le Curé, « m'amye, c'est sur peine de dampnation. « Il faut que vous me le payez, mais je vous feray « bon marché des arrérages. Vous viendrés « maintenant en ma chambre et, par ung marché

« que nous ferons, vous et moy, je vous en quit-
« teray ; puis doresnavant vous prendrez garde au
« compte, et si viendrés payer tout ce que vous
« devrés. » Ceste pouvre simple sotte creut ce
que son Curé luy disoit estre vray ; alla à sa chambre et paya pour les arrérages ce que le Curé en
voulut, tout sans retourner en sa maison, dont
son mary fut bien esbahy, qui ne sçavoit que ceste
femme estoit devenue, laquelle enfin revint.

Et si luy demanda son mary qui tant l'avoit tenue, et celle, que n'y pensoit qu'à la bonne foy,
respondit : « Mon amy, je viens de confesser et
« payer noz dismes. Nostre Curé m'a demandé se
« je n'avoye point payé le disme de tant de foys
« que vous avez couché avecques moy ; je luy ay
« respondu que non, et il m'a dit que il falloit
« que je le payasse sur peine de dampnation ;
« ainsi je luy suis allé payer. — O, » dist le mary
qui bien entendit la déception, « m'amye, c'est
« bien fait, et, puisque nous sommes quittes à luy
« du temps passé, il le nous fault avoir à soupper,
« mais je vueil que aujourd'huy, quant vous yrés
« au retraict, vous facez vostre aysement dedans une
« jatte avecques le mien. — Et bien, » dist la pouvre femme, qui ainsi le fist sans penser à nul mal.

Après le mary, sans faire aulcun semblant,

s'en alla devers le dict Curé et le semonnit pour souper avecques luy en sa maison. Le Curé, qui ne cuydoit pas que la femme eust esté si sotte de avoir dit ce cas à son mary, y alla soupper, et, tantost qu'ilz furent assis à table, le mary commença à parler de ces payemens et remercier le Curé en disant : « Monsieur mon Curé, pource « que ma femme m'a dit que vous devez avoir « disme de ce que nous faisons, et que vous avez « prins le disme des foys que je l'ay habitée, aussi « veulx je que de noz estrons vous ayez le disme. » Et alors le mary, qui avoit le vaisseau où luy et sa femme avoyent fait leur aysement, print à force le Curé et luy fist menger et boire ce que estoit dedans pour sa disme.

En ceste Facécie peult estre notée la maulvaistié d'ung maulvais conseiller que, soubz umbre de vérité, donne entendre aulcune faulceté, comme le Curé que, soubz umbre de confession et de payer et acquitter la décime, déçeut la pouvre simple femme qui adjousta foy à ses ditz.

LXXXIIII.

☾ D'ung Florentin qui devoit espouser
la fille d'une veufve,

Et commence :
Florentinus qui, etc.

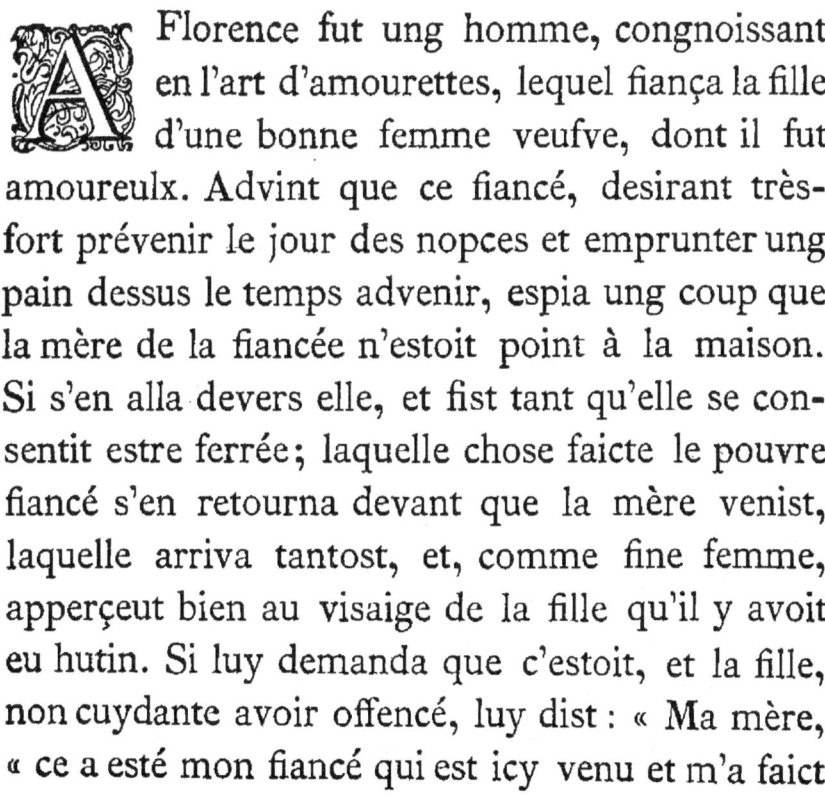Florence fut ung homme, congnoissant en l'art d'amourettes, lequel fiança la fille d'une bonne femme veufve, dont il fut amoureulx. Advint que ce fiancé, desirant très-fort prévenir le jour des nopces et emprunter ung pain dessus le temps advenir, espia ung coup que la mère de la fiancée n'estoit point à la maison. Si s'en alla devers elle, et fist tant qu'elle se consentit estre ferrée; laquelle chose faicte le pouvre fiancé s'en retourna devant que la mère venist, laquelle arriva tantost, et, comme fine femme, apperçeut bien au visaige de la fille qu'il y avoit eu hutin. Si luy demanda que c'estoit, et la fille, non cuydante avoir offencé, luy dist : « Ma mère, « ce a esté mon fiancé qui est icy venu et m'a faict

« ce qu'il luy a pleu. — O », dist la mère, « chienne
« mastine, l'a-tu faict ? Tu as deshonnoré nostre
« maison. Je jure Dieu que jamais le mariage ne
« me sera plaisant ne agréable, mais, en tant com-
« me je pourray, me efforceray de le destourber
« et corrompre. »

Advint par aulcuns jours après que cestuy fiancé
retourna veoir sa fiancée, laquelle trouva moult
triste et courroucée. Si luy demanda que elle avoit
et elle luy dist : « Ce a esté ma mère qui a juré
« que nostre mariage ne se consommera point, en
« despit de ce que je luy confessay dès hyer que
« vous me adviez fait cela, et dit résolutèrement
« que jamais vous ne me espouserés — O, » fist
ledict fiancé, « ma doulce amye, je ne vueil pas
« débatre sa voulenté, mais ung aultre ne vous
« pourroit espouser si nous ne desfesons ce que
« nous deux avons fait. Parquoy, pour le def-
« faire, à l'aultre foys vous fustes dessoubz, à
« ceste foys fault que vous soiez dessus, affin que
« par faict contraire la dissolution du mariage soit
« faicte. » Et à ce consentit la jeune fille, et par ce
fut le mariage desparty.

Après se print l'homme à une aultre fille et la
fille à ung aultre mary, si que aux nopces de
l'homme fut ceste fille, et, ainsi qu'ilz estoient à

table, en se entreregardant par souvenance des faitz du temps passé ne se peurent tenir de soubzrire l'ung à l'aultre, ce que bien apperçeut l'espousée du jour, qui en eut mal à la teste et ne oublia pas que, quant vint au soir, elle ne demandast à son espoux pourquoy c'estoit qu'il rioit à la fille que aultrefoys il avoit fiancée, et le contraignit tellement que il fut content de luy narrer le cas, et luy dist : « M'amye, il est vray que, du temps que
« j'estoye son fiancé, je l'alay veoir une foys, ce« pendant que sa mère estoit à l'esglise, et de fait
« je luy feiz cela, mais la meschante sotte qu'elle
« estoit ne le sçeut oncques celler à sa mère, qui
« tant fut despitée que nostre mariage en a esté
« deffaict — O », dist l'espousée, « Dieu la maul« die comme elle a esté si desmente et si sotte
« d'avoir fait notoire à sa mère ce cas pour une
« seulle foys. Quelle nécessité estoit-il que la folle
« allast dire à sa mère se une foys luy aviez fait,
« et, par Dieu, nostre Varlet me l'a faict plus de
« cent foys ; mais jamais en ma vie à ma mère je
« n'en dis riens. » Alors se teut le mary, voyant que semblable loyer il avoit de la seconde femme comme de la première.

En ceste Facécie est monstré comme en mariage ne sçaroit jamais avoir déception, non plus que en marché de chevaulx, car tel cuyde avoir ung bon cheval qui en a ung poulsif, et aussi tel cuyde avoir une bonne preude femme qui l'a bien aultre, sans rien nommer.

LXXXV.

☾ Facécie de celluy qui voulut
estre Devin,

Et commence :
Alteri quoque, etc.

NE foys y eut à Romme ung gallant, qui estoit fin homme et contrefaisoit du Devin, donnant à entendre qu'il devinoit des choses incongneues tellement que, entre les simples gens à qui il apparoissoit en aulcunes choses, ce gallant acquist bruit de deviner. Advint qu'il y eust ung aultre sot oultrecuydé, disant qu'il luy donneroit ung bon pot de vin s'il luy sçavoit apprendre celle science de deviner. « Vrayement », dist le Devin, qui bien apperçeut la folie de l'aultre, « ouy, mais que tu me donnes bon pris d'ar-
« gent et que tu mengeues ce que je te bailleray ;
« car, devant que ung homme puisse avoir l'enten-
« dement assez cler et ouvert pour deviner, il est
« requis que il soit clarifié, ce qui se fait en pre-
« nant d'une sorte de pilulles confites de toutes

« choses requises à ce cas. » Le pouvre sotouart respondit qu'il donneroit argent sur le champ et qu'il mangeroit tout ce qu'on luy bailleroit, et de fait tira son argent et le bailla. Ainsi ledict Devin s'en alla prendre ung peu de grosse urine, c'est assavoir merde, et en fist une pilulle, grosse comme une avellaine, et la vint apporter à son aprentiz, en disant : « Tien, œuvre la bouche pour manger ceste « pillule. Je te prometz que incontinent tu devine- « ras, aussi vray que l'Evangile, et sera vray le « premier mot que tu diras. » Lors ouvrit ledit sot la bouche, et luy mist l'aultre ceste pilulle dedans, et, si tost que le meschant sentit l'oudeur, il commença à vomir et à dire : « O, mon Dieu, que « est ce que tu m'as baillé ? Je suis perdu. » L'aultre luy dist : « Or devine. — Quoy », dist le sot, « c'est merde. — Par le sang bieu », dist le Devin, « tu as deviné; aussi vray que la Patenostre, tu es « desja ung maistre devin. » Ainsi fut ce meschant malheureux trompé et perdit son argent.

En ceste Facécie n'i a point de sens moral, mais y est monstré seullement la folle crédence d'ung sot homme, qui créoit que ung aultre luy peust apprendre une chose impossible, que l'aultre mesme ne sçavoit pas.

LXXXVI.

☙ D'ung Moyne qui mist son membre au pertuis d'une table,

Et commence :
In Pisceno est oppidum, Esis nomine, etc.

AU pays de Piscène a ung Chasteau nommé Esis, auquel estoit ung Moyne, nommé le Leu, qui aymoit une belle jeune pucelle, fille de l'ung de ses voysins, mais il ne pouvoit joyr d'elle ; toutes foys finablement, par continuation de prières, promesses, dons et belles persuations, fist tant qu'elle se consentit qu'il fist sa voulenté ; mais ung point y avoit qu'elle estoit fort honteuse, et si craignoit fort à attendre le coup de la lance, pource qu'elle estoit encore entière et ne sçavoit encore que c'estoit. Pour tant reculoit elle tant qu'elle pouvoit, et disoit à son Moyne qu'il avoit trop gros bois et qu'elle ne le sçavoit porter. Adonc le Moyne, pour la resconforter, luy dist : « M'amye, n'ayez point de paour ; affin que « je ne vous blesse, je prendray une table percée,

« que je mettray entre vous et moy, et ne prendrez
« du boys que ce qui passera par le pertuis de la
« table, qui n'est pas grant, à quoy vous povez bien
« congnoistre que mon boys n'est pas trop gros. »

A ce consentit la fillette, et s'en alla le Moyne
quérir une table percée, ou pertuis de laquelle il
mist son instrument, qui n'estoit point encore
en paix, jusques à ce qu'il vint à baiser la basse
pièce du harnois de la fille, ou contre de laquelle
il se enfla et devint gros tellement que le pertuis
de la table fut trop petit et fut si estroit là dedans
que le Moyne ne l'eust sçeu retirer, mais luy faisoit
si grant mal qu'il luy sembloit que on luy cou-
past, tant il avoit de douleur, et la fille, qui le
cuydoit resconforter, le baisoit et s'aprochoit de
luy tant qu'elle pouvoit, et de sa douleur aug-
mentoit. Il luy dist qu'elle print de l'eaue pour
tremper ce boys, qui estoit tant enflé, ce qu'elle
fist, et encores à peine en sortit, et si fut tout escor-
ché. Et croy que, si à tous en prenoit ainsi, il
seroit plus de chastes Religieux qu'i n'est et qui vi-
vroyent plus continemment.

En ceste Facécie est monstrée l'incontinence d'ung
Religieux qui n'a point de crainte de defflorer une vierge,
et aussi il en fut pugny, et ne permist pas Dieu que de la
chose sortist effect ainsi que la faulce et maulvaise voulenté du Moyne le desiroit.

LXXXVII.

❦ De celluy qui desira estre pompon
affin que on luy fleurist
le cul,

Et commence au latin :
Erant complures Florentiæ, etc.

DE coustume les Florentins, aux jours de feste, s'assemblent à comfabuler et dire entre eulx aulcune chose récréative. Si advint une foys qu'ilz furent assemblez plusieurs, et commencèrent à faire divers souhaitz, si que l'ung desiroit estre Roy, l'aultre Pape, et ainsi des aultres. En la fin vint ung jeune garson, assez ingénieux et plaisant en parolles, qui commença à faire son soubhait et dist qu'il vouldroit estre pompon. Et, quant les aultres ouyrent ce jeune garçon faire son souhait, ilz furent tous esbahys, et luy demandèrent pourquoy il souhaitoit estre pompon. Il respondit affin que chascun luy allast sentir le cul, car la coustume des Lombards est quant ilz leur sentent le cul pour sçavoir s'ilz sont bons. Adonc commencèrent à rire les assistens, voyans le joyeulx souhayt du garson, pour tant qu'il procédoit d'ung bon esperit.

En ceste Facécie sont raillez les souhaycteurs qui souhaictent et desirent ce qu'ilz ne peuvent, ne doivent avoir, dont le garson se farça, qui, ouyant les inutiles requestes et soubhaitz, requist d'estre pompon, affin que tous luy allassent sentir le cul.

LXXXVIII.

Du Marchant qui se vanta que jamais sa femme n'avoit fait pet au lit,

Et commence :
Mercator quidam, etc.

LA Facécie ensuyvante fait mention d'ung Marchant, lequel une foys en la présence d'ung Seigneur à qui il estoit subject se trouva, et, ainsi que Seigneurs à leur plaisir dyent souvent motz joyeulx et parolles pour rire, advint que ce Seigneur, se joant à sa femme, dist que elle avoit fait la nuit ung pet en son lict, et lors le Marchant qui ce ouyt, réputant chose infame, dist que à grant peine créoit-il que une Damoyselle fist ung pet, et dit vrayement que sa femme, qui n'estoit pas Damoyselle, n'en avoit jamais faict. Quant ce Seigneur ouyt ce Marchant ainsi collauder sa femme et soustenir que jamais n'avoit fait pet, il luy dit : « Vien çà, Marchant ; tu dis que ta femme « jamais ne fist pet. Je voys faire gaigeure à toy

« pour ung bon souper que, si tu ne luy en as
« aultres foys ouy faire, tu luy en orras faire de-
« vant que il soit trois mois. — Et vrayement »,
dist le Marchant, « je gaigeray pour le soupper. »
Ainsi fut la gageure faicte.

Après ce le Seigneur, qui estoit ung fin homme, vint à ce Marchant, et luy pria instantement qu'il luy prestast cinquante escus, ce que le Marchant ne osa reffuser par ainsi que le Seigneur les luy promettoit rendre dedans ung moys, lequel moys passé, le Marchant vint à demander sa pécune, mais il n'estoit pas prest de l'avoir, ains le supplia ledict Seigneur de rechief, tellement qu'il fut contrainct de luy en prester encores cinquante, combien que grant mal luy en fist et ne luy pleust pas ; mais, pour estre payé des premiers prestéz, il presta les aultres par ainsi que le Seigneur les luy promist rendre tous ensemble en ung aultre moys après. Toutes foys le pouvre Marchant il en estoit en si grant fantasie et malaise que il ne dormoit nuyt ne jour.

Si advint en une nuyt qu'il estoit ainsi molesté, sa femme estoit couchée auprès de luy, qui bien dormoit et avoit fort soupé au soir, et de fait elle lascha ung gros pet, dont le pouvre mary fut fort esbahy et congneut qu'il avoit perdu la gageure qu'il avoit faicte contre son Seigneur. Ainsi, quant le terme de la gaigeure fut venu, le Seigneur, qui bien sçavoit qu'il avoit donné beaucoup de soulcy au povre Marchant qui luy avoit presté son argent, l'appella et luy demanda, par foy et par serment, se il avoit point ouy péter sa femme despuis la gageure qui avoit esté entre eulx faicte. Adonc le Marchant, qui estoit homme de bonne foy, respondit que ouy et confessa avoir perdu le souper du pet, duquel soupèrent luy et le Seigneur, mais le Marchant en beut le premier. Après ce luy rendit le Seigneur son argent, et luy dist la cause et raison pourquoy il l'avoit fait.

En ceste Facécie sont reprins les paresseux et non diligens qui n'ont point de sollicitude en leur famille, car ung bon mesnager doit avoir tant de soing et de sollicitude à l'entour de ses négoces qu'on ne devroit rien faire en sa maison, pas sa femme ung pet, qu'il ne le sçeust ; mais ainsi n'estoit pas ledict Marchant, qui gagea que sa femme n'avoit jamais fait pet et le cuydoit pour tant qu'il n'en avoit rien ouy, car, incontinent qu'il estoit couché, il s'endormoit sans avoir aulcun soulcy, et pour ce luy emprunta le Gentilhomme son argent affin de luy donner soing, dont il perdit le dormir, et veillant tant qu'il oyt le pet de sa femme, dont il perdit le soupper, mais il en beut sa part.

LXXXIX.

Joyeuse manière de chasser les pouvres de ung Hospital,

Et commence :
Cardinalis Barensis, etc.

En la cité de Romme fut ung des Cardinaulx, nommé le Cardinal de Bar, natif de Naples, lequel avoit ung Hospital ès parties de France, duquel Hospital le revenu ne luy estoit grant, pour les grans despens qu'il y failloit faire à l'occasion des malades, qui chascun jour y affluoient, dont moult luy desplaisoit. De ce se complaignit à ung sien familier, lequel luy dist que très bien y mettroit remède et chasseroit tous les malades, s'il vouloit. Alors le Cardinal respondit que bien le vouloit et donna commission à son familier et luy bailla ung vicariat pour aller disposer de tout ainsi que bon luy sembleroit. Ainsi quant ce vicariat et commis fut venu à cest Hospital, il fut moult esbahy de veoir tant de malades qu'il y avoit. Si print une robbe comme d'ung Médecin et les alla visiter, faignant estre venu pour les guarir, pourquoy chascun l'appelloit pour luy monstrer sa playe, et de faict les visita tous.

Après ce, leur dist : « Mes amys, j'ay regardé
« toutes voz maladies, mais il est impossible que
« puissez estre guaris sans avoir de la gresse d'ung
« homme pour faire de l'oignement, par quoy ayez
« patience ; il faut que l'ung de vous soit mis à
« mort pour ce faire. Ainsi getteray ceste nuit
« mon sort pour sçavoir lequel ce sera que je de-
« vray prendre pour le faire bien rostir et en avoir
« la gresse, dont je feray l'ongnement pour les
« aultres, » et, ce dit, mon Médecin part du lieu. Et demourèrent tous les povres malades estonnés, cuydans que ce qu'il disoit fût vray ; si n'y eust oncques celluy, tant fust malade, qui ne s'en fouist, craignant ce sort veoir sur luy, et demoura l'Hospital vuide de toutes gens, fors des serviteurs et familiers de son hostel.

En ceste Facécie n'y a point de sens moral, mais est seulement la joyeuse subtilité que trouva ce Vicaire pour faire vuider les pouvres malades de l'hostel, qui à si grande habondance y venoient que le revenu dudict Hospital ne proffitoit en aulcune chose au Maistre d'icelluy, mais despuis proffita.

XC.

❦ D'ung Prédicateur qui preschoit le jour
de sainct Cristofle,

Et commence au latin :
Predicator ad populum in festo, etc.

Le jour de la feste Monseigneur sainct Cristofle une fois preschoit ung Prédicateur devant le peuple, exaltant les mérites du sainct par parolles tant qu'il pouvoit, et, entre les aultres privilèges et dons de grâces qu'il attribuoit à Monseigneur sainct Cristofle, c'estoit qu'il avoit porté le Créateur de tout le Monde, et, pour plus fort collauder et exalter le dict sainct, disoit en exclamant par admiration et disant : « Qui estoit celluy qui a porté ung si pesant far- « deau que sainct Cristofle, qui a porté le filz de « Dieu ? Où est celluy... Où est celluy... », et tant de fois fist ceste exclamation qu'il ennuya à une joyeulx homme, qui là estoit et respondit : « Ce fust l'asne, qui porta le filz et la mère. »

Quant la benoiste Vierge Marie s'enfouit en Égypte de paour de Hérode, qui faisoit occire les Innocens, elle estoit montée sur ung asne et portoit son filz en son giron, par quoy l'asne porta plus grant fardeau que Monseigneur sainct Cristofle, qui porta le filz seulement.

En ceste Facécie n'y a point de sens moral, mais seullement y est réprouvée la vaine et supersticieuse manière d'aulcuns Prédicateurs, trop continuans en vain propos.

XCI.

⁋ De celluy qui dist qu'il portoit
une teste de vache
en ses armes,

Et commence au latin :
Januensis onerarie navis, etc.

IL y eut à Gennes ung Patron de galée, qui, pour s'en aller sus mer, fist charger sa navire et garnir de toutes choses nécessaires. Avecques ce fist faire certains estandars et bannières pour y mettre, auxquelz estoit pourtraicte une teste de beuf. Ainsi quant le dict Patron eut faict toutes ses apprestes, il fist mettre sa navire à voguer, et firent tant que ilz vindrent arriver aux parties de Gaulle, combien que il fust envoyé pour combatre aux Anglois; mais la fortune et le vent les fist retourner aultre part, et arrivèrent à ung port, là où y avoit ung moult grant Seigneur, qui en ses armes portoit une teste de beuf. Et aussi, voyant que cestuy Patron la portoit semblablement, fut indigné et provoqué à ire. Pour ce voulut mouvoir guerre avecques le Patron Genevoys, et de fait luy envoya ung gaige de bataille, lequel reçeut le Patron, cuydant que ce ne fussent que jouxtes à plaisance. Toutesfoys, quant ilz furent en champs et qu'il vit le dict Gauloys, en point comme ung Roland, tout délibéré de jouster à oultrance, il fut esbahy et demanda trefves pour parlamenter et sçavoir pour quelle cause il vouloit avoir guerre avecques luy. Ainsi furent assemblez, et demanda le Gennevois au Gaullois pour quoy il vouloit avoir noise à luy et pour quoy il l'avoit offensé. Le Gaulloys respondit pource que celluy Gennevois portoit ses armes, dont il luy desplaisoit. Adoncques demanda le Gennevois : « Seigneur, quelles armes portez-vous ? » Respond le dict Gaulloys : « Une teste de bœuf. — Ha vrayement » dist le Gennevois, « nous ne devons point avoir noyse ensemble, « car je porte une teste de vache, et ainsi ne sont « ce point voz armes. » Par quoy l'appointement fut tout soubdain fait, et ne combatirent point ensemble.

En ceste Facécie n'y a point de sens moral, mais seullement y est la joyeuse excuse que print le Gennevoys de dire qu'il ne portoit pas la teste de ung beuf en ses armes, mais portoit la teste d'une vache.

XCII.

☾ De celluy qui estoit marry pour ce qu'il estoit en debte,

Et commence au latin :
Perambulabat Perusinus, etc.

DEDANS la cité de Péruse estoit ung très bon compaignon, lequel avoit trouvé bon moyen de si très bien conduyre marchandise que ses debtes excédoient tout son vaillant sans compaignon, et de fait avoit tout vendu pour enrichir, tant qu'il ne avoit pas à moytié de quoy satisfaire ses créditeurs, dont il estoit en très grant soulcy et souventes fois tournoit par la Ville, triste, pensif et mélencolieux.

Si advint une fois que, en ceste cogitation et pensée où il estoit, ung de ses congnoissans le trouva, qui luy demanda pourquoy il estoit si triste et en si grande cogitation. L'aultre respondit que c'estoit pour tant qu'il devoit beaucoup et à plusieurs gens, auxquelz il n'avoit de quoy payer.

« O », dist l'aultre, « ne te soulcye ; laisse les co-
« gitations et le soulcy de cela à ceulx à qui tu
« doys, car ilz ont assez grant paour que tu ne les
« puisse payer ; pour tant que tu es bien fol de t'en
« soulcyer. » Ainsi fut resconforté le dict pouvre
debteur, qui trop grandement se soulcyoit et
esbahyssoit de ce qu'il devoit, et laissa le soulcy
de ses debtes à ses créditeurs.

En ceste Facécie est montré pour sens moral que le soulcy des choses impossibles, ou difficiles à nous, est vain, comme quant ung bon Marchant, qui a plusieurs créditeurs, toutesfois par Fortune ou inconvénient il pert ce dont il espère leur satisfaire, c'est follie à luy de trop se mélancolier quant il n'y a point de remède, non pas aussi que il doive estre si négligent que de tous pointz ne luy en chaille, ainsi que au Pérusien devant dict, que l'aultre plus confortoit par facécie que aultrement, quant il luy disoit qu il laissast le soulcy de ses debtes à ceulx à qui il devoit et qu'ilz estoient assez soulcyez comme il les payeroit.

XCIII.

☜ Des Grecz qui eurent la barbe
du vizaige raize et aussi
les Gennevois
celle du cul,

Et commence au latin :
Quidam Januensis, etc

OUR mieulx entendre la présente Facécie il est à noter que les Grecz de leur coustume portent longue barbe, et est le plus grant desplaisir qu'on leur sçauroit faire que leur oster leur barbe. Advint une fois que plusieurs Gennevois, demourans en une petite cité de la terre de Gennes que on appelle Père, se transportèrent à Constantinoble, dont ilz sont assez prochains voisins, pour estre en une Foire qui là estoit, là où ilz trouvèrent plusieurs Marchans de la terre de Grèce, qui pareillement estoient là venus pour leurs négociations et affaires.

Or fut ainsi que par aucune cause sourdit débat entre les Gennevois et les Grecz, si que il y eut meurdre d'aucuns des Gennevoys qui furent occis, et pour tant s'en allèrent ilz plaindre à l'Empéreur, demandant justice des Grecz qui avoient meurdry aulcuns de leurs gens. Quant l'Impéreur fut adverty de ceste chose, il manda au Prévost que incontinent il en fist justice, pour laquelle chose faire le Prévost si fist prendre les Grecz, et congnoissant, comme dit est, que mieulx ne les sçauroit pugnir que par leur faire oster leur barbe, ordonna qu'ilz fussent tous rèz, ce qui fut fait, dont les Grecz furent tant courroucez que plus n'en pouvoient, car non pas seulement ceulx qui avoient fait le mal furent ainsi pugnis, mais tous ceux que l'en peut trouver. Et pour ce, les Grégeois sentens que on les avoit trop rigoureusement pugnis et que les Gennevois avoient aussi bien esté cause du mal comme eux, ilz s'en allèrent à l'Empéreur faire complaincte de son Prévost, qui tant rigoureusement les avoit pugnis, veu que le maléfice ne venoit pas tout de leur part, et avecque ce donnèrent aulcuns dons à l'Impéreur, par quoy il manda à son dit Prévost qu'il pugnist les Gennevois aussi bien qu'il avoit les Grecz, affin que chascun soit content.

Ainsi quant le Prévost eut reçeu le Mandement de l'Impérateur, il fist prendre tous les Genevois qui avoient eu débat aux Grecz, et fit faire des eschaffaux comme se on les voulsist décapiter, et puis fist crier publicquement que tout le monde allast veoir la justice. Lors les Prestres et Religieux de la Cité, desirans avoir les corps des jugéz à mettre en leurs églises, allèrent en habitz sacerdotaux jusques au lieu de la justice, portans croix et bannières, pour recepvoir les corps de ceulx qu'ilz cuidoient estre éxécutez. Pareillement se assembla tout le peuple et les Grégoys mesmes, tous joyeux d'estre vengéz de leur extortion.

Ainsi, quant tout fust assemblé, le Prévost fist apporter de grans bassins à barbier plains d'eaue et fist venir Barbiers, tous apostez avec rasouers affilez. Puis fist admener tous les malfaicteurs, le cul descovert, et condampna, pour leur pugnition, qu'ilz auroient tous la barbe du cul raise, ainsi que les Grecz avoient eu celle du visaige, disant que c'estoit barbe pour barbe. Lors eurent lesditz Genevois le cul rèz et furent donnéz leurs barbes aux Prestres et Jacopins, qui jà attendoient les obsèques.

En ceste facécie n'y a aulcun sens moral, mais y est seullement monstrée la joyeuse récompense que les Grecz eurent des Gennevois par le Prévost, qui dist : « Les Grecz portent barbe au visaige et les Gennevois la portent entre les fesses », et leur fist raire le cul.

XCIIII

ℭ De la vieille qui se voulut remarier
et refusa ung homme faulte
de oustil,

Et commence au latin :
Mulier vidua, etc.

 NE vieille femme fut qui avoit esté aultre foys mariée, et, les conditions veues que elle avoit en vieillesse, est assez aisé à congnoistre que, durant la chaleur de jeunesse, elle avoit trop aymé le desduit, car, après le trépas de son premier mary, combien que desjà fort vieille elle fust, vint à une de ses voysines et luy dist :
« Ma chière commère, m'amye, vous sçavez bien
« que c'est de mon estat. J'ay grant regret à mon
« mary, non pas que de compaignie de homme
« me chaille, car je suis vielle femme et ne me
« chault si jamais homme ne me congnoit, mais

« toutes foys une femme seulle n'est rien, et vou-
« droy-je bien qu'il pleust à Dieu que je eusse
« trouvé quelque bon homme, simple, de ma
« sorte, qui me tensist compaignie, pour passer
« temps l'ung avecque l'autre, plus en pensant au
« salut de nostre âme que du corps, ainsi que
« gens de bien doivent faire. » Quant ceste commère ouyt ce que sa voysine luy disoit, cuidant que
ses parolles de la bouche fussent semblables à la
voulenté, dist que elle trouveroit bien homme tel
que elle demandoit.

Si s'en alla et le lendemain retourna, et luy dist :
« Ma commère, nous parlasmes hier, vous et
« moy, de telle chose. J'ay trouvé ung bon homme,
« saige, paisible, et tout tel que vous le demandez
« et, principallement pour ce que nous dictes que
« plus ne vous en chault de compaignie d'homme,
« aussi ne fauct-il à luy de femme, car il est
« chastré. — Ho, ho, » dist la faulce vieille,
« ma commère, me voulez vous bailler ung te
« homme et n'a point de génitoires. Ostez, ostez,
« je n'en vueil en aulcune manière; car vous sçavez
« qu'il est licite que une femme vive en paix avec-
« ques ung homme, et, si d'aventure noyse ou
« discord se mouvoit entre nous deux, qui seroit
« le médiateur si ce membre là deffailloit, qui est

« le membre principal pour bouter la paix entre
« l'homme et la femme. »

En ceste Facécie est monstré comme les paroles ne sont pas toujours la vraye urine du cueur et comme elles sont contraires à la pensée, ainsi que de la vielle qui disoit qu'elle ne vouloit plus avoir compaignie d'homme ; toutefois, quant on luy en offroit ung chastré, elle le refusa, disant que le membre génital est principal médiateur pour mettre la paix entre l'homme et la femme.

XCV

℃ D'un Frère Religieux qui engrossa une Abbesse,

Et commence au latin :
Abbatissam certi monasterii, etc.

Poge dit qu'il congneut aultres foys ung certain Monastère, auquel estoit une moult belle Abbesse de laquelle ung maistre Frère Frappart, Cordelier, qui en estoit fort amoureux, luy demandoit souvent coucher avecques elle; mais elle luy dénioit par la honte de monialité et principallement de paour que elle ne conçeust. Au contraire de quoy le beau Père, qui estoit ung fin homme, lui promist de bien garder et préserver et qu'il savoit aulcuns motz, lesquelz, escripts en ung écripteau pendu au col de une femme, préservoient qu'elle ne conçeust, combien que ceste femme couchast avecques quelque homme qu'elle voudroit. Ceste dame, qui desiroit cette chose estre producte à effect, combien qu'elle craignist fort, creut à ce que le beau Père luy donna à entendre et coucha avecques luy, et en fist à son plaisir tellement et tant que la nonnain engrossa au bout des troys moys, nonobstant le brevet. Et alors le maistre Cordelier, qui bien aperçeut ceste impregnation, part et s'en va, sans plus retourner vers l'Abesse, qui avoit le brevet pendu au col, lequel jamais n'avoit leu, car il estoit clos; mais, quant elle vit que le friponnier fut party, elle se apperçeut bien de la fraulde de luy. Si ouvrit le brevet, auquel estoit escript au langage du pays : *Asca mibarasca,* c'est-à-dire en langage françoys : *Ne te fais point habiter et tu ne engrossiras point*, qui est souveraine incantation pour garder la fécondité des femmes

En ceste Facécie n'est touché si non la légiereté de croire qui fut en la dame, croyant que ung brevet la peut garder de concepvoir; mais est à supposer que la bonne voulenté qu'elle avoit au Saint luy faisoit faire le pèlerinaige et, quelque excuse qu'elle fist, n'estoit que par couverture d'aucune honte qu'elle avoit.

XCVI

☙ Une joyeuse responce d'ung sage enfant
à ung fol Cardinal, etc,

Et commence au latin :
Angelo Cardinali Romano, etc.

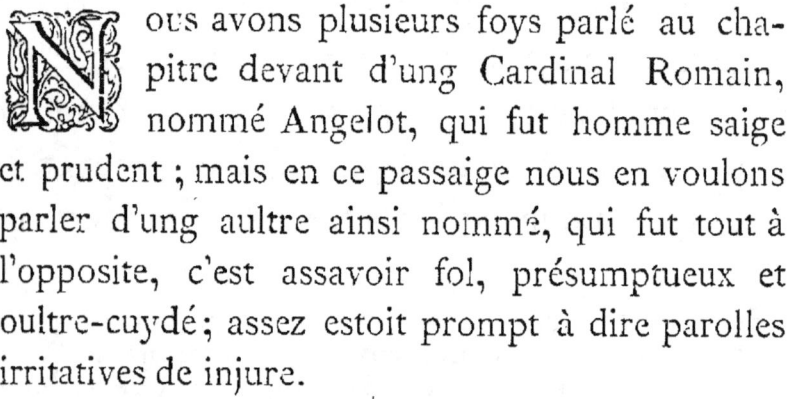ous avons plusieurs foys parlé au chapitre devant d'ung Cardinal Romain, nommé Angelot, qui fut homme saige et prudent ; mais en ce passaige nous en voulons parler d'ung aultre ainsi nommé, qui fut tout à l'opposite, c'est assavoir fol, présumptueux et oultre-cuydé ; assez estoit prompt à dire parolles irritatives de injure.

Advint que, au temps que le Pape Eugène estoit à Florence, accompaigné de cestuy fol Cardinal, pour veoir aulcune chose nouvelle, fut admené ung jeune enfant, de l'aage de dix ans, lequel avoit plusieurs dons du Sainct-Esperit singuliers entre les aultres. Premier il avoit une belle facondité, usoit de pou de parolles, estoit luculent en raison, tant que tous ceulx qui l'oyoyent s'en esbahissoient, spéciallement Angelot qui de plusieurs choses interroga celluy enfant, auxquelles il respondit tant bien et si sagement se fut admiration. Lors Angelot, que tousjours, comme dit est, mordoit et desprimoit aulcun en son langage, voulant desprimer la beaulté de l'entendement à cest enfant, se tourna devers les assistans et dist : « Il est vray que cest enfant a ung bel esperit, mais « communément enfans qui sont tant espirituelz « en jeunesse et tant bien aprins, quant vient « qu'ilz croissent en aage, leur science descroist « et sont voulentiers parfaictz folz à la fin. » Adoucques l'enfant incontinent respondit et dist : « Seigneur Angelot, par vostre dit je considère « que en voz tendres et jeunes ans vous avez « esté très saige, car, despuis que vous estes creu, « vostre science a descendu et estes parfaict fol. » Et lors fut le Cardinal bien esbahy qui, devant tous, se vit reprins de sa follie par ung jeune enfant, qui tout soubdain et dessus le champ luy respondit.

En ceste facécie sont reprins les folz et oultre-cuydéz qui tant présument de leur personne que il leur est advis que aultre ne les vaille et, quelque belle vertu ou don de grace que aultre ait plus que eulx, si le veullent ilz desprimer par une villaine mordance de langaige qu'ilz ont entre eux.

XCVII.

℃ De la jeune femme mariée qui fist
troys petz affin que son mary
l'abitast,

Et commence au latin :
Nupta adolescentula, etc.

L y eut ung jeune galant d'ung villaige de Lombardie qui se maria avec la fille de ung laboureur de ung aultre villaige assez prochain. Advint quant ces deux mariez eurent esté aulcune espace de temps ensemble, la jeune fille desira de aller veoir ses parens, laquelle chose luy consentit le mary et luy mesmes se accorda de luy mener. Ainsi vint le jour que ilz se boutèrent en chemin. Or estoit entre les deux villaiges une petite forest par laquelle il leur convenoit passer, et, tantost qu'ilz y furent entrez, la fille, qui autour d'elle regardoit, vit des brebis et des moutons qui montoyent les ungs dessus les aultres, et y avoit de telz moutons qui aymoyent plus monter dessus l'une des brebis que dessus l'aultre, et si demanda la jeune femme à son mary pourquoy c'estoit que ung mouton alloit plustost à une brebis que à l'aultre, Et le mary luy respondit que celles, à qui les moutons alloyent ainsi souvent, estoyent celles qui avoyent fait ung pet : « Voire », dist la jeune femme « mon mary, et les hommes sont-ilz point de ceste condition de monter dessus leurs femmes quant elles font ung pet ? — Sainct Jehan », dist le mary « ouy », et lors la dicte mignonne, qui ne desiroit que de estre sanglée, haulse la jambe et fet ung pet. Si la print son mary et, pour accomplir ce qu'il luy avoit donné à entendre, luy rembourra son bas. Après ce prindrent à cheminer ung petit ; mais, quant vint environ le millieu de la forest, la mignonne, qui n'estoit pas encore saoule, fit de rechief encore ung pet, et fut contrainct son mary d'entretenir son langaige et luy aller de rechief monter sur la cropière. Finalement à l'issir de la forest elle fist le tiers pet, cuydant que son mary vouloist encore ronciner, mais il en estoit las et dist : « Ma femme, cloez vostre cul, si vous voulez ; car, si vous y deviez chier le cueur de vostre ventre, si ne vous toucheray je anuict, car je suis las de le vous faire et avecques ce de cheminer. » Ainsi perdit la jeune femme sa peine de faire le tiers pet.

En ceste facécie il n'y a rien moral ; c'est toute matière salle, sinon en tant que la femme print en sa fantasie la similitude que son mary luy bailla, disant que les moutons habitoyent les brebis quant ils les oyoient péter, et pour tant pétoit la jeune fille affin que son mary luy fist ainsi.

XCVIII.

☙ L'excusation d'une fille qui ne pouvoit concepvoir enfans,

Et commence au latin :
Domini cujusdam, etc.,

L y avoit ung Gentil homme qui estoit marié à la fille d'ung aultre Seigneur, belle femme, gente et habille, mais elle luy desplaisoit pour tant que de elle ne pouvoit avoir enfans, et de ce aussi estoit le père d'elle mal content, que, quant elle alloit à sa maison, la tençoit et luy disoit que il tenoit à elle qu'elle ne concepvoit aussi bien des enfans que ses cousines, seurs et voysines. Quant celle fille vit que son père l'incrépoit de non avoir lignée, elle luy dist :
« Mon père, vous me tensez que je n'ay point de
« enfans, mais saichez qu'il n'y a aulcune faulte
« ou coulpe de ceste chose en moy, car j'en
« expérimenté avecques tous les domestiques de
« notre maison, et mesmes avecques les gardes

« d'estable, pour sçavoir se je pourroye bien
« concepvoir, mais l'usaige de aulcun d'eux ne
« me a peu en rien proffiter, par quoy, père, vous
« devez congnoistre qu'il ne tient pas à moy que
« je n'aye des enfans et que c'est la voulenté de
« Dieu que je n'en aye pas ; car, quant aux euvres
« de Nature, je m'en acquite suffisantement et tout
« le mieulx que je puis. » Lors fut le père moult
doulent de la fortune de sa fille, qui si bien se
excusoit de la coulpe de stérilité.

En ceste Facécie est monstré ung inconvénient qui peut souvent advenir en mariage, si ce n'est de la grace des femmes, c'est de engendrer ung maulvais héritier; car pourroit estre de telles femmes que, quant elles verroyent que leurs marys ne leur feroyent des enfans, essayeroyent à en faire par autruy, ainsi que la Damoiselle devant dicte, qui se excusoit de stérilité pour avoir essayé à d'autres que à son mary.

XCIX.

℄ Du Frère Mineur qui fist le nez
à un enfant,

Et commence au latin :
Romanus, vir facetissimus, etc.

IT Poge que ung homme Rommain, très facécieux, confabulant avecques moy en une compaignie, me racompta une histoire plaine de ris qui estoit advenue à une sienne voysine, et dist que ung Frère de l'Ordre Sainct Françoys avoit getté les yeux sur une belle et gracieuse adolescente mariée a ung sien voysin, duquel il dist le nom, et, pour mieulx venir à ses attentes, supplia ce maistre Cordelier audict homme qu'il fust son compère du premier enfant que sa mère auroit. Et ce requéroit ledict Cordelier qui se doubtoit et bien appercevoit celle adolescente estre jà enceinte, et, comme devin et vaticinateur des choses futures, en la présence du mary appela ladicte femme et luy dist : « M'amye, vous

« estes grosse et enceinte, et si suis seur que vous
« enfanterez aulcune chose qui vous apportera
« moult de tristesse. » Or doncques la femme,
suspectionneuse que ne fust une fille, dit qu'elle
avoit espérance que ce fust une belle fille, gracieuse et amiable. Toutesfoys le Frère Cordelier tenoit ung visaige fort triste et monstrant
signe scrupuleux de aulcune maulvaise fortune, et
tousjours gettoit ung triste regard sur ladicte
femme, laquelle s'en espouventa et eut grant
paour, voyant ce triste regard, et elle luy pria
moult affectueusement qu'il luy pleust luy dire ce
que pouvoit estre de quoy elle estoit enceinte et
quelle fortune elle pourroit avoir. Mais le traistre
et cauteleux Frère Frappart disoit qu'il ne luy
diroit point et que c'estoit une chose trop horrible
et merveilleuse à racompter. Ce monobstant la
pauvre femme, desirante et envieuse de sçavoir
son mal, continua et persista, et, en derrière de
son mary, trouva le moien de parler audict Moyne
et par belles requestes fist tant qu'il se consentit à
luy dire le cas. Si dist : « M'amie, il fault
« doncques que la chose soit tenue bien secrette,
« mais soiez seure que vous enfanterez ung fils
« qui n'aura point de nez, laquelle chose est la plus
« villaine qui puisse advenir en face d'homme. »

Lors fut la pouvre femme toute espouventée, et commença à dire : « Hélas, sire, n'i a il point « de remède à cecy ? Est il force que l'enfant « vienne sur terre sans nez ? Ce seroit ung cruel « desconfort. — Taisez vous, » dist le Cordelier ; « m'amye, pour l'amour de ce que je doys estre « vostre Compère, il y a ung seul remède que je « vous y feray, mais il fault que ce soit à « certain jour et heure que le temps soit bien dis- « posé, car aultrement n'y feroit on rien. Avec- « ques ce fauldra il que je couche avecques vous « pour suplier la faulte de vostre mary et adjous- « ter ung nez au visaige de vostre enfant. » Cette chose sembla dure à la pouvre femme ; toutesfoys, affin que l'enfant ne nacquist ainsi difforme et monstreux, elle se accorda de aller à ung certain jour en la chambre du maistre Moyne, ce qu'elle fist, et obtint à la voulenté de luy ainsi qu'il luy commanda, et, pour tant que le ribault Moyne trouva bon harnois entour elle, il luy dist que du premier jour ne pouvoit pas estre le nez bien fait, et mesmes, quant ceste fille, qui estoit honteuse d'estre soubz le ledict Moyne, ne se remuoit, il luy disoit qu'elle se remuast affin que par la con-faction le nez herdist mieulx au visaige et tenist plus fermement.

Enfin ce filz naquit avecques ung très-beau nez et grant, dont la femme s'esjouissoit et disoit au Frère Frappart qu'elle estoit grandement tenue à luy par tant qu'il avoit mis grant peine à faire ung très-beau nez à son enfant, le père aussi, qui, tout espoventé de celle adventure et doubtant avoir engendré chose si abhominable, et qui deust venir de son fait, ung enfant sans nez, pour tant ne desprisa il point l'ayde de son Compère, mais le remercia très fort du grant soing qu'il en avoit prins.

En ceste Facétie est monstré notoirement qu'il est plus de compères que de amys, et que de grant aliance de amytié, qui se fait soubz umbre de quelque compairaige, est aulcunesfoys cause et couverture de plusieurs grans maulx. Ainsi que le Frère Mineur qui, soubz umbre de bonne foy, déçeut la femme en demandant estre Compère du pouvre homme, puis soubz ceste confidence trouva moyen de violer sa femme.

C.

¶ Du Prestre qui en preschant print cinq cens pour cinq mille,

Et commence :
In eamdem sententiam Sacerdos, etc.

AINSI qu'entre les aultres hommes il estoit de bons compaignions Prestres, ung fut qui à son peuple preschoit ce qui est contenu en l'Evangile, c'est de cinq pains que Dieu rassasia cinq mille hommes ; mais, en l'exposant, le Prestre faillit et, en lieu de cinq mille, print cinq cens. Lors son Clerc, qui près estoit, vint à luy et luy dist : « Mon maistre, ce fut cinq « mille ; vous avez failly. — Tès toy, de par le « Dyable, fol que tu es. A grant paine croiront ils « encores ce que j'ay dit et que de si peu de pain « Dieu ait peu repaistre tant de gens. »

En ceste Facécie n'y a sinon la joyeuse excuse dudict Prestre, qui se trouva reprins et dist que à peine le vouldroit on croire

CI.

D'ung Prédicateur comparé à ung asne pource qu'il crioit ung peu trop hault en preschant,

Et commence au latin :
Dum Religiosus, etc.

Comme communément l'on voit, ilz sont des Prescheurs qui en leurs sermons ont façon de trop hault crier comme le Religieux, dont Poge, Florentin, parle et dit que ung Religieulx une foys estoit, en ung certain lieu et place que preschoit le Karesme, qui avoit ceste coustume de si hault crier que plusieurs preschoient son fait.

Or advint que, fust par farserie ou aultrement, une bonne femme, qui continuellement alloit à son sermon, toutes les foys qu'elle le oyoit ainsi escrier, elle se commençoit à plourer, ce que le dict Religieux apperçeut, qui cuida que ce fust pour les parolles pitoyables que il preschoit de la Passion, et pour ce, par tant que la dicte femme ne cessoit point son pleur devant luy, il luy demanda pour quoy elle ploroit ainsi à son sermon : « Hélas, », dist la bonne femme, « beau Père, il « est vray que je avoye ung tant bon asne, qui « me servoit à porter boys, lequel est mort, mais, « toutes les foys que je vous oy ainsi à haulte « voix crier en preschant, il m'est advis que je oy « mon asne, car il crioit tout ainsi comme vous. » Lors congneut le beau Père qu'il avoit tort et que sa manière de faire n'estoit point plaisante à chascun.

En ceste Facécie est monstré comme les inutiles manières des hommes, qu'on ne ose pas appertement reprendre, sont reprinses par aucuns termes jocatifz et facécieux, ainsi que la trop haulte manière de crier au Religieux fut reprinse par la comparer au cry de l'asne, que la bonne femme avoit perdu.

CII.

☙ D'une jeune femme, qui reffusa
son mary la première nuyt,
et s'en repentit après,

Et commence au latin :
Florentinus jam senex, etc,

UNG vieil et ancien Flórentin fut, qui espousa une belle jeune fille et ne voulut point avoir de vieille pource qu'il avoit esté toute sa vie bon compaignon assez bas devant, et puis il disoit que il ne vouloit avoir auprès de luy chose qui luy refroidist son estomac.

Quant vint le jour des nopces de cestuy routier et de la jeune fille, qui peult estre avoit lasché l'esguillette, affin qu'il ne s'en apperçeust, la mère et les femmes qui là estoyent luy dirent que pour la première nuyt elle fist bien de la serrée, sans laisser monter le mary sus le tas, et que par ce il luy cuyderoit qu'elle fust pucelle. En ceste façon le fist la jeune fille si que, quant le mary vint pour approcher, il sembloit que ce fust ung jeune cheval à qui on vouloit apprendre à porter selle, et si pria instamment à son dit mary qu'il la laissast en paix et qu'elle avoit mal à la teste. Or estoit ce mary ung maulvais chat à manier sans moufles, qui bien entendoit la ruse de sa femme, et d'elle en après se recula et ne luy demanda plus riens, ymaginant la manière comme il luy monstreroit sa follie. Si la laissa là jusques au matin, dont la fille fut bien marrie d'avoir creu le conseil des femmes et mieux eust voulu avoir laissé faire son mary à son plaisir, car elle eust eu la moytié de la joye. Si ymagina de faire son appointemen et excita son mary et luy dist : « Mon amy, esveillez-vous; je n'ay plus mal à la teste.—Par sainct Jehan, » dist le mary, « je ay mal à la queue. » Lors fut la pucelle toute honteuse, qui demoura en cest estat, et pour tant est ce bon conseil de prendre une chose proffitable à l'heure qu'on la donne, car la voulenté peut changer.

En ceste Facécie est monstré morallement ce que dit Chaton à son filz, c'est qu'il ne doit point reffuser la première occasion de prendre une très-bonne chose, car aulcunes foys à grant prière on requiert après ce qu'on a devant reffusé.

CIII.

℃ Des reliques des brayes
Sainct François,

Et commence :
Res digna risu, etc.

cy est chose digne de ris et d'estre insérée avec les Facécies et présentes confabulations icy mises et récitées.
Poge racompte d'ung jeune Cordelier qui fut amoureux de la femme d'ung Marchant, mais il ne pouvoit trouver manière de hanter avecques elle, sinon qu'ilz advisèrent qu'elle feroit la malade et demanderoit à voir celluy Cordelier pour son Confesseur, et ainsi fut fait. La femme faignit sa maladie; le Cordelier fut mandé, et fut mis seul avecques elle pour la confesser, ainsi que luy et elle l'avoyent en pensée, et, pour mieulx luy donner l'absolution, deschaussa le Frère Cordelier ses brayes et les mist sus le chevet du lict. Or advint qu'il ennuya au mary, qui par adven-

ture se doubta de la faulce mesure, pour tant que sa femme mettoit tant à se confesser, et soubdainement ouvrit l'huys. Lors fut le Cordelier tant estonné qu'il perdit le souvenir de ses brayes, nonobstant qu'il ne fut pas prins sur le fait, mais fist semblant de luy achever de remonstrer son cas, puis print congé, et s'en alla sans ses brayes, lesquelles le mary trova, qui fut tant courroucé que a peu qu'il ne tua tout, et print les brayes et alla au Couvent des Cordeliers devant le Père Gardien, auquel il fit une merveilleuse complaincte de son Religieux, qui soubz umbre de confession, luy avoit viollée sa femme, tesmoing ses brayes qu'il avoit laissées sur son lict.

Quant le Gardien ouyt ce cas, il fut fort courroucé et dist au mary qu'il en feroit pugnicion. Si advisa le Gardien, qui estoit ancien homme, comme il pourroit refraindre l'yre de ce mary et couvrir le crime villain, et faignit de appeler tous ses Religieux en Chapitre, puis vint au Marchant et luy dist : « Mon amy, vous avez grant tort,
« car les brayes que vous avez trouvées ne sont pas
« telles que vous dictes ; ce sont les brayes de
« nostre bon Père sainct Françoys, la plus digne
« relique qui soit point en nostre Maison, et l'avoit
« portée le beau Père pour délivrer vostre femme

« de sa maladie, pour quoy requérez mercy à
« Dieu du mal que pensé y avez. » Avecques ce,
pour mieulx faire le cas, mena ledict Gardien ses
autres Religieux, avecques la croix et la bannière,
pour ravoir ses brayes publicquement comme ung
très sainct joyau.

Adonc fut le mary content et la femme aussi,
qui afferma avoir esté guarie par la vertu des brayes,
et lors prindrent les Religieux celles brayes et les
firent baiser au mary et à tous les assistans comme
s'ilz eussent esté dignes et précieux joyaux de
corps sainct, et par ce fut couvert le deshonneur
de la femme qui avoit esté descouvert, et puis allèrent plusieurs aultres femmes au Couvent faire
honneur aux brayes de sainct Françoys, qui jamais
ne les avoient veues.

En ceste Facécie n'y a riens moral, mais tant seulle
ment y. est monstrée la grande subtilité qui se tr uv
pour paillardise, tant en ce que la femme faignit estr
bien malade pour faire son plaisir avec le Cordelier
comme de couvrir par les Cordeliers l'honneur, disant
que les brayes du Cordelier estoient les brayes sainct
Françoys à double fons de toille neufve.

CIV.

☾ Le débat de deux femmes
qui se vantoyent
d'avoir amys,

Et commence au latin :
Quedam in Urbe, etc.

POGE dit en ceste Facécie que une femme fut en la Cité de Romme, laquelle pourchassoit sa vie par les maisons. Toutes foys elle avoit une très belle jeune fille, laquelle, quant elle fut en aage, se mist à jouer du bas mestier pour ayder à gaigner la vie d'elle et de sa mère, et, pource qu'elle estoit jeune et belle, elle eut grande presse et gaigna de l'argent tant qu'il ne fut plus de besoing à sa mère d'aller demander bribes, mais voulut tenir termes de Bourgoyse.

Or avoit elle auprès de sa maison une voysine, assez femme de bien et honorable, qui aulcunes foys ne pouvoit soustenir les langaiges présumptueux de ceste vieille macquerelle. Advint une foys qu'ilz eurent noyse ensemble, et, ainsi qu'ilz injurioyent l'une à l'aultre, la voysine, qui se sentoit la plus femme de bien, dist : « Va, « vieille macquerelle, j'ay de bons amys en ceste « ville qui t'en feront bien repentir. » Adoncques la macquerelle, ayant la fille auprès d'elle, luy va mettre la main sus la cuisse et dist : « Va à tous « tes amys, car il ne m'en chault ; regarde les « cuisses de ma fille ; Dieu me les saulve et gard. « Elles me acquerront plus de amys en ung jour « cinquante foys que tu n'en as et pource je ne « crains riens tes menasses. » Lors commencèrent à rire tous les auditeurs et dire que elle avoit confidence en ung beau patrocine et où plusieurs se délectoyent.

En ceste Facécie est monstré l'infâme et orde condition de plusieurs qui se glorifient et ont confidence de leurs maléfices, ainsi que la vieille, qui estoit macquerelle de sa fille, se confidoit en l'ayde des ribaulx qu'elle pouvoit attraire, et en signe de ce monstroit les cuisses de sa fille, disant qu'elles luy valloyent ung héritaige.

CV.

❡ D'ung Foullon d'Angleterre
qui fist chevaulcher
sa femme
à son Varlet,

Et commence au latin :
Cum essent in Anglia, etc.

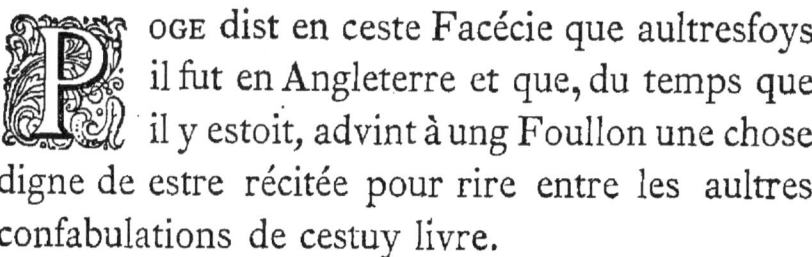

OGE dist en ceste Facécie que aultresfoys il fut en Angleterre et que, du temps que il y estoit, advint à ung Foullon une chose digne de estre récitée pour rire entre les aultres confabulations de cestuy livre.

Comme ainsi fut, ung Foullon de Angleterre fust marié à une assez belle femme ; toutes foys on se ennuye de ung pain manger. Il est ainsi que ce dict Foullon, ayant plusieurs gens et serviteurs soubz luy en l'art de drapperie, il getta les yeulx sur une belle jeune fille, qui estoit sa Chambrière, et par plusieurs foys la supplia d'amours, tellement que la fille le dist à sa maistresse et ordonnèrent entre elles de donner jour au Foullon et de le tromper, ce qui fut faict, et bailla la Chambrière heure et lieu pour se trouver secrètement là ou le Foullon comparut, mais il ne trouva pas ce qu'il quéroit ; car au lieu de la Chambrière se trouva la maistresse, que le maistre print et luy fist les besongnes ung bon coup. Aprèz ce yssit du lieu et fist entrer ung sien serviteur, à qui il s'en estoit descouvert, et luy dist qu'il allast habiter la dicte Chambrière ainsi qu'il avoit. Le serviteur, croyant, comme le maistre de sa maistresse, que ce fut la Chambrière, la femme aussi que ce fust son mary, luy fist cela sans mot dire. Derechief y fut envoyé ung aultre varlet, qui semblablement sçavoit le cas et habita la maistresse pour la tierce foys, sans dire mot, car il cuydoit que ce fust la Chambrière que le maistre trompast ; la femme aussi cuydoit que ce fust son mary qui fust ainsi ardant sur sa Chambrière de luy faire tant de foys. Ce fait, le maistre et les deux varlets s'en allèrent, cuydans avoir très-bien besongné, la maistresse d'aultre part cuydant avoir bien secoux son mary et que trois foys luy eust fait.

Ainsi quant vint la nuyt, que le Foullon et sa femme furent couchez ensemble, elle luy commença à dire pour ce qu'il ne se démentoit de riens : « Ha, sire, vous avez ennuyt tant fait les

» nopces à vostre Chambrière, que vous ne me
» les sçavez faire. Aulmoins, si vous ne les luy
» eussiez faictes que une foys, il me suffisist, mais
» vous les luy avez faictes troys foys. » Adonc
congneut le Foullon qu'il y avoit de la tromperie;
si trouva le moyen de taire la chose, sans reveller à aultruy le deshonneur qui par luy estoit
advenu.

En ceste Facécie est monstré que les marys sont aulcunes foys cause du mal que leurs femmes font, ainsi
que le Foullon, qui par voulenté de corrompre la Chambrière, fist violer sa femme à ses deux varletz.

CVI

℃ D'ung Florentin
qui se farsa des Gennevoys et de
leurs femmes.

Et commence au latin :
Franciscus, etc.

POUR mieulx entendre la présente Facécie, il est à noter que Gennes est une cité assise sur mer, et la plus part des habitants de la ville sont marchans vivans sur mer.
Or est ainsi que ung nommé Françoys Quarantese, Marchant Florentin, s'en alla demeurer en ceste ville de Gennes, et mena sa femme et ses enfants et tout son mesnaige, et estoit homme gresle, hault et mesgre, sa femme et ses enfans aussi tout petitement charnus, et tout au contraire estoyent les enfans desdicts Gennevoys, car la région est plus froide à Gennes que à Florence, et y vivent les gens de plus gros nourrissement, et sont plus repletz et charnus. Ainsi donc les enfans du Florentin n'estoyent point si bien nourris que les

aultres, et de ce s'esbahissoient. Pour tant vindrent aulcuns Gennevoys audict Florentin, et luy demandèrent d'ont procédoit que les enfans estoyent si gresles et avoyent si peu de chair. « Or », respondit le Florentin, « Messeigneurs, je vous en diray
» la raison. Il est vérité que, pour engendrer mes
» enfans, il n'y a eu que moy qui y ait besongné
» ne espandu son sang entour ma femme; par-
» quoy mes enfants sont ainsi maigres. Mais,
» pour engendrer les vostres, vous avez eu ayde
» de plusieurs qui ont mis et respandu de leur
» sang. » Alors commencèrent à rire ceulx qui congnoissoyent la coustume des Gennevoys; tout ainsi tost que ilz sont mariez, montent sur mer et laissent leurs femmes toutes seullettes, que par désespoir fault que ilz empruntent à leurs voysins, et pour tant ont lesditz Gennevoys ayde à faire leurs enfans.

En ceste Facécie est seullement monstré comme joyeusement le Florentin se farsa desditz Gennevoys, qui demandoyent pourquoy ses enfans estoyent si maigres.

CVII.

℃ Du viel homme qui se efforçoit
de habiter sa femme, de paour
qu'on ne luy habitast,

Et commence au latin :
Adjecit et alter, etc,

Après la Facécie devant dicte, ung aultre Florentin dit qu'il avoit ung voysin, ancien homme, duquel la Facécie estoit bonne, et fut le cas tel que cestuy vieil homme espousa une jeune femme, laquelle de plusieurs estoit convoitée, nom pas pour espouser mais pour prester le harnois. Si advint que, quant cestuy ancien homme eut esposé ceste femelle, le filz d'ung riche Marchant Florentin, la voullant tirer à son amour, menoit chascun vespre et au matin des chantres et menestriers devant la maison d'elle pour luy donner resveilz. Or estoit le vieillart ung fin routier, qui toute sa vie avoit fréquenté le mestier et congnoissoit bien pourquoy telles aubades se faisoient. Pour

tant à l'heure qu'elles se faisoient, affin que sa femme n'y prenist plaisir, il montoit dessus et faisoit du mieulx qu'il povoit, espérant que ce qu'il luy faisoit la contenteroit, et de fait luy fist tant de foys que le pouvre homme se lassa et vit que la vertu naturelle deffailloit. Si s'en alla au père du jeune filz et luy dist : « Sire, je vous prie qu'il vous
» plaise me donner saulve garde de vostre filz
» qui me veult tuer. Je ne sçay que je luy ay fait,
» mais toutes foys par chascun jour il pourchasse
» ma mort. — Et comment », dist le père : « Se
» dément il de vous batre ou frapper ! — Nenny », dist le bon homme, « mais il est amoureux de
» ma femme, et, pour tirer à l'avoir, il vient
» chascun jour faire au soir et au matin réveilz et
» aubades devant ma maison affin que elle les oye
» et que par ce elle est eschauffée en amour. Lors,
» pour le garder, je me prens à elle et luy fais
» plus que ma puissance, et de fait je sçay bien que,
» se vostre filz ne délaisse à faire ses resveilz, il fera
» tant que je me tueray pour satiffaire à ma
» femme affin qu'elle ne voise en dommaige. Pour
» tant, sire, de rechief vous prie que luy deffendez
» ceste manière de faire. » Lors commenca le Marchant à rire, quant il entendit la bonne fantaisie du vieillart.

En ceste Facécie n'y a point que ung bon mot ; c'est que le vieillart accuse l'aultre de le voulloir tuer par tant que à l'appétit de ses resveilz il luy fait faire plus que sa puissance et dont il se passeroit bien.

CVIII.

C De deux jouvencelles qui conseillèrent
à ung Prince de laver sa teste
en pissat de pucelle,

Et commence au latin :
Juvencule cum essent, etc.

L fut aultrefois un Prince, lequel en sa force et jeunesse fut fort adonné au péché de luxure et délectoit surtout à defflorer filles, si que en viellesse mesme, que sa nature ne pouvoit plus rien faire, encores prenoit il félicité à tenir jeunes filles en son giron et les baiser, manier les tétins et leur faire plusieurs amoureux atouchemens. Il avoit en sa court plusieurs jeunes Damoyselles, à qui il passoit ainsi son temps sans faire aultre chose, car il n'eust peu, ce qui ne plaisoit pas aux jouvencelles, ains eussent mieulx aymé quelque gentil compagnon jeune qui leur eust faict aultre chose. Pource aulcunes les plus hardies délibérèrent de s'excuser et ne souffrir plus que le viel Prince les maniast. Si advint ung jour, ung jour que après disner, il vouloit faire comme il avoit acoustumé. « Adonc, » dist l'une, « Sire, nous est advis que » c'est simplesse à ung vieil homme de plus vou- » loir approcher des jeunes filles. — Et pour- » quoy », dist le Prince ! « Ay-je la barbe grise ; » si ne tient que à cela, je la feray faire. — Nen- » ny », dist la fille. — « Et quoy donc », dist le Prince ? « A ce que je ay la teste pelée par devant. —Sainct Jehan, voire », dist la fille. « Et vrayement », dist il, « belle dame, s'il me devoit couster mille » escus, si la feray-je revenir qu'elle aura des che- » veulx ». Alors envoya aux Médecins partout, mais n'en pouvoit trouver qui luy peussent faire. Par tant se railloyent les filles et disoient de luy en derrière : « Nous luy avons bien baillé à bou- » ter. — Mais qui me croira », dist l'une, « nous le » tromperons encores mieulx, et luy donnerons à » entendre que, s'il veult laver sa teste deux ou » trois foys de pissat de pucelle, les cheveulx y » reviendront. — Certainement », dirent toutes les aultres, « c'est bien advisé ; soit faict. » Ainsi, la première foys que le Prince retourna jouer avecques elles, l'une luy dist : « Or çà, Monsei- » gneur, vous avez beaucoup prins de peine pour » trouver Médecin qui vous face revenir les che-

» veulx à la teste ; mais sachez que jamais ne
» reviendront si vous ne lavez vostre teste en pis-
» sat de pucelle.— Et comment », dist le Prince ?
« Vostre conseil n'est pas vray; je le vous monstre-
» ray par expérience. » Lors il tira de sa brayette
une grant chouart, et leur monstre en disant :
« Tenez quel compaignon velà, qui a la teste
» pelée; il l'a lavée au pissat de plus de cent pucelles
» que je ay despucelées et est allé quérir leur pis-
» sat jusques à la propre source d'ont il vient,
» mais il ne eut jamais poil en teste, et pour tant
» vostre conseil ne est pas bon ad ce cas. » Ainsi
furent les jeunes filles confondues et ne sçeurent
plus que dire.

En ceste Facécie est monstré que tous conseilz ne sont pas à croire, car il en est dont on voit par expérience que le contraire est vray.

CIX

¶ De celluy qui se cuvdoit railler
du Confesseur, et le Confesseur
se railla de luy,

Et commence au latin :
Quidam seu serio, etc.

UNE foys il y eut à Romme ung fin garson adonné à plusieurs malices et finesses, qui, au temps de Karesme que tous bons chrestiens vont à confesse, fust à bon sens ou pour se farcer du Prestre, y alla et, quant il fut devant luy, après la bénédiction reçeue, commença à compter ses faictz et dire : « J'ay emblé tant à mon » voysin, mais il m'avoit la moytié plus emblé. — » Et bien », dist le Prestre, qui bien apperçeut que le paillart se vouloit farser de luy. « Après », dist le confident, « je baty une foys tel, mais aussi » fist-il moy. — Et bien, » dist le Prestre, « voise » l'ung pour l'aultre; vous estes pareilz en faict. » Géneralement de tous les maulx que cestuy con-

fessoit avoir faictz, tousjours alléguoit-il aussi grants, ou plus, luy avoir esté faictz, fors à ung que au dernier n'osoit pas confesser et différoit; mais le Prestre luy donna couraige de le confesser et descouvrir, et dist : « Sire, ne vous vueille des-
» plaire, j'ay aultresfoys chevauché vostre seur
» plus de quatre foys. — Et vrayment, » dist le Prestre, « aussi ay-je ta mère plus de cinquante ;
» par quoy je suis content que l'une voyse pour
» l'aultre. »

En ceste Facécie est monstré, premier comme aulcuns follement se confessent, qui, en disant leurs péchez, allèguent ceulx de leurs voysins par manière d'excuse, qui rien ne vault. Pareillement est monstré comme on ne se doit jamais railler d'aultruy, car il n'y a celluy que saiche qu'il n'y a à railler en soy.

CX.

☾ D'ung Meusnier
qui fut déçeu de sa femme
par luy mesme,

Et commence au latin :
Adjicietur superioribus confabulatio, etc.

POGE dit que aux confabulations, qu'il a devant mises, en veut cy adjouster une de ung Meusnier qui demouroit à Mantue et gardoit ung moulin près de la cité. Advint que ung soir, au temps d'esté, par devant luy passa une fille, assez d'aage, qui sembloit esgarée et ne sçavoit où aller. Quant ce Meusnier vit cette fille ainsi esgarée, il luy dist : « Ma fille, je voy bien que » vous ne sçavez où aller, et pour tant allez vous en » ma maison avecques ma femme; elle vous donnera » à soupper et vous couchera pour meshuy. » A ce faire se accorda la jeune fille et la fist le Monnier mener à sa maison par son varlet et commanda qu'on la traictast bien. Adonc, quant elle vint à la maison et que la femme du Meusnier la vit, elle sçeut bien incontinent que son mary y avoit getté les yeulx et luy vouloit faire tromperie, mais nonobstant elle n'en fist comte devant le varlet, combien que sa pensée fust de jouer à son mary de ung tour dont il ne se donnoit pas garde. Et aussi fist elle, car, après que la fille eust souppé, la femme la fist coucher en son lict, qu'elle prépara soubdain, et au lict, où le Meusnier cuydoit qu'elle fust couchée, se coucha sa femme. Or le Meusnier estoit si cauteleux qu'il se tenoit à son moulin plus tart beaucoup qu'il n'avoit acoustumé, et le faisoit affin de trouver sa femme qui fust endormie et se aller coucher avecques la jeune fille. Avecques ce il dist le cas à son varlet et luy promist que, si tost qu'il en auroit fait ung coup ou deux, il se lèveroit et luy donneroit lieu. Ainsi vint le Meusnier en sa maison, et tout secrettement s'en alla au lict où cuydoit la jeune fille trouver et trouva sa femme, et luy fist deux foys. Après se leva et fist venir son varlet, qui tres bien la laboura par troys foys, et cependant le Meusnier s'en retourne au moulin sans faire semblant de rien, délibéré de dire à sa femme qu'il avoit esté tant empesché pour mouldre tout du long de celle nuyt, s'elle luy demandoit où il avoit couché.

Ainsi, quant le varlet eut bien faict son cas, il s'en alla à son maistre, lequel ne retourna à sa maison jusques à disner; la femme aussi, de paour d'estre congneue, ne parla point de toute la nuit, mais se laissa faire tout ce que on voulut, cuydant que ce fust son mary qui si bien l'eust galopée par toute celle nuyt, dont en estoit toute joyeuse, car longtemps y avoit qu'il n'en avoit tant faict. Et ainsi se leva la femme toute labourée et commence à faire son mesnaige et à disner, et pour tant, affin qu'elle luy descouvrist la façon, à l'heure qu'elle sçeut qu'il devoit venir pour disner, elle luy mist au feu cinq œufz frais, qu'elle luy présenta au commencement de son disner en soubriant et disant : « Tenez, mon amy, tenez; voicy qui est bon pour vous eschauffer, car vous avez eu grant peine ceste nuyt d'avoir chevaulché cinq lieues sans desbrider. » Lors congneut le Monnier que il estoit trompé, en deux manières, l'une en tant qu'il avoit eu sa femme, cuydant que ce fust la jeune fille, l'aultre par tant qu'il avoit envoyé son varlet qui par sa confession mesme luy avoit faict troys foys. Nonobstant pour lors n'en fist le mary compte; mais, affin que la femme ne congneust pas que aultre que luy y eust esté, manga tous les cinq œufz comme se luy seul eust fait les cinq fcys, et puis, après disner, incontinent paya son varlet et luy donna congé, sans en faire à sa femme aulcune mention.

En ceste Facécie est monstré comme souvent les trompeurs chéent au latz de tromperie auquel ilz cuydent mettre aultruy, comme de raison est.

CXI

❡ La joyeuse response
de une femme à son mary,

Et commence :
Narravit mihi, etc.

POGE dit que ung sien familier luy racompta ung dit villain d'ung femme, lequel luy sembla digne d'estre inséré avec les présentes confabulations. Ce fut d'ung vieil homme assez aagé, lequel espousa une veufve, laquelle au par advant, pour bien congnoistre le cas, avoit moult aymé le desduit de mariage, avecques ce qu'elle avoit eu partie semblable et le plus beau mary pour ung homme, grant et fourny de membres, qui fust en toute la ville.

Advint que la première nuyt des nopces de ce vieil homme, et de ceste veufve, et nonobstant leur vieil aage, pour la nouvelleté du cas si prindrent ilz appétit l'ung à l'aultre et de faict monta le povre homme sus le tas pour faire le mieulx qu'il pourroit, mais il trouva trop grant place, et pour tant dist : « Ma femme, ceste court est plus grant de la moitié qu'il ne fault pour mettre tout mon bestail. — O », dist la femme, qui estoit assez congnoissante et prompte à respondre : « Mon mary, qu'est-ce que vous dictes ? Si ma court est trop grande pour vostre bestail, ce n'est pas ma faulte. Dieu ait mercy de mon feu mary et luy face pardon à l'âme, mais il l'emplissoit si fort qu'il convenoit que une partie demourast dehors. »

En ceste Facécie n'y a riens moral, mais y est une responce orde, qui monstre que la petitesse du bestail aux hommes fait les grandes estables aux femmes. Et ainsi nul ne doit blasmer femme s'il treuve grant logis, mais il doit considérer que ses pièces sont trop petites pour le remplir.

CXII

ℭ L'excusation de Poge, Florentin,
et fin de son Livre,

Et commence :
Visum est mihi, etc.

𝔇IT Poge, Florentin : Il me semble que il est temps de donner fin et lieu à nos présentes confabulations et là terminer nostre passe-temps, où par manière de jeu nous nous sommes esbatus, sans y espargner personne, pas le Pape seullement, se on sçavoit aulcune chose à dire sur luy que il ne fust dit. Avecques ce de la vérité des faictz racomptez en celles Facécies nous n'en avons point quis de probation ; mais nous suffisoit qu'elles fussent récréatives, par quoy les lecteurs d'icelles n'en doivent plus enquérir aultre foy que nous, mais supporter les faultes, se aulcunes en y a, et prendre ce que bon leur semblera. Et furent faictes au temps du Pape Martin par les

Secrétaires ci nommez : Razellus de Boulongne, Anthoyne le Louche, Cincius le Rommain, et moy Poge, Florentin, priant Dieu que moy et mes compaignons jà décédéz puissons avoir gloire éternelle.

AMEN.

S'ensuyt la Table de ce présent Livre

INTITULÉ LES

FACÉCIES DE POGE, FLORENTIN

		Pages
—	Prologue	1
I.	D'ung pouvre Pêcheur qui loua et despita Dieu tout en une heure.	7
II.	D'ung Médecin qui guérissoit les folz, démoniacles et enragez	11
III.	D'ung Escolier paresseux.	15
IV.	D'ung Juif qui se fist crestienner par l'exortation d'aulcuns Chrestiens	18
V.	D'un fol homme qui cuyda que sa femme eut deux secretz de nature.	21
VI.	D'une veufve qui fut amoureuse de ung pouvre homme.	24
VII.	D'ung jeune Chevalier qui se farsa de ung Évesque.	27
VIII.	Ung dit joyeulx que Poge racompta d'ung sien compaignon, nommé Zucarus. . .	29
IX.	D'ung Prévost qui fut reprins de trop se louer	31

		Pages
X.	D'une femme adultère qui fist couchier son mari dans ung coulombier tandis qu'elle estoit avec son amy.	34
XI.	Du sot prestre qui ignoroit le Dimenche de Pasques flories.	39
XII.	Des paysans qui demandèrent le Crucefix vif	42
XIII.	Des joyeuses responces du Cuysinier du Duc de Millan	44
XIV.	Aultre joyeulx dit du Cuysinier.	47
XV.	Demande joyeuse du Cuysinier à son maistre.	49
XVI.	Des Lettres présentées par raillerie à ung Viconte nommé Janot	52
XVII.	Facécie et similitude semblable de ung Cousturier à ung Viconte.	55
XVIII.	La complaincte d'ung pouvre homme à ung Capitaine de Gens d'armes.	59
XIX.	L'exortation d'ung Cardinal en guerre aux combatans	61
XX.	Du Prestre qui porta les chappons cuitz à l'Évesque	63
XXI.	D'ung gras Abbé qui, par une responce à deux ententes, fut raillé de estre si gras.	66
XXII.	Des monstres et prodiges qui apparurent sur terre au temps que cestuy livre fut faict.	68
XXIII.	Du chat monstreux qui avoit deux testes.	71

		Pages
XXIV.	D'ung veau monstreux qui avoit deux testes et ung seul corps	72
XXV.	D'ung monstre marin terrible, demy-homme et demy poisson	73
XXVI.	D'ung Prestre qui enterra son chien en terre benoiste	78
XXVII.	D'ung tirant Prince, qui imposa crime capital à un de ses subjectz pour avoir son argent.	81
XXVIII.	D'ung Frère Religieux qui fit le court sermon.	84
XXIX.	Ung facécieux et joyeulx conseil donné à ung rustique qui s'estoit rompu les costes	87
XXX.	De l'homme qui demanda pardon à sa femme quant elle se mourut	89
XXXI.	De la belle fille qui cuydoit que son mary deust avoir la Marguet aussi grant que celle d'un asne.	91
XXXII.	Du Prédicateur qui dist en preschant qu'il aimeroit mieux dépuceler dix vierges que avoir une femme mariée .	97
XXXIII.	D'ung Confesseur qui bailla son hostil en la main d'une fille qu'il confessoit .	99
XXXIV.	Joyeuse responce d'une femme à ung homme touchant le bas mestier . . .	102
XXXV.	D'ung Médecin qui joyeusement escondit ung pouvre qui luy demandoit l'aumosne.	104
XXXVI.	De l'homme qui menassa sa femme de	

		Pages
	luy faire sa maison toute plaine d'enfans	106
XXXVII.	Du Cardinal qui racompta la Facécie pour se farcer du Pape	108
XXXVIII.	Une fable d'ung lourdault qui quéroit l'asne sur lequel il estoit monté . .	111
XXXIX.	Comme Rodolphe se farsa de ceulx de Florence, qui l'avoient faict paindre en leur cité comme proditeur. . .	113
XL.	De celluy qui monta sur son asne, sa charrue à son col	116
XLI.	Une élégante responce d'un poète Florentin nommé Dantes	118
XLII.	Autre joyeuse responce dudict Dantes, poète Florentin	121
XLIII.	De la femme obstinée qui appella son mary pouilleux.	123
XLIV.	De celluy qui avoit getté sa femme en la rivière et l'alloit cercher contremont l'eaue.	126
XLV.	De ung rusticque qui se voulut ennoblir.	129
XLVI.	De celluy qui fist croire à sa femme qu'il avoit deux oustils, ung grant et ung petit	132
XLVII.	Le dit d'une matrone qui vit les vestements d'une Mérétrice aux fenestres.	136
XLVIII.	La description d'une folle requeste. .	138
XLIX.	Le dist d'un Pérusien à sa femme . .	140

		Pages
L.	Du Duc d'Angiers qui montra une moult belle couverture de lit toute couverte de pierreries.	143
LI.	L'excuse d'ung Pérusien à qui on demandoit du vin	146
LII.	Le débat de deux folles femmes pour une pièce de toille	148
LIII.	La Fable d'ung Coq et d'ung Regnard.	151
LIV.	D'ung chevalier Florentin qui cuidoit tenir sa Chanbrière, et il tenoit sa femme.	155
LV.	De celluy qui contrefaisoit le Médecin et donnoit des pillules pour trouver les asnes perdus.	160
LVI.	D'un Médecin qui redressa la jambe à une très belle jeune fille.	164
LVII.	De celluy qui ne sçavoit recongnoistre son cheval.	166
LVIII.	De une Mérétrice ancienne mandiante.	169
LIX.	Comment ung Docteur, Légat soubz le Pape Martin, fut reprins de ignorance.	171
LX.	Le dict de l'Evesque de Lactense.	173
LXI.	D'ung fol Médecin qui dist que ung malade avoit mangé ung asne.	144
LXII.	D'ung Juge qui dist que les deux parties avoyent gaigné.	178
LXIII.	D'ung fol Médecin qui jugea que une femme malade avoit besoing pour sa santé de compaignie d'homme.	181
LXIV.	Ung aultre cas semblable advenu au Chasteau de Valence.	183

		Pages
LXV.	De la Mérétrice que se plaignoit du Barbier qui l'avoit coupée. . . .	185
LXVI.	D'ung Religieux à qui se confessa une femme veufve	187
LXVII.	De celluy qui fist le mort devant sa femme.	189
LXVIII.	De une jeune femme de Boulongne qui ne sçavoit comment complaire à son mary	191
LXIX.	La responce d'ung Confesseur au Duc de Milan.	193
LXX.	De celluy qui demanda se sa femme porteroit bien ung enfant douze moys	295
LXXI.	Une folle demande que fist ung Prestre en plein sermon	197
LXXII.	De celluy qui se repentit de avoir donné à sa femme une robbe de trop grant pris.	199
LXXIII.	La vision de François Philelphe jaloux de sa femme.	201
LXXIV.	D'ung bonhomme qui ne voulut point estre gary de la soêf.	204
LXXV.	Du Cardinal qui fut esventé du cul. .	206
LXXVI.	De celluy qui fut déçeu en escripvant à sa femme.	208
LXXVII.	Le testament d'ung ancien homme fait à sa femme	212
LXXVIII.	De la femme qui se conseilla à ung Confesseur pour avoir des enfans .	214

		Pages
LXXIX.	D'ung Hermite qui congneut plusieurs femmes soubz umbre de confession	218
LXXX.	Du jeune Florentin qui congneut la femme de son père	221
LXXXI.	Du jeune sot qui ne sçeut trouver le lieu pour habiter sa femme la première nuyt.	224
LXXXII.	D'ung montenois qui reffusoit une fille pource qu'elle estoit trop jeune.	227
LXXXIII.	De celluy qui fist manger au Prestre la disme des estrons de sa femme .	229
LXXXIV.	D'ung Florentin qui devoit espouser la fille d'une veufve.	232
LXXXV.	Facécie de celluy qui voulut estre devin.	236
LXXXVI.	D'ung Moyne qui mist son membre au pertuis d'une table	238
LXXXVII.	De celluy qui desira estre pompon affin qu'on luy sentist le cul. . .	240
LXXXVIII.	D'ung marchant qui se vanta que sa femme n'avoit jamais fait pet au lict.	142
LXXXIX.	Joyeuse manière de rechasser les pouvres de ung Hospital	245
XC.	D'ung prédicateur qui preschoit le jour sainct Cristofle.	247
XCI.	De celluy qui dit qu'il portoit une teste de vache en ses armes . . .	249
XCII.	De celluy qui estoit marry pour ce qu'il estoit en debte.	262

		Pages
XCIII.	Des Grecs qui eurent la barbe du vizaige rèze et les Gennevoys celle du cul . .	254
XCIV.	De la vieille qui se voulut remarier et refusa ung homme par faulte de oustil.	258
XCV.	D'ung Frère Religieux qui engrossa une Abbesse	261
XCVI.	Une joyeuse responce d'ung saige enfant à ung fol Cardinal	263
XCVII.	De la jeune femme mariée qui fist troys petz affin que son mary l'abitast. . .	265
XCVIII.	L'excusacion d'une fille qui ne pouvoit concepvoir enfans	268
XCIX.	Du Frère Mineur qui fist le nez à un enfant	270
C.	Du Prestre qui en preschant print cinq cens pour cinq mille.	274
CI.	D'ung Prédicateur comparé à ung asne pource qu'il crioit ung peu trop hault en preschant	275
CII.	D'une jeune femme qui reffusa son mary la première nuyt et s'en repentit après.	277
CIII.	Des relicques des brayes Sainct François	279
CIV.	Le débat de deux femmes qui se vantoyent d'avoir amys	282
CV.	D'ung Foullon d'Angleterre qui fist chevaulcher sa femme à son Varlet. . .	284
CVI.	D'ung Florentin qui se farsa des Gennevoys et de leurs femmes.	287
CVII.	Du vieil homme qui se efforçoit de ha-	

		Pages
	biter sa femme de paour qu'on ne luy habitast	289
CVIII.	De deux jouvencelles qui conseillèrent à ung Prince laver sa teste en pissat de pucelle.	292
CIX.	De celluy qui se cuydoit railler du Confesseur, et le Confesseur se railla de luy.	295
CX.	Du Meusnier qui fust déçeu de sa femme par luy mesme	297
CXI.	La joyeuse responce de une femme à son mary	301
CXII.	L'excusation de Poge Florentin, et fin de son Livre.	303

CY FINE LA TABLE.

TABLE

DONNANT LA SUITE COMPLÈTE

DES FACÉTIES IMPRIMÉES EN LATIN,

AVEC LA CONCORDANCE DE CELLES TRADUITES PAR TARDIF
ET LE RENVOI

AU TEXTE ET AUX NOTES DE L'ÉDITION DE NOEL.

Tardif.	Facetiæ.	
		PROHÊME. *Multos futuros esse arbitror..* (Noel. Ne æmuli carpent Facetiarum opus propter eloquentiæ tenuitatem.)
I	1	D'ung pouvre Pescheur, qui loua et despita Dieu tout en une heure. *Caietani, qui e plebe sunt* .. (Noel. Gratia Dei plus æquo favens. I, 5 ; II, 3).
II	2	D'ung Médecin qui guarissoit les folz, démoniacles et enragez. *Plures colloquebantur...* (Noel. Insanus sapiens. I, 7).
III	3	D'ung Escolier paresseux. *Bonacius, adolescens facetus...* (Noel. Excusatio pigritiæ. I, 11 ; II, 4).
IV	4	D'ung Juif qui se fist chrestienner par l'exortation d'aulcuns chrestiens. *Judeum cum multi hortarentur...* (Noel. Centuplum. I, 11).
V	5	D'ung fol homme, qui cuyda que sa femme eust deux secretz de nature. *Homo e nostris rusticanus...* (Noel. Jus Parochi. I, 13 ; II, 4-7).
VI	6	D'une veufve qui fut amoureuse d'ung pouvre. *Ypocritarum genus pessimum.,.* (Noel. Vir continens. I, 15 ; II, 7-8).
VII	7	D'ung jeune Chevalier, qui se farsa de ung Evesque. *Ibam semel ad Pontificis Palatium...* (Noel. De equestri palliato. I, 17).
VIII	8	Ung dit joyeulx que Poge racompte d'ung

		sien compaignon, nommé Zacarus. *Perambulantes aliquando Urbem*... (Noel. Dictum Zachari. I, 18 ; II, 9).
IX	9	De ung Prévost qui fut reprins de trop se louer. *Quidam iturus Florentiam Prætor*... (Noel. De Prætore. I, 18).
X	10	D'une femme adultère, qui fist coucher son mary en ung colombier tandis qu'elle estoit avecques son amy. *Petrus quidam contribulus meus*... (Noel. Fraus muliebris. I, 20 ; II. 9-11).
XI	11	Du sot Prestre, qui ignoroit le Dimenche de Pasques fleuries. *Bellum oppidum est*... (Noel. Quadragesima extemporalis. I, 22 ; II, 11-12).
XII	12	Des paysans qui demandèrent le Crucifix vif. *Ex hoc quidem oppido missi sunt*... (Noel. Crucifixus vivus. I, 24; II, 12-14).
XIII	13	Des joyeuses responces du Cuysinier du Duc de Millan. *Dux Mediolani senior*...(Noel. Coci faceta libertas. I, 24; II, 15).
XIV	14	Aultre joyeux dict du Cuysinier. *Idem Cocus, bello insuper vigente*... (Noel. Coci ejusdem dictum. I, 25).
XV	15	Demande joyeuse dudict Cuysinier à son maistre. *Is ipse, cum multi peterent varia*... (Noel. Petitio ejusdem. I, 26 ; II, 15-6).
XVI	16	De Lettres présentées par raillerie à ung Vicomte nommé Jannot. *Antonius Luscus, vir facetissimus*...(Noel. De Jannoto Vicecomite. I, 27).
XVII	17	Facécie et similitude semblable d'ung Cousturier à ung Vicomte. *Commiserat olim Martinus Pontifex Antonio Lusco*... (Noel. De sutore quodam. I. 28).
XVIII	18	La complaincte de ung pouvre homme à ung Capitaine de Gens d'armes. *Apud Facinum Canem*... (Noel. Querimonia spolii causa. I, 30 ; II, 16).

XIX	19	L'exhortation d'ung Cardinal en guerre aux combatans. *Cardinalis Hispaniensis bello...* (Noel. Jejunium. I, 31; II, 17-19).
—	20	— Patriarche responsio. *Patriarcha Hierosolimitanus...* (Noel. Advocati responsio. I, 32 ; II, 20).
—	21	— De Urbano Pontifice sexto.*Alter Urbanum olim summum Pontificem...* (Noel. De Urbano VI. I, 33).
XX	22	Du Prestre qui porta les chapons cuytz à l'Evesque. *Episcopus Aretinus, Angelus nomine...* (Noel. Capones. I, 33).
—	23	— De amico qui egre ferebat multos sibi preferri doctrinâ et probitate inferiores. *In Curia Romana ut plurimum...* (Noel. Invisa dominantibus doctrina. I, 34).
—	24	— De muliere frenetica. *Mulier ex meo municipio...* (Noel. Medela insaniæ. I, 35 ; II, 20).
—	25	— De muliere suprà Padum astante. *De meretricibus navicula...* (Noel. Laus Ferrariæ. I, 36).
XXI	26	De ung gros Abbé, qui, par une response à deux ententes, fut raillé d'estre si gros. *Abbas Septimi, homo corpulentus...* (Noel. De Abbate Septimi. I, 37; II, 20-21).
—	27	— Civis Constancie, soror cujus gravida erat. *Nobilis Episcopus Britanniis...* (Noel. Ex Concilio prægnans. I, 37; II, 21-23).
—	28	— Sigismundi, Imperatoris, dictum. *Sigismundus, quondam Imperator...* (Noel. Sigismundi dictum. I, 18; II, 23).
—	29	— Dictum sacerdotis Laurentii, Romani. *Una die Angelottus Romanus...* (Noel. Laurentii dictum. I, 39).
—	30	— Confabulatio Nicolai Anagnini. *In hanc fermè sententiam Nicolaus*

		Anagninus... (Noel. Confabulatio Nicolai Anagnini. I, 39).
XXII	31	Des monstres et prodiges merveilleux qui apparurent sur terre au temps que cestuy livre fut faict. *Monstra hoc anno plura*...(Noel. De Prodigio. I, 40.)
XXIII	32	Le second chapitre est de ung chat monstreux qui avoit deux testes. *Vir insignis Hugo, Senensis*... (Noel. Aliud. I, 40).
XXIV	33	La tierce partie est de ung veau monstreux, qui avoit deux testes et ung seul corps. *In agro quoque Paduano*... (Noel. Aliud. I, 42).
XXV	34	La quarte partie est d'ung monstre marin terrible, demy-homme, demy-poisson. *Aliud insuper constat*... (Noel. Aliud. I, 42).
—	35	— Facetia Histrionis ad Bonifacium Papam. *Bonifacius Pontifex nonus*... (Noel. Facetia Histrionis. I, 44).
XXVI	36	Facécie d'ung Prestre qui ensepvelit son chien en terre benoiste. *Erat sacerdos in Tuscia quidam*... (Noel. Canis testamentum. I, 45 ; II, 23-7).
XXVII	37	Du tirant Prince qui imposa crime capital à un de ses subjectz pour avoir son argent. *Homo admodum pecuniosus erat*... (Noel. Tyranni commentum. I, 4; II, 28).
XXVIII	38	D'ung Religieux qui fist le court sermon. *Oppidum est in montibus nostris*... (Noel. Concio brevis. I, 48; II, 28-9).
XXIX	39	Ung facécieux et joyeulx conseil donné à ung rustique, qui se estoit rompu les costes en cueillant des chastaignes. *Rusticus cum castaneam arborem*... (Noel. Consilium Minacii ad rusticum. I, 49 ; II, 29).
—	40	— Ejusdem Minacii responsio. *Idem Minacius cum aliquando*...(Noel. Ejusdem responsio. I, 50 ; II, 29).
—	41	— De paupere monoculo qui frumentum

		empturus erat. *Tempore quo Florentie...* (Noel. Pauper monoculus. I, 50).
xxx	42	De l'homme qui demanda pardon à sa femme quand elle se mouroit *Consolabatur uxorem vir...* (Noel. Venia rite negata. I, 51 ; II, 29).
xxxi	43	De la belle fille qui cuidoit que son mary deust avoir la Marguet aussi grant que celle d'ung asne. *Adolescens nobilis et forma insignis...* (Noel. Aselli priapus. I, 52 ; II, 30-7.)
xxxii	44	Du Prédicateur qui dist en preschant qu'il aymeroit mieulx despuceler dix vierges que avoir une femme mariée. *Predicator Tibure Frater...* (Noel. Adulterii fœditas. I, 55; II, 38-9).
—	45	— De Paulo qui ignorantibus nonnullis luxuriam commovit. *Frater, Paulus nomine...* (Noel. Luxuriæ magister. I, 55; II, 40).
xxxiii	46	Du Confesseur qui bailla son ostil en la main d'une femme qu'il confessoit. *Mulier adolescens quæ id mihi...* (Noel. Confessor. I, 55 ; II, 40.)
xxxiv	47	Joyeuse responce d'une femme à ung homme et touchant le bas mestier. *Interrogata semel a viro mulier...* (Noel. Quæstio medica. I, 56; II, 41-3).
xxxv	48	D'ung Médecin qui joyeusement escondit ung pouvre qui luy demandoit l'aumosne. *Bello quod primum Florentini...* (Noel. Prohibita pacis mentio. I, 57 ; II, 43).
xxxvi	49	De l'homme qui menassa sa femme de luy faire sa maison pleine d'enfans. *Erat sermo inter socios quæ pœna.* (Noel. Novum supplicii genus I, 58 ; II, 44-6).
xxxvii	50	Du Cardinal qui racompta la facécie pour se farcer du Pape. *Gregorius duodecimus, antequam Pontifex...* (Noel. Histrio volans. I, 59).

	51	— Responsio Redolphi ad Bernabovem. *Redolphi Camarinensis dictum prudens...* (Noel. Dux prudens. I, 61).
	52	— Sententia Redolphi contra illum qui eum vulneravit. *Viri nonnulli Camarinenses...* (Noel. Redolphi humanitas. I, 62).
XXXVIII	53	Une fable de ung lourdault qui quéroit l'asne sur lequel il estoit monté. *Mancinus, vir rusticus...* (Noel. Fabula Mancini. I, 63 ; II, 47-8).
	54	— Alia responsio Redolphi *Idem, bello quod Florentini...* (Noel. Alia Redolphi responsio. I, 64).
XXXIX	55	Comment Rodolphe se farsa de ceulx de Florence qui l'avoyent fait peindre en leur cité comme proditeur. *Florentinis postmodum...* (Noel. Ejusdem jocus. I, 64 ; II, 40).
XL	56	De celluy qui monta sur son asne la charrue à son cul. *Alter, Pierus nomine...* (Noel. Aratrum humero impositum. I, 65 ; II, 49).
XLI	57	Une élégante responce d'ung poëte Florentin, nommé Dantes. *Dantes Alligerius, poeta noster...* (Noel. Responsio Dantis. I, 66 ; II, 50).
XLII	58	Aultre joyeuse responce dudict Dantes, poëte Florentin. *Huic ipsi inter seniorem aliquando junioremque Canem...* (Noel. Ejusdem faceta responsio. I, 67 ; II, 50-1).
XLIII	59	De la femme obstinée qui appella son mary pouilleux. *Colloquebamur aliquando de pertinaciâ mulierum...* (Noel.) Pertinacia muliebris. I, 68 ; II, 51-3).
XLIV	60	De celluy qui avoit getté sa femme en la rivière et l'alloit cercher contremont l'eaue. *Alter uxorem, quæ in flumine perierat...* (Noel. Mulier demersa. I, 69 ; II, 53-60).
XLV	61	De ung rusticque qui se voulut ennoblir.

		Petebat a Duce Aurelianensi... (Noel. Rusticus nobilem se fieri petens. I, 70).
XLVI	62	De celluy qui fist croire à sa femme qu'il avoit deux oustilz, ung petit et ung grant. *Erat in oppido nostro Terre-nove...* (Noel. Duo priapi. I, 71 ; II, 61).
—	63	— Responsio unius mulieris Pisane. *Mambacharia mulier Pisana fuit..* (Noel. Responsio mulieris Pisanæ. I, 72).
XLVII	64	Le dict d'une matrone qui vit les vestemens d'une mérétrice aux fenestres. *Mulier adultera expanderat...* (Noel. Tela araneæ. I, 72).
XLVIII	65	La description d'une folle requeste. *Rogabat quidam contribulum meum...* (Noel. Monitio cujusdam 1, 73).
XLIX	66	Le dict d'ung Pérusien à sa femme. *Perusini habentur viri faceti...* (Noel. Quomodo calceis parcatur. I, 74 ; II, 62-5.)
—	67	— Perfacetum dictum cujusdam adolescentis. *Querebatur rusticana mulier anserinos suos...* (Noel. Mentula incantata. I, 75).
—	68	— De viro stolido, qui simulantem vocem credidit se ipsum esse. *Pater cujusdam amici nostri...* (Noel. Alter Sosia. I, 75).
—	69	— De rustico qui anserem venalem deferebat. *Rusticum adolescentem, qui Florentie...* (Noel. Anser venalis. I, 76 ; II, 65-9).
—	70	— De avaro qui urinam degustavit. *Curialis unus e nostris notæ avaritiæ...* (Noel. Avarus elusus. I, 78).
—	71	— De quodam pastore simulatim confitente. *Pastor ovium ex eâ Regni Neapolitani orâ...* (Noel. Confessio pastoris. I, 79).
—	72	— Pulchrum dictum, defendens ludentes ad taxillos. *Est in oppido Terræ-novæ certa constituta pœna..*

		(Noel. Jocus aleatoris. I, 80; II. 70-1).
—	73	— De patre filium ebrium redarguente. *Pater cum filii ebrietatem...* (Noel. Paterni moniti successus. I, 81).
—	74	— De adolescente Perusino. *Tisbinam quoque, Perusinum adolescentem...* (Noel. De adolescente Perusino. I, 81; II, 71).
L	75	Du Duc d'Angers, qui monstra une belle couverture de lict toute semée de pierreries. *Erat sermo aliquando in cetu doctorum virorum...* (Noel. Pretiosi lapides. I, 82).
—	76	— De eodem Redolpho. *Hic ipse cuidam Camarinensi...* (Noel. Mundus quid sit. I, 84).
LI	77	L'excuse d'un Pérusien à qui on demandoit du vin. *Erat Perusino cuidam dolium vini sapidi...* (Noel. Perusini dictum. I. 84; II, 71-4).
LII	78	Le débat de deux femmes pour une pièce de toylle. *Duæ Romanæ mulieres, quas novi...* (Noel. Quæstio juris. I, 85).
LIII	79	La fable d'un Coq et d'un Regnard. *Esuriens quidam Vulpes, ad decipiendas Gallinas...* (Noel. Gallus et Vulpes. II, 74-80.
—	80	— Facetum dictum. *Vir, in dicendo liberior...* (Noel. Facetum dictum. II, 80).
—	81	— Disceptatio inter Florentinum et Venetum. *Venetis fœdus erat cum Duce Mediolani...* (Noel. Disceptatio... II, 81).
—	82	— Comparatio Anthonii Lusci. *Miriacus, Anconitanus, homo verbosus...* (Noel. In vane curiosos. II, 84-6).
—	83	— De Cantore, qui predixit se mortem Hectoris recitaturum. *Subjunxit alter similis fabellam stulticie...* (Noel. Cantor Hectoris. II, 87).

TABLE DES FACÉTIES.   323

	84	— De muliere qui se viro semimortuam ostendit. *Garda (Sarda?) oppidum est in nostris montibus...* (Noel. Deliquium. I, 86).
LIV	85	D'ung Chevalier Florentin, qui cuidoit tenir sa Chambrière et il tenoit sa femme. *Rossus de Riciis, Eques Florentinus...* (Noel. Mentula divinatrix. I, 87 ; II, 88-90).
—	86	— De Milite qui habebat uxorem litigiosam. *Habebat Florentinus Eques...* (Noel. Uxor litigiosa. I, 88).
LV	87	De celluy qui contrefaisoit le Médecin et donnoit des pillules pour trouver les asnes perdus. *Fuit nuper Florentie homo, confidens...* (Noel. Circulator. I, 87; II, 91-5).
—	88	— Comparatio Petri de Eghis. *In seditione quadam civitatis Florentie...* (Noel. Comparatio P. de E. I, 90).
LVI	89	D'ung Médecin qui redressa la jambe à une très-belle jeune fille. *Cum cenarent mecum contribules nonnulli...* (Noel. Par pari. I, 91 ; II, 95-6).
LVII	90	De celluy qui ne sçavoit recongnoistre son cheval. *Loquentibus nonnullis doctis viris...* (Noel. Eques Venetus. I, 92 ; II, 95).
—	91	— Dictum Caroli, Bononiensis. *Mos est loquendi, cum quempiam..*, (Noel. Dictum C. B. I, 93 ; II, 97).
—	92	— De feneratore sene, derelinquente fenus timore perdendi parta. *Hortabatur feneratorem jam senem amicus...* (Noel. Fenerator senex. I, 94).
LVIII	93	De une Mérétrice ancienne mendiante. *Dum hoc in coronâ recitaretur...* (Noel. Meretrix senior. I, 95 ; II, 97-8).
LIX	94	Comment ung Docteur, Légat dessoubz le Pape Martin, fut reprins d'ignorance.

		Cum Secretarii essent aliquando cum Papâ... (Noel. Doctoris imperitia. I, 96).
LX	95	Le dit de l'Evesque de Lactense. *Alter Episcopus s. Electensis Romani cujuspiam dictum retulit...* (Noel. Risus ineptus. I, 96 ; II, 98).
—	96	— Dictum facetum cujusdam Abbatis. *Subdidit et alius duo facetè ab Oratoribus...* (Noel. Salsè responsum. I, 97).
—	97	— Dictum facetum. *Idem in altercatione quam super...* (Noel. Aliud. I, 98).
—	98	— Mirabilia per librarium dicta. *Librarius meus, Johannes nomine...* Noel. Mirabilia. I, 98).
—	99	— Mirabile judicium de contemptu Sanctorum. *Hic alter ex Senatoribus meis, Roletus nomine, patriâ Rothomagensis...* (Noel. Alia. I, 100).
—	100	— Facetum de sene quodam qui asinum portavit super se. *Dicebatur inter Secretarios Pontificis...* (Noel. Agaso. I, 101 ; II, 98-118).
—	101	— Hominis maxima imperitia. *Recitabantur aliquando Litteræ coram Prioribus Florentinis...* (Noel. Hominis imperitia. 104).
—	102	— Alia hominis imperitia. *Similis huic contribulus meus, Matheozius nomine...* (Noel. Aliud exemplum. I, 105).
—	103	— De quodam sene barbato. *Vir doctissimus atque humanissimus omnium....* (Noel. Barba ferens. I, 106).
—	104	— Comparatio quædam Karoli, Bononiensis, de quodam Notario. *Quum cœnaremus in Palatio Pontificis...* (Noel. Notarius insipiens. I, 107).
—	105	— De Doctore Florentino ad Reginam destinato, qui concubitum requisivit. *Accidit etiam sermo inter jocan-*

—	106	dum... (Noel. Florentinus Orator I, 108).
— De homine qui Dyabolum in imagine mulieris cognovit. *Vir doctissimus Cincius, Romanus, mihi...* (Noel. Succubus, I, 110; II, 119).
—	107	— Similis fabula, per Angelottum dicta. *Aderat Angelottus, episcopus Anagninus...* (Noel. Illusio diabolica. I, 111).
—	108	— De Advocato qui ficus à litigante acceperat. *Humanissimus ac facetissimus vir Antonius Luscus, culpantibus nobis...* (Noel. Ficus et Persica. I, 112).
LXI	109	Facécie d'un fol Médecin qui dist que ung malade avoit mangé ung asne. *Medicus indoctus, sed versutus, cum...* (Noel. Clitella. I, 113; II, 119).
LXII	110	Du Juge qui dist que les deux parties avoient gagné. *Oppidum est Bononyensium, nomine Medicina...* (Noel. Judex optimus. I, 116).
LXIII	111	D'ung fol Médecin, qui jugea que une femme avoit besoing pour sa santé de compaignie d'homme. *Egrotabat apud nos mulier, quam novi...* (Noel. Medela præsens. I, 117; II, 120).
LXIV	112	Ung autre cas semblable advenu au Chasteau de Valence. *Rem similem in oppido Valencie...* (Noel. Priapi virtus. I, 118; II, 120-1).
—	113	— De homine non litterato, qui dignitatem Archipresbiteratus ab Archiepiscopo Mediolanensi postulavit. *Querebatur aliquando de conditione temporum...* (Noel. Inepta postulatio. I, 119).
LXV	114	De la Mérétrice qui se complaignoit du Barbier qui l'avoit coupée. *Magistratus est Florentie quem « Officiales Honestatis » vocant...* (Noel. Quæstio juris. I, 121).

LXVI	115	D'ung Religieux à qui se confessa une Veufve. *Audiebat Religiosus, ex his qui vivere in Observantia dicuntur...* (Noel. Penitentia. I, 127; II, 121).
LXVII	116	De celluy qui fist le mort devant sa femme. *In Monte Varchio, oppido nobis propinquo...* (Noel. Vir reviviscens. I, 123).
LXVIII	117	De une jeune femme de Boulongne, qui ne sçavoit comment complaire à son mary. *Adolescentula Bononiensis noviter nupta...* (Noel. Rara avis. I, 125).
LXIX	118	La responce d'ung Confesseur au Duc de Milan. *Bernaboves Princeps Mediolani fuit...* (Noel. Præsens animus. I, 126; II, 122).
—	119	— De servo oblivioso ex pondere defatigato. *Robertus ex Albiciorum familiâ...* (Noel. Servus obliviosus. I, 127).
—	120	— De homine qui mille fl orenos vult expendere ut cognoscatur, et responsio in eum facta. *Quidam è nostris Florentinus adolescens...* (Noel. In stultum. I, 128; II, 123).
—	121	— Jocatio Dantis clarissimi. *Dantes, poeta noster, cum exul Senis esset...* (Noel. Jocus Dantis. I, 129; II, 123-4).
LXX	122	De celluy qui demanda si sa femme portoit bien en douze moys ung enfant. *Florentinus civis peregre profectus...* (Noel. Partus tempestivus. I, 129; II, 125).
LXXI	123	Une folle demande que fist ung Prestre en plain sermon. *Juxta portam Perusinam est Ecclesia sancti Martini...* (Noel. Dubitatio. I, 130; II, 126).
—	124	— Ridenda hominis adversus Oratorem Perusinorum. *Quo tempore Florentini cum Pontifice Gregorio...* (Noel. In stolidum Oratorem. I, 131).

—	125	— De Oratoribus Perusinis ad Pontificem Urbanum. *Ad Urbanum quoque quintum Pontificem...* (Noel. Idem argumentum. I, 132; II, 126).
—	126	— Insulsum dictum Oratorum Florentinorum. *Nostri Florentini Oratores in Galliam missi...* (Noel. Aliud exemplum. I, 133).
—	127	— Facete dictum cujusdam Johannis Petri, Senensis. *Johannes Petrus, civis Senensis...* (Noel. Facete dictum. I, 135).
LXXII	128	De celluy qui se repentit de avoir donné à sa femme une robe de trop grant prix. *Querebatur vir quidam, cum uxori...* (Noel. Parcimonia. I, 136; II, 126-8).
—	129	— Recitatio jocosa de Medico. *Retulit mihi Cardinalis Burdegalensis...* (Noel. Crus ægrum. I, 136; II, 128).
—	130	— De homine qui in somniis aurum reperiebat. *Amicus quidam noster aurum à se repertum...* (Noel. Aureum somnium. I, 137; II, 129-30).
—	131	— De Secretario Frederici, Imperatoris. *Petrus de Vineis, vir doctus...* (Noel. Vindicta Italica. I, 138).
—	132	— De Judœo mortuo assumpto in cibum per Florentinum. *Quum duo Judœi ex Venetiis...* (Noel. Vivum Sepulcrum. I, 140).
LXXIII	133	La vision de François Philelphe, jaloux de sa femme. *Franciscus Philelphus, zelotipus uxoris...* (Noel. Annulus. I, 141; II, 130-5).
LXXIV	134	Du bon buveur qui ne voulut point estre garry de sa soif. *Quidam vini potator egregius...* (Noel. Potator. I, 142; II, 135-7).
LXXV	135	Du Cardinal qui fut éventé du cul. *Cardinalis de Comitibus, vir grassus et corpulentus...* (Noel. Ventus. I, 143).

—	136	— Facetia alterius Cardinalis jocundissima. *Eodem instrumento Cardinalis Tricaricensis...* (Noel. Crepitus. I, 144).
—	137	— De muliere, quæ, cum cooperiret caput, culum detexit. *Mulier, capite ob defectum cutis abraso...* (Noel. Pudor muliebris. I, 144 ; II, 138).
LXXVI	138	De celluy qui fut déçeu en escripvant à sa femme. *Francisco de Ortano, Equiti Neapolitano...* (Noel. Duplex epistola. I, 145 ; II, 139).
—	139	— Fabula Dantis, qui sepius uxorem suam increpabat. *Contribulus meus, Dantis nomine...* (Noel. Mariti fides. I, 147 ; II, 139).
LXXLII	140	Le testament d'ung ancien homme fait à sa femme. *Petrus Masini, civis noster, admodum mordax...* (Noel. Testamentum. I, 148 ; II, 139-40).
LXXVIII	141	De la femme qui se conseilla à ung Confesseur pour avoir des enfans. *Zucarus, vir omnium urbanissimus, narrare solebat...* (Noel. Remedium in sterilitatem. I, 149 ; II, 140-1).
LXXIX	142	D'ung Hermite qui congneut plusieurs femmes soubz umbre de confession. *Heremita quidam Paduæ erat, Ansemirius nomine...* (Noel. Eremita. I, 151 ; II, 142-3).
LXXX	143	D'ung jeune Florentin qui congneut la femme de son père. *Florentie juvenis quidam, cum novercam subigeret...* (Noel. Justa excusatio. I, 152 ; II, 143-4.)
—	144	— Disceptatio Minorum pro imagine sancti Francisci fiendâ. *Fratres quidam Ordinis Minorum decreverant...* (Noel. Divi Francisci imago. I, 153 ; II, 143.)
—	145	— De Sacerdote Florentino qui Unga-

		riam iverat. *Est in regno Ungariȩ moris ut...* (Noel. Lippientes. I, 154; II, 143).
—	146	— Responsio rustici ad patronum sui fundi. *Rusticus quidam e nostris roganti patrono...* (Noel. Maius. I, 155).
—	147	— Ridiculosi hominis dictum. *Romanus quidam, nobis notus, ascendit...* (Noel. Arundines. I, 156; II, 144-5).
—	148	— Derisio hominis porcum occidere nolentis. *Mos erat, in oppido quodam Piceni, ut...* (Noel. Porci furtum. I, 157; II, 145).
—	149	— Dictum Fazini Canis, *Faȝinus Canis, dux armorum, operâ Ghibellinæ factionis...* (Noel. Dictum Facini. I, 158; II, 145).
LXXXI	150	Du jeune sot qui ne sçeut trouver le lieu pour habiter sa femme la première nuyt. *Adolescens Bononiensis stupidi ingenii...* (Noel. Uxor imperforata. I, 158).
—	151	— De uxore Pastoris, quæ de Sacerdote filium habuit. *Pastoris cujusdam in Rivo-Frigido...* (Noel. Pastor frugi. I, 161; II, 146-7).
—	152	— De rustico qui asinos onustos deduxit frumento. *In Consilio Perusino rusticus cum...* (Noel. Asini frumento onusti. I, 161; II, 147).
—	153	— Facetum dictum pauperis ad divitem frigentem. *Dives quidam, suffultus vestibus...* (Noel. Pauper et Dives. I, 161; II, 147).
LXXXII	154	D'ung montagnoys qui reffusoit une fille pource qu'elle estoit trop jeune. *Cupiebat ex oppido Pergula montanus desponsare...* (Noel. Probata fœcunditas. I, 162; II, 148-9).
LXXXIII		De celluy qui fist manger au Prestre la

		disme des estrons de sa femme. *Brugis ea nobilis est in Occidente civitas...* (Noel. Decimæ. I, 163 ; II, 149-50).
	156	— De Medico qui uxorem Sutoris infirmam subegit. *Sutor quispiam Florentie ad uxorem...* (Noel. Talio. I, 164 ; II, 150).
LXXXIV	157	D'ung Florentin qui devoit espouser la fille d'une veufve. *Florentinus, qui sibi scitus videbatur...* (Noel. Repensa merces. I, 165 ; II, 151).
—	58	— De feneratore Vicentino. *Fenerator Vicentinus Religiosum...* (Noel. Fœnerator. I, 167 ; II, 151-4).
—	159	— Fabula facetissima Jannini coqui. *Janninus, coquus Baronti Pistoriensis...* (Noel. Vindicta. I, 168).
—	160	— De Veneto qui equitans calcaria in sinu gestebat. *Addidit et alterius Veneti haud imparem stultitiam...* (Noel. Calcaria in sinu. I, 169 ; II, 154-7).
—	161	— De Veneto insano quem Farmacopula circumforaneus derisit. *Narravit quoque aliam fabulam...* (Noel. Papæ fabricator. I, 169 ; II, 157-61).
—	162	— De Veneto qui Tervisium proficiscens a servo in renes lapide percussus est. *Venetus, Tervisum profecturus...* (Noel. Equus calcitrosus. I, 171 ; II, 161-2).
—	163	— De Vulpe in paleâ absconditâ qui fugebatur à canibus. *Vulpes olim fugiens in venatione canes...* (Noel. Vulpes I, 171 ; II, 162-4).
—	164	— De Florentino qui equum emerat. *Notus mihi Florentinus Rome empturus...* (Noel. Vafer debitor. I, 173 ; Emptoris fides. II, 165).
—	165	— Facetissimum histrionis Gonnellæ. *Gonnella, quondam histrio per-*

TABLE DES FACÉTIES.

		facetus... (Noel. Divinatio. I, 173).
LXXXV	166	Facécie de celluy qui voulut estre devin. *Alteri quoque, ut divinator fieret optanti...* (Noel. Idem argumentum. I, 174; II, 167).
—	167	— De prodigiis nunciatis Eugenio Papæ. *Hoc anno, mense octobri, cum iterum Pontifex...* (Noel. Prodigia. I, 174).
—	168	— Mirandum inspiciendum. *Paucis post diebus et ab urbe Roma...* (Noel. Alia. I, 176).
—	169	— De Notario Florentino falso. *Notarius quidam Florentinus qui parum...* (Noel. Notarii fraus. I, 178).
LXXXVI	170	D'ung Moyne qui mist son membre au pertuys d'une table. *In Piceno est oppidum, Esis nomine...* (Noel. Priapus in laqueo. I, 179; II, 167-70).
—	171	— Horribile de puero qui infantulos comedebat. *Inseram his nostris confabulationibus rem nefandam...* (Noel. Puer anthropophagus. I, 181.)
—	172	— De Equite Florentino qui, fingens se iturum foras, insciâ conjuge in cubiculo latuit. *Eques Florentinus podagrosus...* (Noel. Bellum et pax. I, 183).
—	173	— De quodam, volente se videri summæ castitatis, in adulterio comprehenso. *Quidam, civis noster, qui se castum...* (Noel. Mortificatio carnis. I, 184).
—	174	— Ad idem. *Heremita, qui Pisis morabatur tempore Petri Gambacurti...* (Noel. Idem argumentum. I, 185; II, 171-3).
—	175	— De paupere qui naviculâ victum quærebat. *Pauperculus, qui naviculâ ad flumen...* (Noel. Naulum. I, 185; II, 173-4).

—	176	— De quodam insulso Mediolanensi, qui in scriptis porrexit peccata sua Sacerdoti. *Mediolanensis quidam, sive stultus, sive ypocrita...* (Noel. Mulcta peccati. I, 187).
—	177	— De quodam qui, visitando affines uxoris, volebat à socio commendari. *Desponsaverat uxorem quidam...* (Noel. Jactantia prodita. I, 188; II, 174-6).
—	178	— De Pasquino quondam Senensi qui imposuit cuidam ex statu ut creparet. *Pasquinus, Senensis, vir dicax ac jocosus...* (Noel. Castigata vanitas. I, 189).
—	179	— De Doctore qui litterali sermone loquebatur in avibus capiendis et indoctus erat. *Doctor Mediolanensis, indoctus atque insulsus...* (Noel. Aucupium. I, 190).
—	180	— De muliere se credente ad laudem trahi confitendo latiorem vulvam habere. *Rubigebatur ab adultero mulier Senensis...* (Noel. Laus singularis. I, 190).
—	181	— De adolescentulâ laborante ex partu facetum. *Adolescentula, paulo simplicior, Florentie laborabat...* (Noel. Porta duplex. I, 192 ; II, 176-80).
—	182	— De quodam qui Romanum adolescentem laudavit. *Romanum adolescentem, admodum formosum...* (Noel. Laus adolescentis. I, 193).
LXXXVII	183	De celluy qui desira estre pompon affin que on luy sentist le cul. *Erant complures Florentie colloquentes...* (Noel. Vota. I, 193 ; II, 130)
LXXXVIII	184	Du Marchant qui se vanta que jamais sa femme n'avoit fait pet au lict. *Mercator quidam, coram Domino cui subditus erat...* (Noel. Mulieris crepitus. I, 194 ; II, 131).

	185	— Sapientissima responsio contra detractorem. *Moisius Marsilius, ex Ordine Augustinensium...* (Noel. In detractores. I, 196; II, 131).
—	186	— Faceta responsio, multis Episcopis accommodata. *Idem, rogatus ab amico quidnam...* (Noel. Mitra. I, 197).
—	187	— Facetum dictum cujusdam in Franciscum Filelphum. *Cum, in Palatio Apostolico, in cetu Secretariorum...* (Noel. In Fr. Philelphum, I, 198; II, 181).
—	188	— De lenone facto ex Notario. *Erat Notarius Gallicus in Avinione...* (Noel. In eumdem. I, 199).
LXXXIX	189	Joyeuse manière de chasser les pouvres de ung Hospital. *Cardinalis Barensis, Neapolitanus genere...* (Noel. Xenodochium. I, 200; II, 182).
—	190	— Facecia cujusdam qui subagitavit omnes de domo. *Florentinus quidam habebat domi juvenem...* (Noel. Vir gregis. I, 201; II, 183-6).
—	191	— De sono jucundiore inter ceteros. *Erat olim, tempore Bonifacii noni, sermo...* (Noel. De sono. I, 202; II, 187).
—	192	— De filio principis, muto jussu patris ob linguam maledicam. *Principi olim Hispano erat filius...* (Noel. Mutus. I, 202).
—	193	— Cujusdam tutoris facetum. *Zacconus de Ardinghellis, civis Florentinus...* (Noel. Tutor. I, 204; II, 188).
—	194	— De Fratre commatrem cognoscente. *Frater quidam Mendicantium injecerat oculo...* (Noel. Digiti tumor. I, 205; II, 189).
—	195	— Facetum Angelotti, Cardinalis, in Bessarionem. *Angelottus, Romanus Cardinalis, in multis perfacetus...*

		(Noel. In Bessarionem. I, 206; II, 189).
—	196	— Facetum Judicis in Advocatum. *Causa quædam testamentaria...* (Noel. Venetus Judex. I, 207 ; II, 190).
—	197	— Remedium ob frigus evitandum. *Quærenti aliquando mihi quomodo nocte...* (Noel. In frigus, I, 208).
xc	198	D'ung prédicateur qui preschoit le jour de saint Cristofle. (*Predicator ad populum...* (Noel. Asinus divo Christophoro major. I, 208).
—	199	— De duobus noviter nuptis et matre viri. *Adolescens quidam Veronensis...* (Noel. Socrus. I, 209 ; II, 190-2).
xci	200	De celluy qui dit qu'il portoit une teste de vache en ses armes. *Januensis, onerariæ navis patronus...* (Noel. Scutum. I, 210 ; II, 192).
—	201	— Facetum Medici sorte medelas dantis. *Mos est in urbe Roma ut infirmi urina...* (Noel. Medicus urinarius. I, 211 ; II, 198).
xcii	202	De celluy qui estoit marry pource qu'il estoit en debte. *Perambulabat Perusinus quidam per vicum...* (Noel. Hortatio ad debitorem. I, 212 ; II, 198-9).
xcii	203	Des Grecs qui eurent la barbe du visaige raize et aussi les Gennevois celle du cul. *Quidam Januenses, habitantes Peræ...* (Noel. Græcorum et Genuensium barba. I, 212).
xciii	204	— Facetum contra Romanos qui edunt virtutes. *Kalendis Maii Romani varia leguminum genera...* (Noel. Cur Romani degeneres. I, 214).
—	205	— De quodam qui vovit candelam Virgini Mariæ. *Cum essem in Anglia, audivi facetum dictum...* (Noel. Votum. I, 214 ; II, 195).
—	206	— Facetum item de alio qui fecit votum

		sancto Cyriaco. *In eamdem sententiam Anconitanus quidam...* (Noel. Aliud. I, 215).
XCIV	207	De la vieille qui se voulut remarier et refusa ung homme par faulte de oustil. *Mulier vidua, cum diceret vicinæ...* (Noel. Conjugii pax. I, 216; II, 195-201).
XCV	208	D'ung Frère Religieux qui engrossa une Abbesse. *Abbatissam certi monasterii de Urbe, quam novi...* (Noel. Breve adversus imprægnationem. I, 217; II, 201).
XCVI	209	Une joyeuse responce d'ung sage enfant à ung fol Cardinal. *Angeloto, Cardinali Romano, hominum mordaci...* (Noel. Puer facete dicax. I, 218; II, 201-4).
—	210	— De discipulo Cerdonis qui subagitabat uxorem magistri. *Orecii discipulus Cerdonis sæpius domum...* (Noel. Sutura. I, 219).
XCVII	211	De la jeune femme mariée qui fist troys petz affin que son mary l'habitast. *Nupta adolescentula ad parentes proficiscens...* (Noel. Vis crepitus. I, 220; II, 204-9).
—	212	— Quid sit acceptius Deo, dicere aut facere? *Facetus quidam, notus meus, petivit...* (Noel. Dicere et facere. I. 221).
—	313	— De Egiptio hortato ad fidem. *Hortatus est Xristianus quemdam infidelem...* (Noel. Missa. I, 221).
—	214	— De Episcopo perdices pro piscibus comedente. *Episcopus Hispanus, iter faciens...* (Noel. Sacerdotii virtus. I, 222; II, 209).
—	215	— De Fatuo, dormiente cum Archiepiscopo Coloniensi, qui dixit eum quadrupedem. *Archiepiscopus Coloniensis defunctus habebat in deliciis Fatuum...* (Noel. Archiepiscopus quadrupes. I, 223; II, 210).

—	216	— Facetum Martini Pontificis in Oratorem molestum. *Petebat a Pontifice Martino quinto...* (Noel. In molestos. I, 224).
—	217	— De quodam qui damnabat vitam Cardinalis Angeloti. *Damnabat quidam multis verbis...* (Noel. In Angelottum. I, 224).
—	218	— De Fatuo qui Militem Florentinum irridebat. *Erat olim Florentiæ Equestris Ordinis vir...* (Noel. Vis munerum. I, 225).
XCVIII	219	L'excusacion d'une fille qui ne pouvoit concepvoir enfans. *Domini cujusdam uxor...* (Noel. Excusatio sterilitatis. I, 226; II, 210).
—	220	— Johannis Andreæ adulterium reprehenditur. *Johannem Andream, Doctorem Bononiensem...* (Noel. Sapientiæ hospitium. I, 227; II, 211-2).
XCIX	221	Du Frère Mineur qui fist le nez à ung enfant. *Romanus, vir facetissimus, in cetu mihi...* (Noel. Nasi supplementum. I, 227; II, 213-6).
—	222	— De mendacissimo Florentino. *Erat Florentiæ quidam adeo mendaciis assuetus...* (Noel. In mendaces. I, 229; II, 216).
—	223	— Zelotipus quidam se castravit ut uxoris probitatem cognosceret. *Quidam in civitate Eugubii...* (Noel. Optima zelotypi cautio. I, 230; II, 217).
—	224	— Sacerdos offerentibus : « Centuplum accipietis » dicens quid audiverit à quodam sene. *Cum quidam Sacerdos Castri Florentini..* (Noel. De oblationibus. I, 230).
C	225	Du Prestre qui en preschant print cinq cens pour cinq mille. *In eamdem sententiam Sacerdos quidam.,.* (Noel. Centum pro mille. I, 231; II, 218-9).

—	226	— Sapiens dictum Cardinalis Avinionensis ad Regem Franciæ. *Visum est mihi in has confabulationes nostras...* (Noel. Responsum Cardinalis. I, 231; II, 219).
—	227	— Terribile factum in Lateranensi ecclesia. *Non confabulandi sed à sceleribus deterrendi gratiâ...* (Noel. Terribile factum. I, 232).
CI	228	D'ung prédicateur comparé à ung asne parce qu'il crioit ung peu trop hault en preschant. *Cum Religiosus ad populum predicans...* (Noel. Concionatoris asina vox. I, 234; II, 220-3).
CII	229	D'une jeune femme qui reffusa son mary la première nuyt et s'en repentit après. *Florentinus jam senex uxorem duxit...* (Noel. Nunquam negandum. I, 235; II, 223-4).
CIII	230	Des relicques des brayes sainct Françoys. *Res digna risu... accedit Ameliæ...* (Noel. Bracce divi Francisci. I, 236; II, 225-9).
—	231	— De Brevi contra pestem ad collum suspendendo. *Nuper cum ivissem Tibur...* (Noel. Breve contra pestem. I. 239; II, 229).
—	232	— Angeloti Cardinalis os, potius claudendum, aperiebatur. *Angelotus Romanus, admodum loquax...* (Noel. Os claudendum. I, 240).
—	233	— Equum exquisitum quidam stultè petit à Redolpho. *Redolpho, Camerinensi, cujus supra meminimus...* (Noel. In petitores. I, 241).
CIV	234	Le débat de deux femmes qui se vantoyent d'avoir amys. *Quædam in Urbe, quam novimus, mulier...* (Noel. Optimum patrocinium. I, 242. II, 230).
—	235	— Sacerdos laycum delusit se capere volentem. *Sacerdos quidam meridie cum uxore rustici...* (Noel.

		Asinus perditus. I, 242; II, 230-44).
CV	236	D'ung Foullon d'Angleterre qui fist chevaucher sa femme à son varlet. *Cum essem in Angliâ...* (Noel. Vir sibi cornua promovens. I, 243; II, 244-52).
—	237	— Confessio Tusca et postea brusca. *Quidam, qui sororis pudicitiæ non pepercit...* (Noel. Confessio Thusca. I, 245).
—	238	— De prelio Picarum ac Gracularum. *Hoc anno millesimo quadringentesimo quinquagesimo primo, mense Aprili...* (Noel. Pugna Picarum et Graculorum. I, 246).
CVI	239	D'ung Florentin qui se farsa des Gennevoys et de leurs femmes. *Franciscus Quaratensius, Mercator Florentinus...* (Noel. Causa gracilitatis. I, 248).
CVII	240	— De facto cujusdam Florentini justi sed bruti. *Retulit in cetu hominum mihi familiaris...* (Noel. Serenates. I, 247; II, 252-5).
—	241	Du vieil homme qui se efforçoit de habiter sa femme de paour qu'on ne luy habitast. *Adjecit et alter similem fabellam...* (Noel. Faceta Senis petitio. I, 249).
—	242	— Facetum dictum Meretricis adjocans Venetos. *Cum essem in Balneis Puteolanis...* (Transposé dans Noel. Quæ gens mentulatior? I, 260; II, 266).
—	243	— Facetum dictum indocti doctiores confundens. *Cum plures Religiosi de etate et...* (Noel. Docti ab indocto confusi. I, 250; II, 255-6).
—	244	— Salsum hominis dictum contra Mercatorem alios accusantem. *Karolus Gerii, Mercator Florentinus*. (Noel. Salse dictum. I, 251).
—	245	— Bellum mulieris responsum ad juve-

			nem suo amore flagrantem. *Juvenis quidam Florentiæ amore calebat mulieris...* (Noel. Mulieris responsum. I, 254).
—	246	—	De Nobili quodam, tempore Frederici Imperatoris, in armis presumenti sed nil facienti. *Tempore quo Fredericus Imperator...* (Noel. In jactatores. I, 255; II, 256).
—	247	—	De homine qui per biennum cibum non sumpsit neque potum. *Vereor ne id, quod nostris confabulationibus inseram...* (Noel. Monstrum. I, 255).
—	248	—	Facetum dictum hominis asinum erudire promittentis. *Tirannus ad exhauriendum...* (Noel. Asinus erudiendus. I, 258; II, 257-63).
—	249	—	De Presbitero Epifania an vir esset, vel femina, ignorante. *Socius quidam in Festo Epifaniæ narravit mihi...* (Noel. Sacerdotis ignorantia. I, 258).
—	250	—	De quodam Equestre corpulento. *Equestrem quemdam admodum corpulentum...* (Noel. Viri corpulenti jocus. I, 259; II, 263-6).
—	251	—	Fenerator fictè pœnitens in pœnis recidivat. *Ad senem quemdem feneratorem...* (Noel. Fœnerator pœnitens. I, 259).
Voir 242	—	—	(Quæ gens mentulatior? *Scortum erat Venetiis...* (Noel, I, 260; II, 256).
—	252	—	De aviculis fabulosè et falsè loquentibus. *Quidam aviculas capiens in cavea...* (Noel. Aviculæ. I, 261; II, 267).
—	253	—	Cathenis variis collum cingens stultitior estimatur. *Ordinis Equestris quidam Mediolanensis Miles...* (Noel. Catenæ. I, 262; II, 267).
—	254	—	Facetum Redolfi, Domini Camerini,

			in Oratorem contra omnes Dominos invectum. *Bello, quod inter Pontificem Gregorium XI et Florentinos...* (Noel. In inconsultos. I, 262).
—	255	—	De arbitro in cujus domo porcus oleum effudit. *Quidam arbiter, inter duos litigantes datus...*(Noel. Oleum effusum, 1, 263 ; II, 297).
CVIII	256		De deux jouvencelles qui conseillèrent à ung Prince laver sa teste en pissat de pucelle. *Juvenculæ duæ cum essent...* (Noel. Calvus. I, 264 ; II, 270-1).
—	257	—	De Messer Perde el piato. *Henricus de Monte-Leone, causarum Procurator...* (Noel. Messer Perde el piato. I, 265).
—	258	—	De cantilenâ Tabernariis placidâ. *Viator quidam esuriens...* (Noel. Viatoris vacui astutia. I, 266; II, 271).
—	259	—	De gracili quodam faceta responsio. *Filius noster mihi amicissimus est...* (Noel. Faceta responsio. I, 267).
—	260	—	Faceta responsio mulieris pugillare vacuum habentis. *Matrona è nostris, honestissima mulier...* (Noel. Mulieris calamus. I, 267; II, 271-4).
—	261	—	Ridenda de paucitate amicorum Dei responsio. *Ad ægrum quemdam, civem nostrum...* (Noel. Dei amicorum paucitas. I. 263 ; II, 274).
—	262	—	De sancti Anthonii Fratre et layco ac lupo. *Religiosus, ex his Quæstuariis...*(Noel. In Quæstuarios. I, 268.)
CIX	263		De celluy qui se cuydoit railler du Confesseur, et le Confesseur se railla de luy. *Quidam, seu serio, seu sacerdotis eludendi causâ...* (Noel. Compensatio. I, 270 ; II, 275-7).
—	264	—	Duorum Florentinorum adolescentium dicta sale respersa. *Adolescens quispiam Florentiæ deferebat*

—		*ad Arni fluvium...* (Noel. Retia. I, 271).
—	265	Adolescentis confusio super mensam mingentis in convivio. *Nobilis in Ungaria adolescens...*(Noel. Aspersio mensæ. I, 272 ; II, 277-9).
—	266	Callida consilia Florentinæ mulieris in facinore deprehensæ. *Mulier, prope Florentiam, publici Hospitis uxor...* (Noel. Mulieris vafrities. I, 273 ; II, 280).
—	267	De mortuo vivo ad sepulcrum deducto, loquente et risum movente. *Erat Florentiæ stultus, nomine Nigniaca...* (Noel. Mortuus loquens. I, 275 ; II, 281-5.)
—	2 8	De dubio sophismate.*Disserebant ambulantes socii duo utra...*(Noel.Problema physicum. I, 277; II, 285-6).
CX	269	D'ung Meusnier qui fut déçeu de sa femme par luy mesmes. *Adjicietur superioribus confabulationibus Mantuæ inter omnes nota ...* (Noel. Quinque ova. I, 278 ; II, 287).
—	270	Pulchrum dictum pulchritudinem mentiens. *Ibant per viam Florentiæ colloquentes socii duo...* (Noel. In superbiam. I, 280 ; II, 287-8).
CXI	271	La joyeuse responce de une femme à son mary. *Narravit mihi quidam familiaris, Hispanus...* (Noel. Machæra vaginæ parum apta. I, 280 ; II, 288-99).
—	272	De dentibus casum minantibus similitudo obscœna. *Episcopus, mihi notus, senior quærebatur...* (Noel. De dentibus casum minantibus. I, 281, II, 299-300).
CXII	273	L'excusacion de Poge, Florentin, et fin de son livre. *Visum est mihi quod nostris confabulationibus...* (Noel. Peroratio. I, 281).

TABLE DES « FACETIÆ »

IMPRIMÉES

PAR ORDRE ALPHABÉTIQUE

DES PREMIERS MOTS DU TITRE.

		Tardif
Abbas Septimi, homo corpulentus. . . .	26	21
Abbatissam certi monasterii de Urbe, quam novi . . . . , ...	208	95
Accidit etiam sermo inter jocandum . . .	105	—
Ad ægrum quemdam, civem nostrum. . .	261	—
Ad senem quemdam feneratorem	251	—
Ad Urbanum quoque quintum Pontificem.	125	—
Addidit et alterius Veneti haud imparem stultitiam	160	—
Aderat Angelottus, Episcopus Anagninus .	107	—
Adjecit et alter similem fabulam	241	107
Adjicietur superioribus confabulationibus Mantuæ inter omnes nota.	269	110
Adolescens Bononiensis stupidi ingenii. .	150	81
Adolescens nobilis et forma insignis . . .	43	31
Adolescens quidam Veronensis.	199	—
Adolescens quispiam Florentiæ deferebat ad Arni fluvium	264	—
Adolescentula Bononiensis, noviter nupta .	117	68
Adolescentulus, paulo simplicior, Florentiæ laborabat.	181	—
Aliud insuper constat	34	25
Alter Episcopus S. Electensis Romani cujuspiam dictum retulit.	95	60
Alter Pierus nomine	56	40
Alter Urbanum sextum, summum Pontificem	21	—

Alter uxorem quæ in flumine perierat.	59	44
Alteri quoque, ut Divinator fieret optanti.	166	85
Amicus quidam noster aurum a se repertum.	130	—
Angeloto, Cardinali Romano, homini mordaci	209	96
Angelotus, Romanus, admodum loquax.	232	—
Angelotus, Romanus Cardinalis, in multis perfacetus	195	—
Antonius Luscus, vir facetissimus.	16	16
Apud Facinum Canem.	18	18
Archiepiscopus Coloniensis defunctus habebat in deliciis Fatuum	215	—
Audiebat Religiosus, ex his qui vivere in Observantiâ dicuntur	115	66
Bello, quod inter Pontificem Gregorium XI et Florentinos	254	—
Bello, quod primum Florentini.	48	35
Bellum (?) oppidum est	11	11
Bernaboves Princeps Mediolani fuit.	118	69
Bonifacius Pontifex nonus	32	—
Brugis ea nobilis est in Occidente civitas.	155	83
Caietani qui e plebe sunt.	1	1
Cardinalis Barensis, Neapolitanus genere.	189	89
Cardinalis de Comitibus, vir grassus et corpulentis	135	75
Cardinalis Hispaniensis bello	19	19
Causa quædam testamentaria.	196	—
Colloquebateur aliquando de pertinaciâ mulierum.	59	43
Commiserat olim Martinus Pontifex Antonio Lusco	17	17
Consolabatur uxorem vir.	42	30
Contribulus meus, Dantes nomine.	139	—
Cum cenaremus in Palatio Pontificis.	104	—
Cum cenarent mecum contribules nonnulli.	89	56
Cum duo Judæi ex Venetiis.	132	—
Cum essem in Angliâ, audivi facetum dictum	205	—
Cum essem in Angliâ, fulloni res ridenda.	236	105
Cum essem in balneis Puteolanis.	242	—
Cum, in Palatio Apostolico, in cetu Secretariorum	187	—

Cum plures Religiosi de ætate et operibus.	243	—
Cum quidam Sacerdos Castri Florentini .	224	—
Cum Religiosus ad populum predicans . .	228	101
Cum Secretarii essent aliquando cum Papa	94	59
Cupiebat ex oppido Pergulâ montanus desponsare	154	82
Curialis unus è nostris notæ avaritiæ. . .	70	—
Damnabat quidam multis verbis	217	—
Dantes Alligerus poeta noster	57	41
Dantes, poeta noster, cum exul Senis esset.	121	—
De meretricibus ferebatur navicula . . .	25	—
Desponsaverat uxorem quidam.	177	—
Dicebatur inter Secretarios Pontificis. . .	100	—
Disserebant ambulantes socii duo	268	—
Dives quidam suffultus vestibus	153	—
Doctor Mediolanensis, indoctus atque insulsus	179	—
Domini cujusdam uxor	219	98
Donacius adolescens factus	4	4
Duæ Romanæ mulieres, quas novi. . . .	78	52
Dum hoc in coronâ recitaretur	93	58
Dux Mediolani senior	13	13
Egrotabat apud nos mulier quam novi . .	111	63
Eodem instrumento Cardinalis Tricaricensis	136	—
Episcopus Aretinus, Angelus nomine . .	22	20
Episcopus Hispanus iter faciens	214	—
Episcopus, mihi notus, senior quærebatur .	272	—
Eques Florentinus podagrosus	172	—
Equestrem quemdam admodum corpulentum	250	-
Erant complures Florentiæ colloquentes. .	183	87
Erat Florentiæ quidam. adeo mendaciis assuetus	223	—
Erat Florentiæ stultus, nomine Nigniaca .	267	—
Erat in oppido nostro Terræ-novæ . . .	62	46
Erat Notarius Gallicus in Avenione . . .	188	—
Erat olim Florentiæ Equestris Ordinis vir.	218	—
Erat olim, tempore Bonifacii noni, sermo .	191	—
Erat Perusino cuidam dolium vini sapidi .	77	51
Erat Sacerdos in Tusciâ quidam	36	26

Erat sermo aliquando in cetu doctorum virorum	75	50
Erat sermo inter socios quæ pœna	49	36
Est in oppido Terræ-novæ certa constituta pœna	72	—
Est in regno Hungariæ moris ut	145	—
Esuriens quidam Vulpes ad decipiendas Gallinas	79	53
Ex hoc quidem oppido missi sunt	12	12
Facetus quidam notus meus petivit	212	—
Facinus Canis, dux armorum, operâ Ghibellinæ factionis	149	—
Fenerator Vicentinus Religiosum	158	—
Filius noster, mihi amicissimus, est	259	—
Florentiæ juvenis quidam, cum novercam subigeret	143	80
Florentinus civis peregre profectus	122	70
Florentinus jam senex uxorem duxit	229	102
Florentinus postmodum	55	39
Florentinus qui sibi scitus videbatur	157	84
Florentinus quidam habebat domi juvenem	190	—
Francisco de Ortano, Equiti Neapolitano	138	76
Franciscus Philelphus, zelotipus uxoris	133	73
Franciscus Quarentensius, Mercator Florentinus	239	106
Frater, Paulus nomine	45	—
Frater quidam Mendicantium injecerat oculos	194	—
Fratres quidam Ordinis Minorum decreverant	144	—
Fuit nuper Florentiæ homo, confidens	87	55
Garda oppidum in nostris montibus	84	—
Gonnella, quondam histrio perfacetus	165	—
Gregorius duodecimus, antequam Pontifex	50	37
Habebat Florentinus eques	86	—
Henricus de Monte-Leone, causarum Procurator	257	—
Heremita quidam Paduæ erat, Ansemirius nomine	142	79
Heremita, qui Pisis morabatur tempore Petri Gambacurti	174	—

Hic alter in Senatoribus meis, Roletus nomine	99	—
Hoc anno, mense Octobri, cum iterum Pontifex	167	—
Hoc anno millesimo quadringentesimo quinquagesimo primo	238	—
Homo admodum pecuniosus erat	37	27
Homo e nostris rusticanus	5	5
Hortabatur Feneratorem jam senem amicus.	92	—
Hortatus est Xristianus quemdam Infidelem.	213	—
Huic ipsi (*Danti*) inter seniorem aliquando junioremque Canem.	58	42
Humanissimus ac facetissimus vir Anthonius Luscus	108	—
Ibam semel ad Pontificis palatium . . .	7	7
Ibant per viam Florentiæ colloquentes socii duo	270	—
Idem (*Mancinus*) bello quod Florentini . .	54	—
Idem Coquus, bello insuper vigente . . .	14	14
Idem in altercatione quam super	97	—
Idem Minacius, cum aliquando.	40	—
Idem, rogatus ab amico quidnam	186	—
In agro quoque Paduano.	33	24
In Consilio Perusino rusticus cum. . . .	152	—
In Curiâ Romanâ ut plurimum	23	—
In eamdem sententiam Anconitanus quidam.	206	—
In eamdem sententiam Sacerdos quidam .	225	100
In hanc ferme sententiam Nicolaus Anagninus	30	
In Monte-Varchio, oppido nobis propinquo.	116	67
In Piceno est oppidum Esis nomine. . .	170	86
In seditione quadam civitatis Florentiæ .	88	—
Inseram his nostris confabulationibus rem nefandam	171	
Interrogata semel a viro mulier.	47	34
Is ipse, cum multi peterent varia	15	15
Janninus, coquus Baronii Pistoriensis . .	159	—
Januensis, onerariæ navis patronus . . .	200	91
Johannem Andream, Doctorem Bononiensem	220	—
Johannes Petrus, civis Senensis.	127	—
Juvenculæ duæ cum essent	256	

Juvenis quidam Florentiæ amore calebat mulieris	245	—
Juxta portam Perusinam est Ecclesia sancti Martini	123	71
Kalendis Maii Romani varia leguminum genera	204	—
Karolus Gerii, Mercator Florentinus. . .	243	—
Librarius meus, Johannes nomine	98	—
Loquentibus nonnullis doctis viris . . .	90	57
Magistratus est Florentiæ, quem « Officiales Honestatis » vocant	114	65
Mambacharia mulier Pisana fuit	63	—
Mancinus, vir rusticus.	53	38
Matrona e nostris honestissima mulier . .	260	—
Medicus indoctus sed versutus	109	61
Mediolanensis quidam, sive stultus, sive ypocrita	176	—
Mercator quidam, coram Domino cui subditus erat.	184	88
Miriacus, Anconitanus, homo verbosus . .	82	—
Moisius Marsilius, ex ordine Augustinensium	185	—
Monstra hoc anno plura	31	22
Mos erat, in oppido quodam Piceni, ut. .	148	—
Mos est in urbe Româ ut infirmi urina . .	201	—
Mos est loquendi, cum quempiam. . . .	91	..
Mulier adolescens quæ id mihi	46	33
Mulier adultera expanderat	64	47
Mulier, capite ob defectum cutis abraso .	137	—
Mulier ex meo municipio.	24	—
Mulier, prope Florentiam, publici hospitis uxor	266	—
Mulier vidua, cum diceret vicinæ	207	94
Multos futuros esse arbitror	Prologus	Prologue
Narravit mihi quidam familiaris, Hispanus.	271	111
Narravit quoque a liam fabulam	161	—
Nobilis Episcopus Britanniis	27	—
Nobilis in Ungariâ adolescens	265	—
Non confabulandi sed a sceleribus deterrendi gratiâ.	227	—
Nostri Florentini Oratores in Galliam missi.	126	—
Notarius quidam Florentinus qui parum .	169	—
Notus mihi Florentinus, Romæ empturus .	164	—

Nuper cum ivissem Tibur	231	—
Nupta adolescentula ad parentes proficiscens.	211	97
Oppidum est Bononiensium, nomine Medicina	110	62
Oppidum est in montibus nostris	38	28
Ordinis Equestris quidam Mediolanensis Miles	253	—
Orecii discipulus Cerdonis sæpius domum	210	—
Pasquinus, Senensis, vir dicax ac jocosus	178	—
Pastor ovium ex eâ Regni Neapolitani orâ.	71	—
Pastoris cujusdam in Rivo-frigido	151	—
Pater cujusdam amici nostri	68	—
Pater cum filii ebrietatem	73	—
Patriarcha Hierosolimitanus	20	—
Paucis cum diebus et ab urbe Româ.	168	—
Pauperculus qui naviculâ ad flumen	175	—
Perambulabat Perusinus quidam per viam.	202	92
Perambulantes aliquando Urbem	8	8
Perusini habentur viri faceti	66	49
Petebat à Duce Aurelianensi	61	45
Petebat à Pontifice Martino Quinto	216	—
Petrus de Vineis, vir doctus	131	—
Petrus Masini, civis noster, admodum mordax	140	77
Petrus quondam contribulus meus	10	10
Plures colloquebantur	2	2
Predicator ad populum	198	90
Predicator Tibure Frater	44	32
Principi olim Hispano erat filius	192	—
Quædam in Urbe, quam novimus, mulier	234	104
Quærebatur aliquando de conditione temporum	113	—
Quærebatur rusticana mulier anserinos suos	67	—
Quærebatur vir quidam, cum uxori	128	72
Quærenti aliquando mihi quomodo nocte	197	—
Quidam, arbiter inter duos litigantes datus.	255	—
Quidam aviculas capiens in caveâ	252	—
Quidam, civis noster, qui se castum	173	—
Quidam è nostris Florentinus adolescens	120	—
Quidam in civitate Eugubii	223	—
Quidam iturus Florentiam Pretor	9	9
Quidam Januenses, habitantes Peræ	203	93

Quidam qui sororis pudicitiæ non pepercerat	237	—
Quidam, seu serio, seu sacerdotis eludendi causâ	263	109
Quidam vini potator egregius	134	74
Quo tempore Florentini cum Pontifice Gregorio	124	—
Recitabantur aliquando Litteræ coram Prioribus Florentinis	101	—
Redolphi Camarinensis dictum prudens	51	—
Redolpho, Camarinensi, cujus supra meminimus	233	—
Religiosus, ex his Quæstuariis	262	—
Rem similem in oppido Valenciæ	112	64
Res digna risu... accessit Ameliæ	230	103
Retulit in cœtu hominum mihi familiaris	240	—
Retulit mihi Cardinalis Burdigalensis	129	—
Robertus ex Albiciorum familiâ	119	—
Rogabat quidam contribulum meum	65	48
Romanum adolescentem, admodum formosum	182	—
Romanus quidam, nobis notus, ascendit	147	—
Romanus, vir facetissimus, in cetu mihi	221	99
Rossus de Riciis, eques Florentinus	85	54
Rubigebatur ab adultero mulier Senensis	180	—
Rusticum adolescentem, qui Florentiæ	69	—
Rusticus cum castaneam arborem	39	29
Rusticus quidam è nostris roganti patrono	146	—
Sacerdos quidam meridie cum uxore rustici	235	—
Scortum erat Venetiis vulgare. (Noel. I, 260); II, 266	—	—
Sic ipse cuidam Camarinensi	76	—
Sigismundus quondam Imperator	28	—
Similis huic contribulus meus, Matheozius nomine	102	—
Socius quidam in festo Epifaniæ narravit mihi	249	—
Subdidit et alius duo facetè ab Oratoribus	96	—
Subjunxit alter similem fabellam	83	—
Sutor quidam Florentiæ ad uxorem	156	—
Tempore quo Florentiæ	41	—
Tempore quo Fridericus, Imperator	246	—

Tirannus ad exhauriendum	248	—
Tisbinam quoque, Perusinum adolescentem.	74	—
Unâ die Angelottus Romanus	29	—
Venetiis fœdus erat cum Duce Mediolani .	81	—
Venetus, Tervisum profecturus.	162	—
Vereor ne id quod nostris confabulationibus inseram	247	—
Viator quidam esuriens	258	—
Vir doctissimus atque humanissimus omnium	103	—
Vir doctissimus Cincius, Romanus, mihi .	106	—
Vir in dicendo liberior, ...	80	—
Vir insignis Hugo, Senensis.	32	23
Viri nonnulli Camarinenses	52	—
Visum est mihi in has confabulationes nostras	226	—
Visum est mihi quod nostris confabulationibus	273	112
Vulpes olim fugiens in venatione canes . .	163	—
Ypocritarum pessimum genus	6	6
Zacconus de Ardinghellis, civis Florentinus.	193	—
Zucarus, vir omnium urbanissimus, narrare solebat	141	78

FIN

ACHEVÉ D'IMPRIMER

SUR LES PRESSES DE H. SCHOUTHEER

TYPOGRAPHE A ARRAS

LE 10 AOUT 1877

POUR Léon WILLEM, LIBRAIRE

A PARIS

Librairie Léon WILLEM, 2, rue des Poitevins, Paris

VIENT DE PARAITRE :

POETES
ET
AMOUREUSES
PORTRAITS LITTÉRAIRES
DU SEIZIÈME SIÈCLE
Par Prosper BLANCHEMAIN
De la Société des Bibliophiles Français

2 vol. in-8 en caractères elzéviriens, avec en-têtes, culs-de-lampe, lettres ornées.

ET SEPT PORTAITS SUR ACIER

RONSARD, CASSANDRE, LOUISE LABBÉ, LASPHRISE, CASTIANIRE, ROBERT ANGOT, P. BLANCHEMAIN.

Tiré à petit nombre, papier de Hollande. . . . 15 fr.
Avec portraits doubles . . . . 20 fr.
Il reste deux exemplaires sur papier What-
  man, avec portraits doubles. . . . . . . 32 fr.

M. Blanchemain, l'érudit bibliophile, le poëte aux gracieuses pensées, raconte dans cet ouvrage les vies des poëtes les plus remarquables du xvi° siècle et de leurs maîtresses : Ronsard, avec sa Cassandre, sa Marie, son Hélène de Surgères; Melin de Sainct-Gelays, avec Loyse du Plessy, Mlle de Saint-Léger, etc.; Jehan Marion; Jacques Tahureau et son admirée, la belle demoiselle de Gennes; Louise Labbé, la séduisante Lyonnaise, et sa cour d'admirateurs, parmi lesquels brille Olivier de Magny, qui prodigua son cœur et chanta dans des vers charmants ses mobiles amours pour Louise, pour Castianire, et pour bien d'autres encore.

Dans un chapitre spécial servant d'ouverture à ce précieux recueil, l'auteur nous montre dans ses piquants détails la société féminine éprise des poëtes qui la chantent; souvent, à force de patientes recherches, il dévoile les noms des belles chantées sous des pseudonymes; des citations de pièces en vers viennent à propos charmer le lecteur. Ce livre enfin forme une succession de biographies animées, auxquelles l'authenticité des récits donne un attrait de plus.